# 조선의 문화공간

조선시대 문인의 땅과 삶에 대한 문화사

# 조선의 문화공간

조선시대 문인의 땅과 삶에 대한 문화사

이종묵 지음

# 조선시대 문인의
# 땅과 삶에 대한 문화사

## 1

　조선 후기의 위항시인 장혼(張混)은 「옥계아집첩의 서문(玉溪雅集帖序)」에서 "아름다움은 절로 아름다운 것이 아니라 사람으로 인하여 드러난다(美不自美 因人而彰)"라 하였다. 아무리 아름다운 산과 물도 그 자체로는 의미가 없다. 뛰어난 인물을 만나고 또 그들이 남긴 글이 있어야 세상에 이름을 알릴 수 있다. 조선 중기의 문인 소세양(蘇世讓)은 송순(宋純)의 아름다운 정자 면앙정(俛仰亭)의 현판에서 이렇게 반문하였다. "산과 물은 천지간의 무정한 물건이므로 반드시 사람을 만나 드러나게 된다. 산음(山陰)의 난정(蘭亭)이나 황주(黃州)의 적벽(赤壁)도 왕희지(王羲之)와 소동파(蘇東坡)의 붓이 없었더라면 한산하고 적막한 물가에 지나지 않았을 것이니, 어찌 후세에 이름을 드리울 수 있었겠는가?" 과연 그러하다. 왕희지의 「난정서(蘭亭序)」나 소동파의 「적벽부(赤壁賦)」가 있기에 사람들은 중국을 여행할 때 소흥(紹興)에 가서 난정을 찾고 호북(胡北)의 양자강 강안에서 적벽을 물어본다. 그렇지만 그곳에 가본들 무엇이 있겠는가? 난정이 있던 곳이나 양자강의 적벽은 현대식 공원으로 존재할 뿐이다. 이러한 사실을 모르는 것은 아니지만 역사의 유적지를 찾지 않을 수 없으니, 이것이 바로 글의 힘이다.

땅은 아름다운 사람의 아름다운 글이 있어야 그 아름다움을 떨친다. 옛사람들은 아름다운 글로 아름다운 땅의 주인이 되었다. 누가 무어라 해도 난정과 적벽의 주인은 왕희지와 소동파다. 소동파가 「적벽부」에서 만물은 주인이 있지만 맑은 바람과 밝은 달은 주인이 없어 취하는 자가 주인이라 하였거니와, 옛사람들은 풍월주인(風月主人)이 되고자 하였다. 옛사람들은 풍월의 주인이 되기 위하여 이름 없는 산과 물에 이름을 붙이고 그 산과 물에 대한 아름다운 글을 지었다. 아름다운 글이 있어 땅은 아름다운 이름을 후세에 전하게 된다.


2
—


글은 사람을, 그리고 과거를 기억하게 한다. 근대라는 괴물의 힘에 밀려 아름다운 우리의 산하가 많이 손상을 입기는 하였지만, 그러한 땅에도 아름다운 옛사람의 자취가 서려 있다. 장혼이 아름다움은 사람으로 인하여 드러난다고 선언한 곳은 인왕산의 옥류동(玉流洞)이다. 지금 옥류동은 주택가로 변해 그곳에 옥 같은 맑은 물이 흐르던 개울이 있었다는 사실조차 알 수 없지만, 옥류동은 아름다운 장혼의 글로 인하여 길이 사람들의 기억에서 사라지지 않을 수 있다. 기억에서 사라지지 않으면 언젠가 그 기억을 복원할 수 있다. 아름다운 청계천에 대한 기억이 있었기 때문에 청계천이 되살아날 수 있었던 것과 같다.

글은 기억의 끈을 놓지 않게 하는 중요한 수단이다. 옛사람들은 와유(臥遊)라는 말을 좋아하였다. 와유는 방 안에 산수화를 걸어놓고 상상으로 산수 유람을 즐기는 것을 이른다. 왜 이렇게 하는가? 조선 후기의 큰 학자 이익(李瀷)은, 마음은 불빛처럼 순식간에 만 리를 가므로 사물에 기대지 않아도 될 것 같지만 기억의 단서가 없으면 이것이 불가능하다 하였다. 그러면서 본 것이 없는 선천적인 맹인은 꿈을 꾸지 않는다고 하였다. 사진첩을 보고 지난날을 기억하듯이 산수를 그린 그림을 보거나 산수에 대한 글을 읽어야 기억을 놓치지 않을 수 있다.


3
—


이 책은 아름다운 우리 땅에 대한 기억의 끈을 놓지 않기 위해 10여 년 작업한 결실이다. 이언적(李彦迪)의 독락당(獨樂堂)처럼 당시의 모습을 간직하고 있는 곳도 있다. 이황(李滉)이 우리집 산이라 한 청량산은 변함없이 서 있다. 그러나 인왕산 옥류동처럼 지금은 흔적조차 찾을 수 없는 곳이 더욱 많다.

이 책은 관광(觀光)을 위한 것이다. 관광은 빛을 본다는 뜻이다. 빛은 문명이다. 문명을 보기 위해 눈과 다리만 가서는 되지 않는다. 마음이 따라가야 한다. 마음은 글에 있다. 옛사람이 사랑한 땅에 대한 글을 읽으면서 마음으로 그 빛을 보아야 한다. 흔적조차 없는 인왕산 아래의 주택가에서 인왕산에 대한 장혼의 글을 읽고, 압구정동 현대아파트에서 압구정(狎鷗亭)에 대한 글을 읽으면서 마음으로 옛사람이 남긴 빛을 보기 바란다. 아름다운 산수를 그린 글을 읽으면 그곳에 가서 놀고 싶은 마음이 들고, 지금 이미 사라진 곳이라면 다시 살려보고 싶은 마음이 들 것이다. 또 그처럼 살고 싶은 마음에 상상의 정원을 꾸밀 수 있을 것이다. 그럼으로써 우리 조상들이 사랑한 땅과 삶에 대한 기억의 끈을 현대인들이 놓지 않기를 바란다.

조선 초기부터 조선 말기까지 수백 종에 달하는 문집을 섭렵하면서 기억의 끈이 될 만한 자료를 뽑았다. 그리고 틈틈이 나의 글로 엮고 보니 80편 남짓 되었다. 이러한 작업을 하는 도중에 참으로 안타까운 일이 있었으니, 사람이 아름답고 그가 살던 땅 역시 아름답지만 이를 글로 풍성하게 남기지 않은 경우가 그러하였다. 또 글이 남아 있지만 그곳이 어디인지 확인할 수 없을 때도 있었다. 땅은 그 자체로 아름다운 것이 아니라 사람이 있어야 드러난다는 장혼의 말이 여기에서도 확인된다. 필력으로 없는 자료를 채워 기억의 끈을 잇는 일은 내가 잘 할 수 있는 일이 아니라 여겨 부득이 빠뜨린 대상이 적지 않다. 물론 자료는 풍성하지만 다루지 않은 것도 많다. 옛글이 내 마음을 끌지 못하면 다루지 않았고 내가 아니라도 이미 세상에 널리 알려져 있으면 그 또한 일부러 뺐다.

4
—

이 책은 문화유적지에 대한 현장답사를 위한 것이 아니다. 마음으로 옛글을 통하여 옛사람이 사랑한 땅과 삶에 대한 기억의 끈을 이어주기 위한 것이다. 그래서 답사에 편하게 지역에 따라 분류하는 방식을 택하지 않았다. 옛사람은 처한 환경에 따라 시대에 따라 사랑한 땅과 그곳에서 살아간 삶의 방식이 다르다. 이를 보이기 위하여 이 책에서는 시대에 따라 권을 나누고, 처지에 따라 다시 장을 나누었다.

먼저 1책에서는 조선 개국 후 태평을 구가하던 시절에서부터 사화(士禍)로 인하여 사림이 유배를 떠나는 시기까지를 다루었다. 대략 명종 무렵까지에 해당한다. 2책에서는 선조대에서 광해군대까지 우리 문화사에서 중요한 인물과 관련한 공간을 다루었다. 사림정치가 본격화되는 시기로 자의와 타의에 의한 귀거래, 그리고 그곳에서 수양에 힘쓰거나 풍류를 즐기는 사람들의 이야기가 중심을 이룬다. 3책은 광해군과 인조대에 영욕의 세월을 산 문인과 이후 17세기 사상계와 문화계를 호령한 명인들이 살던 땅을 다루었다. 4책은 조선 후기에 해당하는 18~19세기 문학과 학문, 예술을 빛낸 문인들의 이야기다. 이렇게 나눈 것은 역사학계에서의 일반적인 시대구분과 다르지만, 무슨 거창한 뜻이 있어 그러한 것은 아니다. 시대에 따라 처지에 따라 그들이 사랑한 삶의 모습이 좀더 쉽게 전해지기를 바랄 따름이다.

## 5

이 책은 내가 좋아서 쓴 글을 엮은 것이다. 10여 년 전에 마음에 맞는 벗들과 문헌과해석이라는 모임을 만들었다. 좋아서 공부하고 좋아서 글을 써서 『문헌과해석』에 연재를 하였다. 이를 수정하고 훨씬 많은 글을 더하여 이렇게 세상에 내놓게 되었다. 내가 좋아서 쓴 글이라 애초부터 학술의 냄새를 풍기지 않으려 했기에, 선배들과 후학들의 업적을 크게 참조하였지만 글마다 자세히 밝히지 않고 참고문헌으로 대체하였다. 널리 헤아려주실 것으로 믿는다.

내가 좋아서 쓴 글이지만 남이 좋아할지는 알 수 없다. 그럼에도 서툰 글을 아름다운 책으로 만들어준 휴머니스트의 여러 분들에게 깊이 감사를 드린다. 재주가 부족하여 글이 딱딱한데도 꼼꼼하게 읽고 내 뜻을 사진으로 표현해 준 권태균 선생에게도 경의를 표한다. 내가 가르쳤지만 늘 내 모자람을 채워주는 장유승 군이 꼼꼼하게 교정을 보아주어 참으로 고맙다. 아울러 내 글이 이분들에게 누가 되지 않기를 바란다.

2006년 7월 어느 날

관악산 아래 남쪽 창가에서 이종묵이 쓰다.

## 조선 초기

# 태평성세와 그 균열

**2책**    **조선 중기** | 귀거래와 안분

**3책**    **조선 중기** | 나아감과 물러남

**4책**    **조선 후기** | 내가 좋아 사는 삶

# 태평성세와 그 균열

1392년 조선이 개국되자 한양이 새로운 왕조의 수도가 되었다. 한양은 백악산, 인왕산, 낙산, 목멱산으로 둘러싸인 분지에 형성된 인공의 성곽도시였다. 이 때문에 한양이라 하면 성곽 안을 가리키지만 통상적으로는 도성 바깥 10리까지를 포괄하였다. 한양을 둘러싼 사산(四山)은 방향에 따라 백악산을 북산, 인왕산을 서산, 낙산을 동산, 목멱산을 남산이라 불렀고, 그 아래의 마을을 각기 북촌, 서촌, 동촌, 남촌이라 불렀다.

예나 지금이나 사람들은 문명의 중심에 살고자 하면서도 다른 한편 아름다운 산과 물을 곁에 두고 싶어한다. 이 때문에 조선시대 도성을 두른 사산 자락에는 명가들의 터전이 주인을 달리하면서 자리하여 왔다. 태평성세를 누린 대부분의 이름난 문인들은 사산 아래 아름다운 집을 짓고 살았다. 이들은 바쁜 공무에서 물러나면 사산 자락에 마련한 자신의 집에서 산수의 흥을 풀었다. 인왕산의 앞뒤에 살았던 안평대군(安平大君)과 성임(成任)이 자신과 벗들의 글로 인왕산을 아름답게 꾸몄고, 백악은 맑은 선비 성수침(成守琛)이 있어 세상에 이름이 드리워졌다. 또 낙산에는 신광한(申光漢), 남산에는 김안로(金安老)가 살며 글을 지어 그 주인이 되었다. 살아간 자취는 서로 다르지만, 아름다운 산과 물을 자신의 거처로 끌어들여 즐기려 하였다는 점에서는 다르지 않다.

한강은 한양의 큰 자랑거리다. 한양 도성에서 가까운 한강을 예전에는 경강(京江)이라 하였다. 경강은 위치에 따라 이름이 다르다. 동호대교 일대를 동호(東湖)라 부르고, 서강의 넓은 물을 서호(西湖)라 불렀다. 오늘날에도 동호에서 서호에 이르는 강변에 사람들이 다투어 높은 집을 짓고 살거니와, 조선 초기부터 풍광이 아름다운 한강에는 이름난 문인들의 정자가 들어섰다. 도성 안에 살면서도 물을 즐기고자 따로 정자를 지어 태평세월을 즐겼던 것이다. 안평대군이나 성임, 김안로 등 사산 기슭에 집을 소유했던 사람들은 모두 한강에 이름난 정자를 두어 산수의 흥을 풀었거니와, 특히 한명회(韓明澮)의 압구정(狎鷗亭)과 월산대군(月山大君)의 망원정(望遠亭)이 시회의 공간으로 이름났다. 박은(朴誾)은 조선 초기 한강에서 가장 이름난 잠두봉(蠶頭峯)에서 벗들과 시회를 즐겼다. 또 부귀영화를 누린 후 물이 좋아서 강가에 집을 짓고 산 사람들도 있었으니, 양성지(梁誠之)와 강희맹(姜希孟)이 그러하였다.

조선 개국 이후 100여 년, 시대와 임금을 잘 만난 문인들은 부귀영화와 함께 아름다운 산과 강까지 소유하며 태평성세를 누렸지만, 16세기로 접어들면서 태평성세에 서서히 균열이 일어나게 된다. 성종대 훈구세력의 견제와 연산군의 광기로 인해 태평성세를 이어보겠다던 문인들은 도성의 집을 떠나 유배지에서 고단한 삶을 살아야 했다. 그러나 영혼이 아름다운 문인들은 절망의 땅에서도 아름다운 글로 유배지를 빛나게 한다. 세종대의 태평성세에 부친의 죄에 연좌되어 불우한 삶을 살았던 유방선(柳方善), 무오사화를 당하여 남쪽 땅끝으로 유배된 조위(曺偉)와 이주(李胄), 갑자사화와 기묘사화에 극변의 땅에서 위리안치의 형벌을 받은 이행(李荇)과 기준(奇遵), 이들의 글에 의하여 황량한 땅이 빛나게 되었다.

연산군의 폭정이 종식되고 반정으로 왕위에 오른 중종이 태평성세를 다시 회복하고자 뜻이 곧은 선비들을 기용하였지만, 기득권층의 반발에 부딪혀 젊은 선비들은 죽음을 당하거나 먼 땅으로 내쳐지게 되었다. 기득권층이 관료 출신의 문인이라면 젊은 선비들은 학자 출신의 문인들로 정여창(鄭汝昌)과 김굉필(金宏弼)의 뜻을 이어받았다. 이들은 벼슬길에 나가서 출세를 하기보다는 물러나 마음을 수양하려 하였다. 조광조(趙光祖), 이자(李耔), 김안국(金安國), 김정국(金正國) 등이 강학을 하고 절조를 가다듬던 공간은 그들의 글로 후세에 영원히 기려지게 되었다. 조선 전기 국가적으로 학문과 문학을 연마하던 독서당(讀書堂)도 함께 살피어 태평성세와 난세가 독서당의 성쇠에 따른 것임을 보인다. 昌

# 1. 도성 안에 끌어들인 산수

서울을 두른 성곽 중 낙산 일대

# 인왕산 무계정사와
# 안평대군의 꿈

높은 벼랑이 화첩이라 늘 그림이 생겨나고

흐르는 물이 소리 없으니 태곳적 거문고라네

**무계동** 무릉도원(武陵桃源)과 같은 개울이 있는 골짜기라는 뜻이다.

## 안평대군의 문화활동

인왕산과 백악산 사이로 난 자하문(紫霞門, 창의문)을 나서서 왼편 인왕산 쪽으로 골목길을 따라 이리저리 위로 올라가면 작은 개울이 나온다. 예전에는 그 개울을 무계(武溪)라 하였다. 개울 곁의 윤아무개가 살던 집터에 '부암서원(付巖書院)'이란 현판을 단 낡은 건물이 있고, 그 앞에 '무계동(武溪洞)'이라 새겨진 작은 바위가 있다. 지금의 종로구 부암동 329-4번지다.

지금으로부터 550여 년 전 이곳에는 안평대군(安平大君, 1416~53)의 집이 있었다. 안평대군은 세종의 셋째아들로 이름은 용(瑢), 자는 청지(淸之)다. 호는 여러 가지를 썼는데 비해당(匪懈堂)이 가장 잘 알려져 있으며, 매죽헌(梅竹軒) 또는 낭간거사(琅玕居士)라고도 하였다. 세종 10년(1428) 안평대군이라는 봉호(封號)를 받았고, 그 이듬해 1월 20일 정연(鄭淵)의 딸과 혼인하였다. 세종 12년에는 다른 대군들과 함께 성균관에 입학하여 학업을 닦았다. 당시 스승은 종학박사(宗學博士) 김유(金鈕)였다.

세종 12년(1430) 12월 3일부터 임금의 친아들과 친형제를 정1품으로 삼고 산관(散官, 일정한 직무가 없는 벼슬)에 임명하지 않는 관례가 확립됨에 따라 왕족은 정치에 관여하지 못하게 되었다. 이 때문에 안평대군은 시와 예술에 탐닉하였고, 그 결과 시서화(詩書畵)에 일가를 이룰 수 있었다. 박팽년(朴彭年)의 「유화시권후서(榴花詩卷後序)」(『朴先生遺稿』)에 따르면, 안평대군은 "천성이 총명하고 학문이 날로 새로워져 육경(六經)의 업적들을 연구하지 않음이 없었으며, 시에는 더욱 조예가 깊었다"고 한다. 성현(成俔)의 『용재총화(慵齋叢話)』에도 안평대군을 가리켜 "학문을 좋아하고 시문에 아주 뛰어났으며 서법은 천하제일이 되었고 그림과 음악도 잘하였으나, 성격이 들뜨고 방탕하며 옛것을 좋아하고 경치를 탐하였다"고 기록되어 있다. 안평대군의 글씨는 예나 지금이나 누구나 갖고 싶어하는 보물이다. 그러나 안평대군이 원래 글씨를 잘 썼던 것은 아니라 한다. 길을 가다 기름을 파는 사람이 높은 누각 위에서 땅바닥에 놓인 병에 기름을 흘리지 않고 붓는 것을 보고 발분하여 글씨 연습에 힘써 조선 최고의 명필이 되었다는 일화가 전한다.

안평대군은 세종대의 문화사업을 주도하였는데, 특히 서적 편찬에 관여한 바가 크다. 세종 25년(1443)부터 신석조(辛碩祖) 등 집현전 학

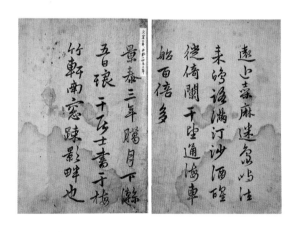

**안평대군의 글씨** 안평대군이 1452년 12월 25일 매죽헌(梅竹軒)에서 쓴 칠언절구로, 『대동서법(大東書法)』에 실려 있다. 매죽헌은 그의 서재다.

사들과 함께『찬주분류두시(纂註分類杜詩)』를 편찬하는 일의 총재(冢宰)를 맡았고, 비슷한 시기에 이백(李白)·두보(杜甫)·위응물(韋應物)·유종원(柳宗元)·구양수(歐陽修)·왕안석(王安石)·소식(蘇軾)·황정견(黃庭堅) 등의 시를 선발하여『당송팔가시선(唐宋八家詩選)』을 편찬하였다. 또 황정견의 시를 가려뽑아『산곡정수(山谷精粹)』를 엮었으며, 매요신(梅堯臣)의 시집인『완릉매선생시집(宛陵梅先生詩集)』 등도 편찬하였다.

안평대군은 수양대군·임영대군 등과 더불어 왕실이 주도한 세종대의 문학모임에서도 중심적인 역할을 하였다. 풍환(風患)을 앓고 있던 세종은 자주 온천에 갔는데, 임금을 모시고 온천에서 지은 시를 예천시(醴泉詩)라 한다. 예천시를 짓는 시회(詩會)는 세종 24년(1442)과 26년에 가장 성대하였는데 안평대군은 여기에 모두 참여하였다. 이밖에도 그는 집현전의 거유(巨儒)들이나 신진문사들과 모여 시를 짓거나 그림을 그리곤 하였다. 서교(西郊)에 있던 효령대군의 정자 희우정(喜雨亭)에서의 시회가 그 한 예이거니와 「소상팔경시(瀟湘八景詩)」를 수록한 시첩(詩帖)이나 〈몽유도원도(夢遊桃源圖)〉 시축첩(詩軸帖)등도 이러한 배경에서 나온 것이다.


## 비해당과 담담정

『신증동국여지승람(新增東國輿地勝覽)』에 따르면, 안평대군의 비해당(匪懈堂)은 인왕산 기슭 넓은 골짜기의 깊숙한 곳에 있었다고 한다. 『한경지략(漢京識略)』에는 비해당이 인왕산 기슭 수성동(水聲洞)에 있는데 골짜기가 그윽하고 산수가 빼어나다고 하였다. 비해당이라는 당호(堂號)는 세종 24년(1442) 6월 세종이 하사한 것이다. 박팽년의 「비해당기(匪懈堂記)」(『박선생유고』)에 따르면, 세종은 『시경(詩經)』 「증민(蒸民)」과 『서명(西銘)』에 근거하여 이 이름을 내렸다고 한다. 그 후 안평대군 주위에 모인 문인들이 그의 집을 두고 거대한 연작시 「비해당사십팔영(匪懈堂四十八詠)」을 다투어 지어 바쳤고, 안평대군 은 문사들의 시를 받아 시축(詩軸)을 만들었다. 비해당의 48가지 경물 은 다음과 같다.

　　매화 핀 창가에 비치는 밝은 달(梅窓素月), 대숲 길로 부는 맑은 바람(竹逕淸風), 일본 철쭉꽃(日本躑躅), 해남 낭간석(海南琅玕), 섬돌 을 뒤덮은 작약(䤲階芍藥), 시렁 가득한 장미(滿架薔薇), 눈 속의 동 백꽃(雪中冬白), 봄 지난 후에 핀 모란(春後牧丹), 지붕 위의 배꽃(屋 角梨花), 담장의 살구꽃(墻頭紅杏), 흐드러지게 늘어진 해당화(熟垂 海棠), 반쯤 핀 산다화(半開山茶), 흐드러진 배롱나무(爛熳紫薇), 예쁘 게 핀 흰 매화꽃(輕盈玉梅), 근심을 잊게 하는 원추리(忘憂萱草), 해 를 향하는 해바라기(向日葵花), 문 앞의 버드나무(門前楊柳), 창가의 파초(窓外芭蕉), 안개에 덮인 푸른 전나무(籠煙翠檜), 햇살 비치는 단 풍나무(映日丹楓), 서리 맞아 피는 국화(凌霜菊), 눈을 무릅쓰고 자라 는 난초(傲雪蘭), 만년 푸른 소나무(萬年松), 사계화(四季花), 백일홍 (百日紅), 삼색도(三色桃), 금전화(金錢花), 옥잠화(玉簪花), 거상화(拒 霜花), 영산홍(映山紅), 오동잎(梧桐葉), 치자꽃(梔子花), 이끼 덮인 괴

석(苔封怪石), 넝쿨에 덮인 노송(藤蔓老松), 가을날 뻐기는 붉은 홍시
(矜秋紅柿), 이슬 맞은 누런 등나무(浥露黃橙), 촉땅의 포도(蜀葡萄),
안석류(安石榴), 수분의 연꽃(盆池菡萏), 가산의 안개(假山煙嵐), 유리
석(琉璃石), 차거분(硨磲盆), 학이 우는 뜰의 소나무(鶴唳庭松), 사슴
이 잠자는 정원의 풀밭(麝眠園草), 물가의 금계(水上錦鷄), 새장 속의
화합조(籠中華鴿), 남산의 맑은 구름(木覓晴雲), 인왕사의 저녁 종소
리(仁王暮鐘)

절로 시심(詩心)이 생기게 하는 아름다운 경관과 사물들이다. 안평
대군이 설정한 48경은 구체적인 근거를 가지고 있다. 안평대군이 쓴
「사십팔영시」의 서문이 『패관잡기(稗官雜記)』에 실려 전하는데, 이 글
을 살펴보면 그 이유를 알 수 있다.

일찍이 매죽헌이 「사십팔영시」를 짓고 스스로 서문을 써서 다음
과 같이 말하였다.

"어찌하여 이 시를 짓게 되었는가? 친구들이 권해서다. 어찌하여
48영인가? 읊을 만한 곳이 48곳이기 때문이다. 어찌하여 수를 맞추
지 않았는가? 사물을 다 나열한 데서 그쳤을 뿐이다. 어찌하여 매화
와 대나무를 먼저 하고 남산의 구름과 인왕사의 종소리를 나중에
하였는가? 가까이서부터 멀어지기 때문이다. 낭간(琅玕)은 돌의 종
류인데 어찌하여 뜰에 심는 나무에 섞어두었는가? 임금이 내려주
신 것을 영화롭게 여겨 취했기 때문이다. 어찌하여 문방의 도구는

빠뜨리고 읊지 않았는가? 조물주가 만든 것이 아니기 때문이다. 영물(詠物)은 공교로움을 중요시하는데, 어찌하여 문사가 졸렬한가? 우연히 이루어졌을 뿐 공들여 지은 것이 아니다. 보는 사람은 문식(文飾)이 없음을 용서하기를 바랄 뿐이다."

당시의 명공(名公)들이 그 일을 많이 노래하였는데, 대가(大家)를 가려 이를 써서 한 권으로 만들었다. 시마다 아래에 도서(圖書, 인장)를 붙였다.


집현전 신진문사들은 다투어 안평대군의 대연작시 「비해당사십팔영」에 차운(次韻)하여 시를 지었다. 최항(崔恒)이 차운한 시에 보이는 주석에 따르면, 「비해당사십팔영」은 인본(印本)까지 제작되었다고 한다. 안평대군이 먼저 7언율시를 짓고 최항, 신숙주(申叔舟), 성삼문(成三問), 이개(李塏), 김수온(金守溫), 서거정(徐居正), 이현로(李賢老), 이영윤(李永胤), 임원준(任元濬) 등이 5·7언율시나 5·7언절구로 각기 시를 지었다.

훗날 성종도 이때의 일을 기려 당대의 일류 문사들에게 이 시에 차운하여 시를 짓게 하였다. 어숙권(魚叔權)은 『패관잡기』에서 "문헌을 소장한 어느 집에서 이를 보게 되었는데, 실로 우리나라의 기이한 보배다. 성종께서 조정의 문신들에게 화운하는 시를 짓게 하였는데, 내가 기억하는 바로는 서거정, 최항, 강희맹(姜希孟), 어세겸(魚世謙), 김종직(金宗直), 성현, 유호인(兪好仁), 신종호(申從濩), 채수(蔡壽), 김안로(金安老) 등이 화운시를 지었다"라고 하였다. 이들 외에 홍귀달(洪貴

達), 김일손(金馹孫) 등도 「비해당사십팔영」을 지은 바 있다.

마포 북쪽 기슭에 있던 담담정(淡淡亭)도 안평대군이 집현전 문인들과 어울려 시를 주고받던 곳이다. 이선(李選)의 「영릉육대군전(英陵六大君傳)」(『芝湖集』)에는 안평대군이 담담정에 만 권의 책을 갖추어놓고 왕래하면서 노닐었는데 그 풍류가 당세에 으뜸이었고 문인과 명인들이 함께 어울려 즐거이 놀았다고 하였다. 신용개(申用漑)의 「오석강만조(烏石岡晚眺)」(『二樂亭集』)의 주석에 따르면, 담담정은 용산 독서당(讀書堂) 서쪽 100보쯤 되는 곳에 있었다 한다. 용산 독서당은 당시 폐치되어 있던 용산사(龍山寺) 터로, 『용재총화』에는 귀후서(歸厚署) 뒤쪽의 언덕이라 하였다. 이로 보아 담담정은 현재의 청암동과 마포동 사이 강가의 산등성이에 있었던 것으로 추정된다.

이곳에서 지은 「담담정십이영(淡淡亭十二詠)」은 「비해당사십팔영」 못지않은 성사(盛事)를 이루었다. 담담정의 12가지 경물은 마포의 밤비(麻浦夜雨), 밤섬의 저녁안개(栗島晴嵐), 관악산의 봄구름(冠嶽春雲), 양화나루의 가을달(楊花秋月), 서호의 배그림자(西湖帆影), 남교의 기러기 울음소리(南郊雁聲), 여의도의 고운 풀(仍火芳草), 희우정의 저녁 햇살(喜雨斜陽), 용산의 고기잡이 불(龍山漁火), 잠두봉의 어사용(蠶嶺樵歌), 눈 내린 반석에서의 낚시(盤磯釣雪), 옹기골의 새벽연기(甕村新煙) 등이다. 이승소(李承召)와 강희맹 등이 「담담정십이영」에 차운하였으며, 성간(成侃)도 담담정을 소재로 여러 편의 시를 지었다. 그중 「담담정시(淡淡亭詩)」에는 담담정 일대의 풍광이 참으로 아름답게 묘사되어 있다. 봄이면 고운 풀과 자욱한 안개 속에 들판의 집이 이어져 있고, 수양버들이 햇살에 비쳐 강마을에 하늘거린다. 여름에는 해거름에 물고기가 가느다란 포말을 불고, 비가 그치면 물새떼가 낮은 모래벌판에 가득하다. 또 가을이면 바윗가에 시원한 풀을 깔고 앉아 회를 쳐서 먹고는, 아이를 불러 작은 배를 끌고 낚시를 나갔다 돌아와 푸른 그물을 걷는다. 겨울에는 인적 없는 낡은 나루에 해가 기울 때 아득히 매화꽃 너머 보이는 술집에 들러 옷을 잡히고 술을 마신다.

성현은『용재총화』에서 안평대군을 중심으로 한 모임의 풍류를 다음과 같이 전하고 있다.

북문 밖에 무이정사(武夷精舍)를 짓고 또 남호(南湖)에 임하여 담담정을 지었다. 만 권의 책을 소장하고 문사들을 불러모아 12경시를 짓고 또 48영시를 지었다. 밤에는 등불을 켜고 이야기하고 달이 뜨면 뱃놀이를 하며 연구(聯句)도 짓고 장기도 두었다. 풍악소리가 그치지 않는데 술을 마시고 취하여 히득거렸다. 한 시대의 명유로서 그와 교제를 하지 않은 사람이 없었고, 잡업에 종사하는 무뢰한들 또한 그에게 귀의하였다. 바둑판과 바둑알은 모두 옥으로 만들었고 금가뤼[金泥]로 글씨를 썼으며, 또 사람들에게 명하여 비단을 짜게 하고는 붓을 들어 휘둘러 해서와 초서를 마구 쓰기도 하였다. 글씨를 구하는 사람이 있으면 즉석에서 이를 들어주었다.

안평대군이 죽임을 당한 후 담담정은 안평대군과 절친하였으나 후일 노선을 달리하여 세조의 공신이 된 신숙주의 소유가 되었다. 훗날

**도 성 도**  인왕산 너머 세검정 쪽에 무계가 있다. 〈동국여도(東國輿圖)〉에 실려 있는데 사도세자가 이 지도를 보았다는 기록으로 보아 18세기 중엽에 제작된 듯하다.

신용개가 담담정의 옛터를 찾았는데, 그 곁에 촌사람의 작은 정자가 지어져 있었다고 한다.

## 무계정사를 지은 뜻

안평대군 주위에는 많은 사람들이 몰려들었다. 세종이 승하한 후, 사람들은 안평대군이 사람을 모아 시회를 여는 것을 보고 대권을 꿈꾸는 것이라고 수군거렸다. 이에 단종 1년(1451) 1월 19일 세종의 후궁인 혜빈(惠嬪) 양씨(楊氏)가 밀계(密啓)를 올려 안평대군의 소행을 비판하였는데, 그 내용인즉 대략 이러하다.

안평대군은 사직을 위태롭게 하고자 무뢰배들을 모았고, 이현로의 말을 듣고서 큰 용이 일어난다는 방룡소흥(旁龍所興)의 땅에 무계정사(武溪精舍,武夷精舍로 된 데도 있다)를 지었다. 또 성녕대군(誠寧大君)의 종 김보명(金寶明)이 삼각산 보현봉(普賢峯) 아래에 집을 지으면 안평대군의 아들에게 이롭고 만대(萬代)에 왕이 일어나는 땅이 된다고 비기(秘記)에 전해진다고 하자, 안평대군은 이 말을 믿고 무계정사를 짓고는 평계를 대어 산수를 좋아하지 홍진(紅塵)을 좋아하지 아니한다고 하였다.

안평대군이 조정의 선비들과 널리 결탁하려 시가(詩家)라 칭탁하니 이현로·이승윤(李承胤)·이개·박팽년·성삼문 등이 사귐을 맺어 마음으로 굳게 맹세하고 문하(門下)라 칭하였고, 모두 헌호(軒號)의 인장을 만들어 서로 한때의 문사임을 자랑하였다. 이현로 등은 안평대군을 일컬어 사백(詞伯)이라 하고, 또 동평(東平,東平王 劉蒼을 가리킴)이라고도 하였으며, 김종서는 안평대군에게 글을 보낼 때 매양 맹세한 사람 중에 낮은 사람이라는 뜻으로 맹말(盟末)·맹로(盟老)라 자칭하고 동료로 대하니, 안평대군이 임금의 자리를 엿보게 되었다. 권세 있고 부유하다고 하여 사람을 매우 멸시하였고, 참람한 물건을 만들어 착용한 것도 많았다. 계(契)모임에서 시문을 지어 등급을 매기고 큰 인장을 만들어 찍었으며, 마음대로 역마를 사용하기에 이르렀다. 한때 안평대군에게 아첨하는 자들이 안평대군에게 글을 보내는데 계서(啓書, 지방관아에서 임금에게 상주하던 글)와 똑같이 하여 용비(龍飛)·봉상(鳳翔)·반린(攀鱗)·부익(附翼)·계운

(啓運)·개치(開治) 같은 용어를 의심 없이 썼으며, 혹은 신(臣)이라 칭하는 자도 있었다.

안평대군이 과연 정치적인 야심으로 무계정사를 지은 것인지 지금 으로서는 확인할 수 없지만, 의혹을 살 정도로 그 주위에 많은 인물들 이 모여들었다는 사실만은 알 수 있다. 세종 말년 무렵에는 집현전 출 신 소장문인 대부분이 안평대군과 자주 시회를 가졌으니, 반대파들 에게는 위협적인 세력으로 비쳐졌을 것이다.

안평대군이 무계정사를 연 것은 세종이 승하한 지 다섯 달이 지난 1450년 9월경으로 보인다. 박팽년의 「무계수창(武溪酬唱)」(『박선생유 고』)에 안평대군의 시와 함께 다음과 같은 글이 실려 있다.

나는 정묘년(1447) 4월 도원(桃源)의 꿈을 꾸었는데, 작년(1450) 9 월에 우연히 유람하다가 국화가 물에 떠 흘러오는 것을 보고 넝쿨과 바위를 헤치고 이곳에 이르렀다. 이에 꿈에서 본 바와 맞추어보니 비뚤비뚤한 풀숲의 모습, 그윽한 물과 언덕의 자태가 거의 비슷하였 다. 이에 금년 몇 칸의 집을 짓고 무계(武溪)의 뜻을 취해 편액하여 무계정사라 하였다. 실로 마음을 기쁘게 하고 은자를 머물게 할 만 한 땅이다. 이에 잡영(雜詠) 5수를 지어 내방자에게 답하였다.

도원의 꿈이란 안평대군이 세종 29년(1447) 4월 20일 밤, 꿈에 도원 에 이르러 박팽년·최항·신숙주와 시를 지었던 일을 가리킨다. 안평

**몽유도원도** 1447년 안평대군이 꿈에서 본 아름다운 땅을 안견으로 하여금 그림으로 그리게 한 것인데, 꿈에서 본 풍광과 비슷한 무계동에 무계정사를 지었다.

대군이 꿈에서 보았다는 도원의 모습은 〈몽유도원도〉의 서문에 자세하다. 층층 멧부리가 험준하고 깊은 골짜기가 그윽하였다. 복숭아나무 수십 그루가 있었는데 숲 바깥에 이르자 오솔길이 여러 갈래로 나누어졌다. 말을 몰아 들어가자 벼랑이 험준하고 수풀이 우거졌는데, 개울물과 길이 굽이굽이 돌고 돌아 어찔하였다. 그 골짜기로 들어가니 안쪽이 넓고 트여 2~3리쯤 되었다. 사방의 산이 벽처럼 우뚝 솟아

있고 구름과 안개가 자욱한데, 멀고 가까운 곳의 복숭아나무가 붉은
노을에 어리비치고 있었다. 또 대숲이 있고 떳집의 사립문이 반쯤 열
려 있는데, 질박하게 흙으로 만든 계단이 무너져 있고 개나 닭, 소, 말
등의 가축은 없었다. 앞내에 조각배 한 척이 물결을 따라 흔들거리고
있을 뿐이었다.

안견(安堅)이 이 꿈을 그린 그림이 〈몽유도원도〉이다. 〈몽유도원도〉

무계동 깊은 곳에 새소리 슬픈데
비해당 높은 집은 터도 찾기 어렵네

무계동

가 완성된 것은 그로부터 3년이 지난 1450년 정월이다. 〈몽유도원도〉에 붙인 시에 "후삼년 정월 아무개 날, 치지정(致知亭)에 있으면서 꿈을 깨고 나서 지었다. 청지 쓰다(後三年正月日也 在致知亭 因破夢有作 淸之)"라고 되어 있기 때문이다. 안평대군은 3년 전 꿈에서 본 도원의 모습을 무계에서 발견하자 그곳에 정사를 짓고, 무릉도원의 개울이라는 뜻으로 무계라 이름한 것이다.

이개가 무계정사에서 지은 시의 서문에 따르면, 무계는 백악의 서북쪽 산기슭에 있는데 안이 넓고 밖이 은밀하여 절로 한 구역을 이루고 있었다. 동서는 200~300보 정도이며 남북 중간쯤 되는 곳에 계곡물이 흐르고 골짜기 입구에 폭포가 십수 길 높이에서 떨어졌다. 그 안쪽에 못이 있어 연꽃을 심었고 수백 그루의 복숭아나무와 대나무가 주위를 둘러싸고 있었다. 『신증동국여지승람』「비고편」에는 시내가 흐르고 바위가 있는 경치 좋은 곳이 있어서 여름철에 노닐며 구경할 만하고, 기린교(麒麟橋)라는 다리가 있다고 하였다. 안평대군은 이곳에서 다섯 수의 한시를 지었다. 그중 한 수를 아래에 보인다.

> 으슥한 곳 좋은 일은 깊은 가을에 있으니
> 눈 가득 찬 햇살이 내 마음에 맞구나.
> 서리는 단풍을 물들여 숲이 타는 듯한데
> 이슬은 국화에 맺혀 달빛이 금빛으로 일렁이네.
> 높은 벼랑이 화첩이라 늘 그림이 생겨나고
> 흐르는 물이 소리 없으니 태곳적 거문고라.

개울 남쪽과 북쪽에 배와 밤이 익어가니
한가하게 원숭이를 따라서 찾아가노라.

幽居勝事在秋深　滿眼寒光逼我心
霜染丹楓林燒火　露團黃菊月醺金
懸厓有軸長生畵　流水無聲太古琴
溪北溪南梨栗熟　閑隨猿狖也相尋

안평대군,「무계에서의 수창(武溪酬唱)」,『박선생유고』

성삼문과 박팽년, 서거정은 이 시에 화답하여 각기 다섯 편의 시를
지었다. 안평대군의 시나 이들의 화답시에서 정치적인 야심은 전혀
읽을 수 없다. 그저 산수간에 소요(逍遙)하는 귀공자와 문사들의 맑은
흥취만이 보일 따름이다.

## 안평대군이 떠난 무계

세종 사후 왕위에 대한 욕심으로 안평대군은 수양대군과 대립하게
되고 수양대군 쪽으로 권력의 추가 기울자, 전날 그와 절친하였던 신
진문사들이 서서히 거리를 두기 시작했다. 계유정난(癸酉靖亂) 이후
에는 더욱 많은 사람들이 안면을 바꾸고 수양대군에게 꼬리를 흔들었
다. 성삼문과 이개도 상소를 올려 안평대군의 처벌을 주장하였다. 권
력투쟁에서 패배한 안평대군은 아들 이우직(李友直)과 함께 죽임을
당하였고, 비해당의 집터는 효령대군의 소유가 되었다.

안평대군은 역적이 되었다. 이선의「영릉육대군전」에 따르면, 안평

대군이 화를 입은 후 그가 가장 심혈을 기울여 쓴 세종대왕의 비문까지 훼손되어 버렸다고 한다. 다만 세종의 장인이었던 심온(沈溫)의 무덤이 수원의 이의동에 있는데 그 비에 쓴 글씨는 남았다. 안평대군이 제작한 시문도 대부분 사라져 버렸다. 종실(宗室) 낭선군(朗善君) 이우(李俁)가 약간을 수습하여 집안에서 보관하고 있다고 하였는데 이것이 규장각에 전하는 『안평유사(安平遺事)』일 가능성이 높다. 그럼에도 안평대군의 글씨는 조선을 대표하기에, 작은 편지조차 보물로 취급되어 세상에 많이 전하게 되었다. 특히 월정사(月精寺)의 「수륙문(水陸文)」이 가장 좋다고 한다.

안평대군이 살던 비해당이나 담담정 역시 흔적도 없이 사라져 버렸다. 안평대군이 죽은 지 200여 년이 지난 후에 남구만(南九萬)과 오도일(吳道一)이 무계동을 찾아 인간사의 허망함을 노래하였다.

무계동 깊은 곳에 새소리 슬픈데
비해당 높은 집은 터도 찾기 어렵네.
호화로운 기개가 꿈결같이 가물가물
그저 유묵을 가지고서 당시를 알아볼 뿐.
武溪深洞鳥聲悲　匪懈高堂不辨基
意氣豪華如夢裏　只將遺墨認當時
남구만, 「안평대군의 서각본을 보고 느낌이 있어(見安平書刻本有感)」,
『약천집(藥泉集)』

왕손의 옛집은 구름 덮인 숲속에 있는데
풀이 묵어 황량한 터를 지나는 객이 찾는다.
노래하고 춤추던 난간을 의심쩍게 가리키고
골짜기의 꽃과 산의 해가 고와서 둘러보았네.
바윗길은 좁아 절로 천 번을 도는데
봄 개울은 깊어 한 척이나 더하였네.
문득 알겠구나, 문수사가 가까우니
저녁 종소리가 찌든 마음을 일깨우는 것을.

王孫故宅卽雲林　草沒荒墟過客尋

歌榭舞欄疑指點　洞花山日媚登臨

巖蹊自作千回細　春澗新添一尺深

忽覺文殊僧寺近　晚來鐘磬醒塵心

오도일, 「비해당의 옛터에서(匪懈堂舊址)」, 『서파집(西坡集)』

　무계동은 자하문을 막 벗어난 인왕산 발치로 알려져 있다. 지금 이
곳에서 찾을 수 있는 것은 낡은 주택 사이에 남아 있는 '무계동(武溪
洞)'이라는 석각뿐이다. 남구만이 말한 새소리도 들리지 않고, 오도일
이 말한 황량한 잡초조차 보이지 않는다. '무계동'이라 새겨진 돌 앞
에는 근대의 소설가 현진건이 살던 찌그러진 집이 무너질 듯 서 있었
으나, 이나마 최근 철거되고 말았다. ▣

세검정에서 바라본 인왕산
봉우니의 열린 공간이지만 지금 이곳에서 인왕대군의 자취는 찾을수없다.

# 성임이 누워서 노닐던
# 인왕산의 석가산

천지도 모두 가짜고 육신과 사지도 모두 가짜다

그 크고 작은 것이나 진짜 가짜를 어찌 따질 것인가

**옛 그림 속의 석가산**
중국이나 조선의 운치 있는 선비의 집에는
석가산이 하나쯤 있었던 듯하다. 19세기 중국의
효자를 그린 〈행실도십곡병풍(行實圖十曲屛風)〉의
하나로 국립중앙박물관에 소장되어 있다.

## 한강가의 원림 읍취당

1392년 조선이 건국되자 한양은 새로운 수도로 활기를 띠었다. 물려받은 재산과 녹봉으로 상당한 재력을 소유하였으면서 산수를 즐기는 벽(癖)이 있는 문인들은 백악산·인왕산·타락산(낙산)·남산 일대의 경관이 아름다운 곳에 다투어 집을 지어 원림(園林)을 경영하였고, 한강가 빼어난 곳에는 누정(樓亭)을 지었으며, 도성에서 그리 멀지 않은 도처에 전장(田莊)을 마련하였다.

15세기 최고의 문벌 출신인 성임(成任, 1421~84)은 천석고황(泉石膏肓)의 병이 있어 자연의 아름다운 경치를 무척 사랑하고 즐겼다. 그는 산수 유람을 좋아해서 개성의 오관산(五冠山)과 천마산(天磨山)을 올랐으며 금강산의 비로봉까지 오른 적이 있다. 그럼에도 한강가에 따로 읍취당(挹翠堂)을 세운 것은 도심을 벗어난 가까운 곳에서 산수 자연을 즐기기 위해서였다. 읍취당은 배를 타고 강 남쪽으로 나아가면 옹림(甕林)의 언덕에 있었다. 읍취(挹翠)라는 이름은 집을 빙 두르고 있는 수십 그루의 푸른 나무가 푸른 한강물에 어리비치기에 붙인 것이다.

이곳에는 12가지 아름다운 풍광과 풍류가 있었다. 일경(一景)은 화강치주(花岡置酒), 천 척 높이의 언덕에 있는 읍취당에 온갖 꽃이 만발할 때 술잔을 나누는 모습이요, 이경(二景)은 유기수조(柳磯垂釣), 언덕 앞쪽의 물가와 노씨(盧氏)의 집이 있는 물가에 늘어진 버들숲 사이 바위 위의 낚시터에서 낚시를 하는 모습이요, 삼경(三景)은 동도환주(東渡喚酒), 강을 7~8리 거슬러 올라가면 있는 노들[露梁]에서 술을 마시는 모습이요, 사경(四景)은 남산채미(南山採薇), 남쪽으로 관악산과 삼막산(三藐山)에서 고사리를 캐는 모습이요, 오경(五景)은 전탄구로 (前灘鷗鷺), 읍취당 앞으로 급히 흐르는 물에 이른 봄날 갈매기나 백로가 오르내리는 모습이요, 육경(六景)은 초안우양(草岸牛羊), 강물이 갈라지는 여의도에 소와 양이 풀을 뜯어먹는 모습이요, 칠경(七景)은 율도역자(栗島櫟柘), 여의도 동북쪽의 밤섬에 뽕나무가 몇 리에 걸쳐 뻗어 있는 모습이요, 팔경(八景)은 서호범장(西湖帆檣), 양화나루와 잠두봉 사이 강물이 넓어지는 서호에 배와 창고, 인가가 즐비한 모습이요, 구경(九景)은 사주보월(沙洲步月), 읍취당 앞으로 흐르는 강가의 모래톱에서 술병을 차고 벗들과 달빛 아래 산책하는 모습이요, 십경(十景)은 북악청운(北嶽晴雲), 북쪽으로 도성의 성곽이 안개 속에 어른거리고 그 너머 삼각산이 푸르게 서 있는 모습이요, 십일경(十一景)은 용산어화(龍山漁火), 멀리 강 남쪽 용산 구릉에 사는 어부들이 물고기를 잡으려고 불을 밝혀둔 모습이요, 십이경(十二景)은 도조모연(陶竈暮煙), 읍취당을 에워싼 마을들이 업으로 삼고 있는 도자기를 굽기 위해 연기를 피우는 모습이다. 아우 성현(成俔)이 지은 「읍취당기(挹翠堂記)」(『虛白堂集』)에 그 모습이 자세히 기록되어 있다.

## 성시원림과 석가산

천석고황의 병이 있는 사람은 자연의 원림에 만족하지 않고, 도성 안에 있는 집을 성시원림(城市園林)으로 꾸며 아름다운 산수를 집 안에서도 즐길 수 있게 한다. 성임도 인왕산 아래 자신의 집에 자연의

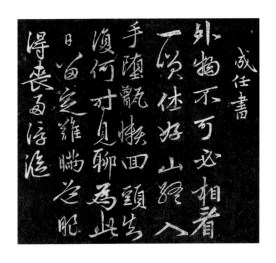

**성임의 글씨** 송(宋)나라 승려 혜홍(惠洪)의 「성지에게 주다(與性之)」라는 오언율시를 적은 것인데, "좋은 산이 마침내 손에 들어왔다"는 중간 구절이 성임의 마음을 매료시킨 듯하다. 『해동명적(海東名迹)』에 실려 있다.

아름다운 풍광을 그대로 옮겨놓아 집 안을 심심산천으로 만들었다.

성임의 집은 15세기 인왕산 일대의 수많은 저택 중 가장 아름다운 곳에 위치해 있었다. 그의 증조 성석인(成石珚)이 이곳에 집을 정한 이래 성엄(成揜)·성념조(成念祖)가 대를 이어 이 집을 소유하였으며, 젊은 시절 성간(成侃)과 성현도 맏형 성임과 함께 이곳에 산 적이 있다. 성임의 집에 놀러 간 이승소(李承召)는 그 아름다움을 다음과 같이 적었다.

성공(成公)의 집은 서산(西山, 인왕산) 자락 높은 언덕에 있다. 나는 이곳을 찾아간 적이 있다. 남쪽으로 도성 문을 나서 바라다보면

**지상편도** 강세황이 1748년 백거이(白居易)의 「지상편(池上篇)」의 내용을 그림으로 그린 것이다. 조선시대 석가산은 그림의 연못가에 있는 것과 비슷하였다. 석가산을 세우고 마당에 학을 키우는 것이 조선 선비의 풍류이기도 하다.

솔숲이 무성하고 나무가 어른거린다. 그 집을 바라보면 산안개 자욱한 사이에 보일락말락하여 세상에서 완전히 벗어나 있는 은자의 집 같다. 그곳에 이르니 성공이 신발도 신지 않고 문으로 뛰어나와 나를 맞아 손을 잡고 이끌어 안으로 들어갔다. 원림을 두루 다니노라니 푸르게 비치는 그늘이 땅에 그득하고 파란빛이 어린 이슬이 옷에 묻는다. 그윽하고 깔끔하여 그 옛날 동산(東山)에 은거하던 진(晉)나라 사안(謝安)의 멋이 있었다.

성공이 나를 이끌고 높은 언덕 위로 올라가니 일망무제였다. 첫

지가 다시 개벽한 듯 탁 트여 있고, 신선이 바람을 타고 하늘에서
노니는 듯 시원하였다. 그 북쪽의 삼각산은 옥을 잘라놓은 듯 하늘
과 나란하게 서서 용이 날아오르고 봉황새가 춤을 추는 듯하다. 남
쪽으로 도성이 나온다. 층층 성곽에 가로세로 뻗은 대로가 참으로
그림을 펼쳐놓은 듯하다. 그 남쪽에는 인경산(引慶山, 남산) 등 여러
산이 푸른빛을 움켜잡아 모으고서 앞을 향해 절을 하는 듯하다. 큰
강이 굽이굽이 산자락을 안고 서쪽으로 흘러 가까이에서 들판의 푸
른빛을 당기고 멀리에서 하늘의 파란빛과 섞인다. 날이 개면 좋고

비가 오면 기이하여 삼라만상이 다 드러난다. 도성 서남쪽에 있는 집이 몇 채인지 알 수 없지만, 오직 성공의 집이 그 빼어남을 독차지하고 있다.

이승소, 「석가산시서(石假山詩序)」, 『삼탄집(三灘集)』

이처럼 아름다운 땅으로도 만족하지 못하여, 성임은 바쁜 벼슬살이 중에 여가를 내어 집 안에 못을 파고 개울물을 끌어들인 다음 바위를 포개어 인공의 산인 가산(假山)을 만들었다. 한양의 아름다운 풍광이 집 밖에서 다투어 절을 하건만 다시 집 안을 심심산천으로 만든 것이다.

내 동년의 벗 창녕(昌寧) 성공(成公)은 융성한 시절을 만나 벼슬이 육경(六卿)에 이르렀는데 평소의 성품이 맑다. 서산 기슭에 집을 지었는데 원림을 두르고 있는 것은 무성한 숲과 긴 대나무, 기이한 화초들로 모두 빼어난 볼거리다. 또 금양(衿陽)에서 특이한 바위를 구했는데, 이빨이 솟고 모가 나 있었다. 벌레가 갉아먹은 것 같기도 하고 물어뜯은 것 같기도 하니, 기괴한 형상이 실로 귀신이 깎아 만든 듯하였다. 이를 캐다가 뜰에 가산을 만드니 이 또한 아름답고 기이한 볼거리가 될 만하였다.

나 서거정은 전에 그곳에 가서 본 적이 있다. 산의 높이는 한 길 남짓한데 그 밑동이 몇 아름이나 된다. 가산의 형세는 좌우로 뻗어 내리며 뾰족한 곳은 봉우리가 되고 불룩 솟은 곳은 고개가 되며, 우묵한 곳은 골짜기가 되고 빽빽한 곳은 기슭이 된다. 낮아졌다 높아졌다 하고 푸른빛 붉은빛이 감겨 있으니 그 모습이 한결같지가 않다. 여기에 물을 대어 폭포를 만들고 급류도 만들고 못도 만들었다. 못은 넓은 곳이라도 몇 자 되지 않지만, 물이 맑고 모래가 희어 머리카락이 떨어져도 찾을 수 있다.

서거정, 「가산기(假山記)」, 『사가집(四佳集)』

성임은 1466년 형조판서에 올랐으며, 1467년 이조판서, 1471년 공조판서를 역임한 바 있다. 이 글에서 성임이 육경의 지위에 올랐다고 한 것으로 보아 가산을 만든 것은 이 무렵의 일로 보인다. 서거정(徐居正)의 글에 따르면, 성임의 원림은 바깥으로 숲과 대나무가 빙 둘러 있고 그 안쪽에 아름다운 화초가 있으며, 그 뒤편 빈터에 금양(오늘날의 시흥동 일대)의 바위를 가져다가 가산을 만들었다. 가산은 인왕산 물길이 내려오는 언덕 아래, 자신이 거처하는 정자 뒤쪽 적당한 위치에 놓았을 것이다. 그래야 물줄기를 가산으로 끌어와 폭포와 개울을 만들 수 있었을 것이다. 가산은 하나의 바위로 조성된 것은 아니다. 여러 형상의 바위를 포개되, 뾰족한 것을 세워 산으로 삼고 뭉실한 것을 세워 고개로 삼았다. 한쪽은 비워 골짜기로 만들고 아래쪽에는 돌을 옆으로 수북하게 펼쳐 산기슭처럼 보이도록 하였으리라. 그 솜씨를 본 서거정은 한꺼번에 아름다운 풍광을 만들어주지 않던 인색한 조물주가 여기에서는 여유를 부렸다며 감탄하였다. 다음 강희맹(姜希孟)의 글에는 가산에 인공의 폭포를 만든 과정이 더욱 상세하다.

**무기연당(舞沂蓮塘)** 경남 함안에 있는 정원의 연못으로, 기수(沂水)에서 목욕을 하고 무우(舞雩)에서 봄바람을 쐰다는 증점(曾點)의 풍류를 누린다는 뜻이다. 조선시대 석가산의 원형을 비교적 잘 보존하고 있다.

내 벗 창녕 성중경(成重卿)씨가 집 뒤 빈터에 바위를 쌓아 산을 만들었다. 높이는 겨우 한 길인데, 그 뒤에 옹기를 놓아 맑은 물을 담았다. 옹기 배에 구멍을 내어 가산의 허리를 통해 가늘게 흐르게 하였다. 졸졸 흘러 물이 떨어지며 어지러운 폭포가 되어 평지로 흘러든다. 소나무와 대나무, 그리고 여러 가지 꽃을 심어 울창한 숲으로 만들었다. 아침저녁 이를 바라보면 여러 봉우리가 우뚝 솟아 가운데 큰 산에 절을 하는 듯하다. 여러 골짜기가 울퉁불퉁한데 으슥한 곳은 동천(洞天)이 된다. 기울어지고 삐딱한 봉우리와 고개가 면면이 다른 모습이어서 삼신산(三神山)이나 오악(五嶽)이 다 모여 한 덩어리가 된 듯하다.

물이 차면 성난 물결과 사나운 바람이 물방울을 뿜어 구슬이 튀어오르는 듯하고, 황하(黃河)가 용문(龍門)을 치는 것과 같이 산골짜기를 뒤흔든다. 그러다가 잔잔히 흘러 맑고 깊은 못이 되면 동정호(洞庭湖)나 팽여호(澎蠡湖)가 해와 달을 머금었다 토하는 듯하다. 내 상상하는 바를 따라 진짜 형상을 드러내니 정말 기이하다.

강희맹, 「가산찬(假山讚)」, 『사숙재집(私淑齋集)』

성임은 아름다운 산수가 험한 땅에 있어, 그곳을 찾아가려면 이무기나 범을 맞닥뜨릴 위험이 있는 것이 늘 불만이었다. 이에 자리를 옮기거나 지팡이를 짚고 신발을 신고 나서지 않더라도 실제 산수의 경관과 비슷한 것을 즐기고자 집 안에 가산을 만든 것이다. 그리고 그의 벗인 서거정, 이승소, 강희맹, 홍일동(洪逸童) 등과 이곳에 모여 시회를 가졌다.

원래 가산은 불가적인 목적이나 풍수지리적인 이유에서 만들어졌다. 원림에 가산이 등장하는 것은 고려 중엽이다. 『고려사절요(高麗史節要)』에 따르면 내시 윤언문(尹彦文)이 괴석을 모아 수창궁(壽昌宮) 북원(北園)에 가산을 쌓고, 그 곁에 조그마한 정자를 세우고는 만수정(萬壽亭)이라 이름하였는데, 황색 비단으로 벽을 덮어 극도로 사치스러워 사람의 눈을 황홀하게 하였다고 한다. 그후 가산은 크게 유행하지 않다가 조선 초기부터 문인들의 원림에 다시 등장하기 시작한다.

성임의 가산을 본 채수(蔡壽)도 자신의 남산 별서에다 매우 독특한 석가산을 만들었다.

종남산(終南山, 남산) 별서에는 남쪽 담장 바깥 돌틈에서 샘물이 흘러나오는데 그 맛이 달고 시원하다. 이에 마루 앞에 못을 파고 물을 모아 연꽃을 심었다. 기이한 돌들을 모아 그 안에 가산을 만들었다. 소나무와 삼나무, 늙었지만 조그마한 누런 버드나무를 심고, 또 샘물이 나오는 바위틈을 계산하여 지면에서 3척 정도 높은 곳에서 물을 끌어와 땅속으로 못 동쪽으로 흘려보내고, 그곳에 대나무를 잘라 구부린 다음 땅속에 묻어 대통으로 물이 들어가게 하여, 가산 위쪽에서 솟아나오도록 하였다. 물이 흘러나와 2단의 폭포를 이루며 못으로 떨어진다. 샘물이 담장 밖에 있는 것도, 물이 땅 아래 대통에서 나오는 것도 알지 못하게 되어 있다. 갑자기 맑은 물이 가산 꼭대기에서 샘솟아 흘러나오니 놀랍고 기이함을 헤아릴 수 없다.

사람들은 그 물이 가산에서 바로 나온 줄 안다.

예부터 산을 좋아하여 석가산을 만든 사람이 많고, 또 폭포를 만들기도 하였지만, 대개 가산 뒤의 땅을 높게 하여서 끌어들인 물이 가산 앞으로 나오게 하여 폭포를 만드는 것이 전례다. 그러나 내 것은 사면이 모두 못물로 둘러 있고 혼탁한 못물이 아닌 맑은 샘물이 가산 꼭대기에서 나와 폭포가 된다. 유달리 기이한 것이라 고금에 이러한 것은 없을 듯하다.

작은 것으로 큰 것을 비유하고 쉬운 것으로 어려운 것을 시도하는 법. 이 못은 둘레가 겨우 몇 길이고 깊이도 몇 자 되지 않는다. 산은 높이가 5척이고 둘레가 7척이다. 폭포는 2척 남짓이고 나무는 4~5촌이다. 그런데도 험준한 봉우리와 깊은 골짜기, 쏟아지는 폭포를 방불케 한다. 몇 길 땅 안에 큰 바다를 갈무리하게 되었고, 몇 자의 돌에다가 봉래산과 방장산을 축소해 놓은 것이다. 그러니 정건(鄭虔)이니 왕유(王維)니 하는 이들이 정성을 다하고 기교를 다하여 그림을 그린다 하더라도 만분의 일도 그려내지 못할 것이다.

아, 어느 것이 진짜고 어느 것이 가짜인가? 필경 천지도 모두 가짜고 육신과 사지도 모두 가짜다. 그렇다면 하필 그 크고 작은 것을 가지고 진짜 가짜를 따져야 할 것인가? 그저 내가 좋아하는 바를 취할 뿐이다. 게다가 사물이 입에는 맞는데 눈에는 맞지 않는 것도 있고, 눈에는 맞지만 귀에는 맞지 않는 것도 있는 법이라. 이 샘물이 달고 시원하여 우리집과 옆집에서 아침저녁 의지하고 있으니 입에 맞다 할 만하다. 기암괴석과 소나무, 전나무 사이를 흘러 몇 자 높이에서 곧바로 떨어지니 한 가닥 물줄기가 병풍 같은 푸른 산을 갈라 놓은 듯한데 아침저녁 마주해도 지겹지 않으니 눈에 맞다 할 만하 다. 고요한 밤 잠을 이루지 못하여 베개를 세우고 그 소리를 듣노라 면 차락차락 공후나 축을 연주하는 소리 같으니 귀에 맞다 하겠다. 청허자(淸虛子)의 집이 가난하고 벼슬이 초라하여 곱게 단장한 여 인네가 눈을 즐겁게 함이 없고, 또 고량진미 맛난 음식이 입을 즐겁 게 함도 없으며, 피리나 거문고 같은 악기 소리가 귀를 즐겁게 함도 없다. 그저 이 샘물 하나에 의지하여 세 가지 즐거움을 맞추어가니, 정말 담박한 맛이 있다. 세상의 호걸들이 모두 내가 초라하다고 비 웃겠지만 나 스스로는 이를 즐기니, 또한 이것으로 저것을 바꾸지 는 않겠노라.

채수, 「석가산폭포기(石假山瀑布記)」, 『나재집(懶齋集)』

마루 앞에 못을 파 물을 담고 연꽃을 심었으며, 기이한 돌을 모아 그 안에 가산을 만들었다. 소나무와 삼나무, 늙었지만 조그마한 누런 버드나무를 심고, 또 샘물이 나오는 바위틈을 계산하여 지면에서 3척 정도 높은 곳에서 물을 끌어와 지하로 못 동쪽으로 흘려보내고, 그곳 에 대나무를 잘라 구부린 다음 땅속에 묻어 대통으로 물이 들어가게 하여, 가산 위쪽에서 솟아나오도록 하였다. 흘러나온 물은 2단의 폭 포를 이루며 못으로 떨어지게 되어 있었다. 샘물이 담장 밖에 있는 것 도 모르게 하였으며, 물이 땅 아래 대통에서 나오는 것도 알지 못하게 되어 있었다 하니 그 정교함이 대단하다.

## 아름다운 집들이 사라진 인왕산

성엄과 성넘조, 성임, 성세명(成世明)은 대를 이어 인왕산 자락에 살며 지극하게 부모를 섬겼다. 부인들은 후원의 춘휘정(春暉亭)에 살았다. 원래 후원의 이 집채에는 따로 이름이 없었으나 1494년 무렵 성세명이 맹교(孟郊)가 어머니의 사랑을 노래한 「유자음(遊子吟)」에서 어머니의 사랑을 따스한 봄햇살에 비유한 구절의 춘휘(春暉)라는 말을 가져와 집 이름으로 삼았다. 춘휘정은 동남쪽이 탁 트여 수십 리 먼 곳의 산이 모두 바라다보였다. 성세명은 단오와 같은 명절이면 버들이 푸르고 온갖 꽃들이 피어난 춘휘정에서 잔치를 베풀어 여인들로 하여금 그네를 뛰게 하였다. 그리고 가족들과 이를 바라보며 즐겼다.

그러나 인왕산에서 가장 아름답다던 춘휘정을 비롯한 성임 일가의 집은 어느 때인가 모두 사라졌다. 인왕산 자락에는 예부터 도성에서 가장 아름다운 집들이 있었다. 15세기에는 성임의 집이 있었고, 16세기에는 소세양(蘇世讓)의 집이 있었다. 집을 꾸미는 데 당대 제일이라는 명성을 얻은 소세양은 인왕동에 청심당(淸心堂) · 풍천각(風泉閣) · 수운헌(水雲軒) 등의 집을 지었으나, 이 역시 100년의 세월을 견디지 못하였다. 17세기에는 안동김씨가 인왕산 청풍계(靑楓溪)의 주인이 되어 태고정(太古亭)과 청풍지각(靑楓池閣)을 경영하였다. 그러나 이 또한 지금은 모두 사라지고, 돈 많음을 자랑하는 이들의 멋없는 집들이 인왕산 자락을 차지하고 있을 뿐이다. 📙

인왕산

서쪽에 있다 하여 서산으로도 불렸다.

조선 초기부터 근대까지 그 산기슭에 이름난 문인들이 대를 이어 살았다.

# 솔바람 소리가 맑은 성수침의 청송당

은근히 좋아라 두 그루 소나무여

세밑의 풍상에도 모습을 바꾸지 않으니

**청송당유지** 청송당은 솔바람 소리를 듣는 집이라는 뜻으로 선비의 맑은 절조를 상징한다.

## 서울의 주산 백악과 삼청동

백악(白嶽)은 서울을 대표하는 산이다. 북악(北嶽) 또는 면악(面嶽)이라고도 하며, 북쪽에 있다 하여 북산(北山)이라고도 불렀다. 중국의 사신 공용경(龔用卿)이 와서는 공극봉(拱極峯)이라 부르기도 하였다.

고려시대에는 백악 남쪽에 남경(南京)의 궁궐을 두었다.『동국여지승람』에 따르면, 고려 숙종 때 산의 형상과 물의 형세가 옛글에 부합한다 하여 삼각산 면악의 남쪽에 궁궐을 지었다고 한다. 조선시대에는 경복궁이 그 자락에 자리하였고 지금은 청와대가 그 밑을 차지하고 있으니 백악은 예나 지금이나 서울의 주산(主山)이라 하겠다.

백악에는 골짜기가 둘 있었다. 경복궁을 중심으로 서쪽 인왕산 사이로 물이 흘러내리는 백운동(白雲洞)과 동쪽으로 흘러내리는 삼청동(三淸洞)이 그것이다. 성현의『용재총화』에는 도성 안에 아름다운 곳이 적지 않으나 백악의 삼청동이 으뜸이고, 인왕산의 인왕동·쌍계동(雙溪洞)·백운동, 남산의 청학동(靑鶴洞)이 그 다음이라 하면서 삼청동의 모습을 이렇게 그렸다.


맑은 샘물이 어지러이 서 있는 소나무 사이에서 쏟아져 나온다. 개울을 따라 올라가면 산은 높고 숲은 빽빽한데 바위 골짜기가 깊고 으슥하다. 몇 리 되지 않아 바위가 끊어져 벼랑을 이룬다. 물이 벼랑에 뿌려 흰 무지개를 드리운 듯하고 물방울을 흩뿌려 구슬이 튀는 듯하다. 그 아래 고인 물이 소(沼)를 이루는데 그 곁은 평평하여 수십 명이 앉을 만하다. 낙락장송이 그늘을 드리운다. 그 위에 바

**도성도** 가운데 우뚝한 산이 백악이다. 백악의 오른편 계곡이 삼청동이고 왼편 인왕산과 만나는 곳에 백운동이 있다. 18세기에 제작된 지도다.

위를 끼고 있는 것은 모두 진달래꽃과 단풍잎이어서 봄가을이면 붉은 그림자가 훤하게 비친다. 벼슬하는 선비들이 많이 와서 노닌다. 그 위로 몇 보 올라가면 연굴(淵窟)이다.

이처럼 아름다운 곳이었기에 삼청동은 계회(契會)의 공간으로 널리 이용되었다. 하수일(河受一)의 「삼청동방회서(三淸洞榜會序)」(『松亭集』)에 따르면, 도성의 맑은 구역으로는 삼청동이 으뜸인데, 그윽하면서도 트여 있고 소나무와 개울이 있어 도성 바로 곁에 붙어 있으면서도 시원한 임천(林泉)의 멋이 있어 과거에 급제한 사람들이 이곳에 모여 동방계회(同榜契會)를 갖는다고 하였다. 이곳에서는 동방계회 외에도 여러 계회가 열렸다. 사간원의 계회가 열려 〈사간원회삼청동 도(司諫院會三淸洞圖)〉라는 계회도(契會圖)가 제작된 바 있으며, 윤두 수(尹斗壽)와 정작(鄭碏) 등의 동갑계(同甲契)도 이곳에서 열렸다.

계회가 자주 있었다는 사실은 도성에서 가까우면서도 풍광이 아름 다웠음을 입증하는 것이기도 하다. 이 때문에 삼청동은 계회뿐만 아 니라 시회의 공간으로도 각광받았다. 특히 16세기 말 이이(李珥), 송 익필(宋翼弼), 최립(崔岦), 정철(鄭澈), 최경창(崔慶昌), 서익(徐益) 등이 삼청동에서 교유하였는데, 이들의 모임은 이십팔수회(二十八宿會)라 불렸다. 이보다 앞서 신광한(申光漢)이 도총부(都摠府)에 근무할 때 관원들과 삼청동에서 시회를 가진 바 있으며, 노수신(盧守愼)도 홍문 관 동료들과 시회를 가졌다. 17세기에도 박장원(朴長遠), 남용익(南龍 翼), 이경휘(李慶徽) 등이 퇴근길에 들러 한바탕 시를 주고받곤 하였 다. 삼청동이 관아에서 가까웠기에 쉽게 찾을 수 있었던 것이다.

이처럼 삼청동은 시인묵객들이 즐겨 찾던 유상(遊賞)의 공간이었 다. 유득공(柳得恭)의 『경도잡지(京都雜誌)』에는 필운대의 살구꽃, 성 북동의 복숭아꽃, 동대문의 버들, 서대문 바깥 천연정(天然亭)의 연꽃 과 함께, 삼청동과 세검정 탕춘대(蕩春臺)의 돌과 물을 찾아 시인묵객 들이 몰려들었다고 기록되어 있다. 삼청동의 아름다운 풍광은 급기 야 도성 아낙네들의 놀이터로까지 명성을 날렸다. 『동국세시기(東國 歲時記)』에 따르면, 정초에 장안의 부녀자들이 숙정문(肅靖門)까지 가 서 놀다 오는 것이 연례행사의 하나로 자리잡았던 듯하다. 장지연(張

志淵)은 「유삼청동기(遊三淸洞記)」(『장지연전서』)에서 삼청동은 여름철에도 서늘한 기운이 감돌아 한여름이면 장안의 놀이꾼, 선비뿐만 아니라 아낙네들까지 모여들어 어깨를 부딪칠 만큼 발자국 소리가 요란하였다고 적고 있다.

## 백악을 나누어 가진 사람들

백악에는 이름난 사람들의 저택이 즐비하였다. 오늘날 화개동(花開洞)에는 성삼문(成三問)의 집이 있어 조선 후기까지 그가 심은 낙락장송이 절의를 대변하였다. 꽃이 핀다는 뜻의 아름다운 이름을 지닌 화개동은 궁중의 원예를 담당하던 장원서(掌苑署)가 있던 자리인데 오늘날 정독도서관 정문 근처다. 단종의 복위를 도모하다 사형에 처해진 성삼문의 집을 몰수하여, 그 자리에 장원서를 세운 것이다.

성삼문과 처신을 달리한 남곤(南袞)의 집은 백악산 기슭 대은암(大隱巖)에 있었다. 오늘날 경복고등학교 후문에서 동편 백악 쪽 골짜기 청운동 89-1번지 일대로, 그 계곡에 무릉폭(武陵瀑)이라 새긴 바위글씨가 남아 있다. 남곤의 벗 박은(朴誾)과 이행(李荇)이 술을 받아 찾아갔지만 승지로 있던 남곤은 새벽에 대궐에 들어갔다가 밤이 되어서야 돌아왔기 때문에 이들과 어울리지 못하였다. 이에 박은이 그곳의 바위를 대은암이라 하고 여울을 만리뢰(萬里瀨)라 이름하여 남곤을 놀렸다. 바위가 주인에게 대우를 받지 못하니 크게 숨은 것과 같고, 여울이 만 리나 되는 먼 곳에 있는 듯하다는 뜻에서 이렇게 이름한 것이다. 어숙권(魚叔權)이 지은 『패관잡기(稗官雜記)』에 자세한 이야기가 실려 있다.

박은과 이행이 지은 시로 인해, 대은암은 16세기를 전후한 시기 서울의 대표적인 문화공간이 되었다. 그러나 대은암에 있던 남곤의 집은 100년을 가지 못하였다. 최경창(崔慶昌)이 「대은암의 남지정 고택(大隱巖南止亭故宅)」에서 "문 앞의 수레가 연기처럼 흩어졌으니, 재상의 번성함도 백년을 못 가네. 적막한 마을에는 한식철이 지나는데, 수유꽃만 옛 담장가에 피어 있구나(門前車馬散如烟 相國繁華未百年 村巷寥寥過寒食 茱萸花發古墙邊)"라고 한 대로, 부귀영화의 상징인 장미꽃이 있어야 할 저택은 허물어지고 수유꽃만 피어 있게 되었다.

16세기 후반에는 신응시(辛應時)가 남곤의 집이 있던 대은동(大隱洞)에 살았다. 신응시는 이산해(李山海)·송익필과 어울려 이곳에서 연구(聯句)를 지은 적이 있거니와, 그의 호 백록(白麓)이 바로 백악의 기슭이라는 뜻이다. 신응시는 이곳에 못을 파고 정자를 세워 원림을 경영하며 살았다. 조원(趙瑗)의 고손 조정만(趙正萬)이 쓴 「도화정중건기(桃花亭重建記)」(『寤齋集』)에 따르면 그의 집 이웃에 신응시가 도화정(桃花亭)을 짓고 살았다고 한다. 또 당시 신응시가 이곳에 살자, 인근에 살던 조원이 자주 와서 노닐었고 정철(鄭澈), 이이(李珥), 성혼(成渾), 박순(朴淳), 황정욱(黃廷彧) 같은 명사들과 시회를 열었다고 한다. 조정만은 신응시의 5세손 신상동(辛相東)이 도화정을 중수하였다는 기록도 함께 남기고 있다. 이경석(李景奭)의 글에도 신응시의 후손 신석로(辛碩老)가 새로 집을 지었다는 기록이 남아 있다.

비슷한 시기 조원도 그 인근에 살았다. 누군가가 그의 호 운강(雲

江)을 따서 바위에 운강대(雲江臺)라 새겨놓았는데 그 바위가 오늘날 경복고등학교 안쪽의 비탈에 남아 있다. 조희일(趙希逸)을 비롯한 조원의 네 아들은 효행이 뛰어나 정문(旌門)을 하사받았기에 조선 후기에는 이곳이 쌍효자가(雙孝子街)로 불렸다. 오늘날 효자동이라는 명칭은 여기서 유래한 것이다.

## 솔바람 소리 창연한 청송당

백악의 서쪽 기슭 인왕산 자락이 만나는 곳을 따라 개울이 흘러내려 장의동을 지나 청계천으로 든다. 그 개울가 백악의 자락에 성삼문을 이어 중종대의 은일(隱逸)로 명성이 높았던 성수침이 살았다. 그의 집은 오늘날 청운동 89번지 경기상고 뒷동산으로, 절벽의 바위에 '청송당유지(聽松堂遺址)'와 '유란동(幽蘭洞)'이라는 글씨가 새겨져 있다. 『동국여지비고』에는 성수침의 집이 백악산 아래 유란동에 있는데 송림 가운데 서당 몇 칸을 짓고 청송당(聽松堂)이라는 편액을 걸었다고 하였다.

성수침(成守琛, 1493~1564)은 자가 중옥(仲玉), 호가 청송당인데, 죽우당(竹雨堂)·파산청은(坡山淸隱)·우계한민(牛溪閑民) 등의 호도 썼다. 그의 집안은 이헌(怡軒) 성여완(成汝完)과 상곡(桑谷) 성석인(成石因)으로 이어지는 조선 초기 최고의 문벌이다. 부친은 대사헌을 지낸 성세순(成世純)이며, 모친은 좌의정을 지낸 김국광(金國光)의 손녀다. 명문가의 후손으로 태어났지만, 그는 산림의 처사를 지향하였다. 그 때문에 조광조(趙光祖)의 문하로 들어갔고, 조식(曺植)을 비롯한 처사

**청송당** 인왕산을 배경으로 솔숲 앞에 청송당이 그려져 있다. 1755년 정선이 그린 그림으로, 국립중앙박물관에 소장되어 있다.

들과 널리 교유하였다.

성수침이 백악과 인연을 맺게 된 계기는 그 부친 성세순이 백악에 집을 마련하면서부터이다. 성혼(成渾)이 지은 성세순의 행장에는 "백악산 아래 집을 정하였는데 숲이 깊고 땅이 외져 자못 산수의 멋이 있었다. 공무를 마치면 지팡이를 짚고 신발을 끌며 왕래하였다. 계곡마다 두루 찾아다니며 시를 읊조리며 돌아갈 줄 몰랐다"라고 되어 있다.

성수침은 당시의 풍속에 따라 외가에 살다가 처가가 있는 파주에 거주하였을 것으로 짐작된다. 그후 1514년 부친을 파주에 장사지내고 지극한 효성으로 시묘살이를 하였다. 지나친 효성으로 건강을 해친데다 1519년 기묘사화가 일어나자 세상에 나아갈 수 없을 것이라 여기고 부친이 마련한 백악의 집으로 들어갔다. 이이(李珥)가 지은 행장에는 이렇게 되어 있다.

집이 백악산의 기슭에 있었는데, 정원 북쪽 빈 땅 솔숲에 서실 몇 칸을 짓고 청송당이라 편액하였다. 홀로 그곳에 거처하면서 『대학』과 『논어』를 외우고, 직접 〈태극도(太極圖)〉를 베껴 조화(造化)의 근원을 탐색하였다. 『통서(通書)』 이하 정자(程子)와 주자(朱子)의 책을 두루 이해하고 초록하여 늘 자리 곁에 두고 배우는 것을 즐거움으로 삼았다. 외물 때문에 자신의 마음이 가려지도록 하지 않았고 사악하고 음란한 소리가 귀에 들린 적이 없으며 바르지 못한 모습을 눈에 접해 본 적이 없었다.

이이, 「청송당 성선생 행장(聽松堂成先生行狀)」, 『율곡전서(栗谷全書)』

이 글로 보아 성수침은 부친이 마련한 집 뒤쪽에 청송당을 세웠음을 알 수 있다. 청송당이라는 이름은 1526년 박상(朴祥)이 붙여준 것이다.

　　가정(嘉靖) 5년 병술년(1526) 봄, 나는 안동 화군(化軍)에서 지방관을 대신하여 서울로 들어가 죽은 벗 이간지(李幹之)의 집에 임시로 묵었다. 그 집은 백악 두번째 줄기의 기슭에 있다. 이웃에 세속을 벗어난 선비 성수침씨가 있다. 작고하신 대사헌 사숙공(思肅公) 성세순의 맏아들이다. 내가 일찍이 대사헌의 막료가 되어 강남땅에서 일을 하였는데 자못 융숭한 대우를 받았다. 그 문하를 왕래한 것이 한두 번이 아니었으니 그 자제들 또한 익숙하게 알고 있다. 이 때문에 수침씨가 자주 나를 찾아왔는데, 나를 시원찮은 사람으로 여기지 않아 대를 이어 우호적인 관계를 유지하게 되었다. 하루는 나를 그의 서당으로 초청하였기에 매우 감사하며 곧장 그 집으로 갔다. 그의 집은 북산을 등지고 남산을 마주하고 있다. 개울을 따라 서 있는 푸른 소나무가 초가처럼 뒤덮고 있어 으슥하고 궁벽하여 형상을 말하기가 어렵다. 그 앞에 예전 재상을 지낸 사람의 집이 있다. 이곳이 곧 수침씨가 병을 요양하며 학문을 닦는 곳이다.
　　한참 이야기를 나누었더니 수침씨가 나에게 집의 이름을 지어달라고 하였다. 마침내 '청송(聽松)'이라는 두 글자로 색책(塞責)하고는 말하였다.
　　"집을 두르고 있는 것은 모두 소나무니, 그 빛이 볼 만하고 그 절개를 우러를 만하지요. 그렇지만 색은 푸른 것에 지나지 않고 절개는 괴로운 것에 지나지 않는다오. 그러나 소리는 방향이 없어 비가 오고 바람이 불고 서리가 내리고 눈이 내리면 서로 바뀌면서 그침 없이 운율을 만들어낸다오. 낮과 밤, 더위와 추위가 찾아올 때마다 끝없이 그 음조가 바뀌지요. 큰 강물처럼 세차기도 하고 창칼처럼 번쩍거리기도 하는 것은 그 소리가 탁한 것이요, 비파처럼 가늘었다가 생황처럼 높아지는 것은 그 소리가 맑은 것이요. 시원하게 샘물이 솟아나고 쟁그랑하고 옥이 부서지는 것은 화평한 것이요, 소란하게 꾸짖고 세차게 부르짖는 것은 분노한 것이지요.

저 소나무는 그윽하고 조용한 하나의 식물일 뿐이지요. 맑거나 탁하거나 화평하거나 분노하거나 그 모든 것이 허무에서 나오는 것이요, 인위에 의하여 가식될 수 없는 것이지요. 군자가 이를 들으면 조물주와 정신이 통하게 되고 귀신과 오묘함이 합치되지요. 여덟 가지 소리를 내는 악기처럼 반드시 사람의 손을 빌려 사사로이 되는 것이 아니지요. 대개 자연의 소리는 애초부터 창연(蒼然)한 것에서 나오는 것은 아니라오. 창연한 것에 인하여서 절로 그러한 것에서 이를 구하고 절로 그러한 것에 인하여 조물주에게 구하며, 조물주에 인하여 태극에 구하는 법이니, 그 듣는 것이 텅 비고 또 비어 있다면 천지도 손가락 하나일 뿐이요 만물도 말 한 마리일 뿐이라오. 그 즐거움은 말로 비유할 수 없고, 그 배움은 부자 사이라도 전수할 수 없지요. 하물며 나와 그대 사이는 더 말할 것이 있겠소? '청송'에 대한 이야기는 이것이 끝이오. 그대는 입을 다물고 깨닫는다면 넉넉한 스승이 될 것이오. 말이 부족하니 네 편의 시면 족하겠지요."

박상, 「청송당의 서문(聽松堂序)」, 『눌재집』

박상은 다시 네 편의 시를 지어 이러한 뜻을 밝혔다. 다음에 그 첫째 작품을 보인다.


누가 푸른 산 둘째 줄기를 골라서
오늘 좋은 자식 기다려 집 짓게 하였나?
첩첩의 바위 뒤에 천 층으로 빼어난데
그윽한 개울 앞에 백 척 높이 우뚝 솟았네.
손님 오게 외나무다리 하나 걸쳐놓았고
빈 곳을 막으려 새로 심은 버들가지 무성하네.
솔뿌리에 앉아 송방주를 즐겨 따르리니
기이한 처방을 의원에게도 알리지 말게.
誰卜蒼山第二枝　肯堂今日待佳兒
亂巖後壓千層秀　幽澗前臨百尺危
通客假橋橫一木　補虛新柳長繁絲
松根好酌松肪酒　莫遣奇方報太醫


성세순이 좋은 땅을 잡고 그 아들 성수침이 좋은 집을 짓게 된 사실을 말하였다. 송방주라 한 것은 성수침이 집 곁의 넘어진 소나무에 구멍을 내어 그 안에 술을 담아 마셨던 풍류를 표현한 것이다. 의원에게도 기이한 처방을 알리지 말라 한 것은, 송방주만 마시면 절로 불로장생할 것이므로, 이러한 무릉도원(武陵桃源)과 같은 유토피아를 외부 세계에 알리고 싶지 않다는 뜻이다.

임억령(林億齡)도 성수침을 위하여 「청송당기(聽松堂記)」를 지어주었다. 이 글에는 청송당과 그곳에서 성수침이 살아가는 모습이 좀더 자세하게 묘사되어 있다.

성중옥(成仲玉)은 은군자(隱君子)의 한 사람이다. 옥처럼 따스하고 학처럼 훤칠하다. 평소 병이 많고 시속을 좇는 것을 좋아하지 않아 한강 북쪽 북산 아래 작은 집을 지었다. 시서(詩書)에 빠져 살면서 옛날의 주공(周公)과 공자(孔子)를 추종하기 위하여 스스로 힘을 기울였다. 새둥지 같은 집에서 약초를 캐어 달이면서 몸을 보양하였다. 의롭지 않은 명성과 공명, 부귀 따위는 썩은 쥐나 거름흙보다도 더럽게 여겼다.

고고하게 누워 몸을 일으키지 않고서 이곳에서 10년을 살았다. 낮은 담을 두르고 소나무와 잣나무, 단풍나무, 대나무, 매화나무, 국화, 두충(杜沖) 등을 심어놓았다. 담 밑에 구멍을 내어 신속의 샘과 통하게 하고 앞뒤에서 굽이돌아 버드나무가 있는 개울로 흘러들게 하였다. 그 위에 다리를 놓아 청송당으로 가는 사람들이 건너다닐 수 있게 하였다.

이 산은 모두 바위로 되어 있어 다른 풀과 나무가 없고 오직 큰 소나무만 엄연하게 서서 지탱하고 있다. 꿈틀꿈틀하는 용 같기도 하고 검은 구름과도 같은 모습으로, 은하수를 쓸어낼 듯 누어리와 싸울 듯 담장 너머 무리지어 서 있어 그 굳은 기세에 이름을 정할 수가 없었다. 눌재(訥齋) 박선생에게 말하니, 박선생이 '청송'이 좋다고 하였다.

임억령, 「청송당기」, 『석천집』

임억령은 어느 날 성수침의 집에 들러 하루를 묵게 되었다. 그날 밤 하늘이 맑고 산이 고요하여 지팡이를 끌고 뜰에서 배회하고 있었다. 갑자기 바람이 허공에서 불어와 산중을 휘젓더니, 흔들리는 나뭇가지와 떨리는 나뭇잎 소리가 들려왔다. 파도가 치는 듯, 비가 퍼붓는 듯, 눈이 내리는 듯, 비파를 연주하는 듯, 피리를 부는 듯, 휘파람을 부는 듯, 물이 끓어넘치는 듯, 새가 지저귀는 듯 하였다. 몸과 마음이 절로 맑아지니 임억령의 입에서 탄식이 새어나왔다. 임억령은 성수침이 이곳에서 속세를 완전히 벗어나게 되었다고 부러워하였다.

성수침이 청송당을 짓자 상진(尙震), 조신(曹伸), 송순(宋純), 신응시 등 그의 벗과 지인들이 다투어 시문을 지었다. 또 조식이 청송당에 들렀다가 성수침이 속세를 떠나 맑게 사는 모습을 보고 과거를 포기하고 지리산으로 돌아갔다는 이야기가 김창흡(金昌翕)의 「이씨명원기(李氏名園記)」에 실려 있으니, 조식을 처사로 살게 한 공로도 있다 하겠다.

그러나 성수침은 이러한 일을 영예로 여기지 않았다. 청송당에 대한 글도 쓰지 않았다. 다음은 성수침이 마흔의 나이가 되었을 때 스스로를 돌아보고 지은 글이다.

그 얼굴 메말랐고 그 모습 예스럽다.

나이가 마흔인데 여전히 포의의 몸.

초심을 바꾸지 않아 시종 어긋남이 없다.

其容枯槁 其貌亦古

行年四十 猶一布衣

初心不馳 終始無違

성수침, 「스스로에 대한 찬(自贊)」, 『청송당집』


스스로 메마르게 살았기 때문에 청송당도 화려하였을 리 없다. 처사로서의 절조를 지키려 했기 때문이다. 종제(從弟)인 성운(成運)이 유사(遺事)에 쓴 것을 보면 다음과 같다.


선생은 청송당의 뜰에 봄을 다투는 꽃나무 심는 것을 좋아하지 않았다. 다만 바위틈에 소나무 두 그루를 심어두었다. 세월이 오래 되자 용의 형상으로 뿌리를 내리고 비늘 같은 솔잎이 파랗게 되었다. 선생은 매일 이를 어루만지면서 이렇게 말하였다.

"네가 몰아치는 풍상을 견디니 참으로 좋구나. 네게 이 절조가 없다면 내가 반드시 너를 좋아하지 않았을 것이다. 저 부들이나 버들처럼 가을이 될 무렵이면 먼저 시드는 것들이 너를 보면 얼굴이 붉어지지 않겠는가?"

어느 날 사간(司諫) 곽백유(郭伯踰)가 청송당을 찾았다. 곽백유는 세상일이 크게 잘못되어 가는 것을 보고 벼슬을 그만두고 돌아가 농사를 지으려 하였다. 선생을 뵙고 떠나려 청송당에 왔으나 선생은 계시지 않았다. 인하여 청송당 벽에 절구를 써두었다. 그 첫째 구에서 "은근히 좋아라 두 그루 소나무여, 세밑의 풍상에도 모습을 바꾸지 않으니(慇懃好在兩株松 歲晚風霜不改容)"라 하였다. 시들지 않는 소나무를 선생의 굳은 절조에 비유하여 이러한 작품이 있게 된 것이다.

성운, 「청송선생유사(聽松先生遺事)」, 『대곡집』

## 우계로 옮긴 청송당

중종 36년(1541) 성수침은 유일(遺逸)로 천거되어 후릉참봉(厚陵參奉)에 제수되었으나 나아가지 않고, 모친을 모시고 파주의 파평산(坡平山) 아래 우계(牛溪)로 돌아갔다. 우계는 부인의 고향이다. 성수침의 부인은 파주의 토성 파평윤씨로 윤사원(尹士元)의 딸이다. 성수침 집안의 묘는 고양의 원당리(元堂里)에 있었는데, 부친 성세순부터 파주에 묘를 쓰게 되었다.

성수침은 우계에서 노년을 보내고자 하였으나 모친의 뜻은 그러하지 않았다. 아우 성수영(成守瑛)이 1543년 충청도 덕산(德山)의 고을원이 되자 부득이 모친을 모시고 덕산으로 갔으나, 성수침은 속진이 싫어 가야사(伽倻寺)에 머물렀다. 성수영은 우계에서 살고자 하는 성수침의 뜻을 알고 파주에서 가까운 적성(積城)의 현감을 자청하였다. 이에 성수침은 우계로 돌아갈 수 있었다.

우 계

파주읍으로 흐르는 우계는 성수침의 아들 성혼이 호로 삼고

그 곁에 우계서실을 세우고 살았다.

성수침은 우계에서 죽우당(竹雨堂)을 짓고 은거하였다. 담장 서쪽에 대나무를 심었기에 이처럼 운치 있는 이름을 붙인 것이다. 1544년 9월의 일이다. 성수침은 그 뜰에 해송(海松)을 구해 심은 뒤 청송당이라 쓴 편액을 다시 걸었다. 이 편액은 중국 사신 화찰(華察)이 팔분체(八分體)로 쓴 것인데, 이를 마루에 걸고 청송당이라는 호를 다시 사용하였다. 임억령이 죽우당을 두고 부(賦)를 지었으니 파주의 죽우당에는 「죽우당부」도 내걸었을 것이다.

그후 나라에서 여러 차례 벼슬을 내렸지만 성수침은 한번도 나아가지 않았다. 처사로서의 삶의 자세를 바꾸지 않은 것이다. 성수침은 어머니를 뵈러 갈 때를 제외하고는 우계를 떠나지 않았다. 우계는 땅이 메말라 논밭이 적었다. 이 때문에 끼니가 궁했던 적도 있었지만 성수침과 그의 모친, 부인 윤씨는 가난을 즐기면서 화목하게 살았다.

1552년 우계에서 모친이 작고하자, 3년간 지극정성으로 시묘살이를 하였다. 당시에는 자녀들이 돌아가며 제사를 지내는 윤회봉사(輪廻奉祀)가 일반적이었으나, 성수침은 한곳에서 제사를 지낼 수 있도록 묘전(墓田)과 노비를 넉넉히 마련하였다. 또 제사지낼 집과 제기를 둘 방, 묘전에서 나온 곡식을 보관할 창고 등을 구비하였다.

성수침은 어릴 때부터 병약하였는데, 만년에는 더욱 심해져 조금만 날이 추워도 밖으로 나가지 못하였다. 방 안 가득 책을 쌓아두고 세상과 인연을 끊은 채 살았다. 간혹 봄가을 따스할 때면 논밭 사이로 말을 타고 나가 농부들과 대화를 나누고 바람도 쐬고 시도 읊조렸다. 집 주변에는 뽕나무를 심어 숲을 이루었지만 성수침은 누에를 치지 않았다. 사람들이 그 까닭을 물으니 "내가 지팡이를 짚고 그 밑을 거닐 적에 푸른 잎이 그늘을 지어주고 맑은 바람이 불어오니 이것만으로도 족하다"고 하였다. 이렇게 살았음에도 그의 명성은 사방으로 퍼져나가 새로 부임한 고을원은 으레 그의 집을 찾아 문안하였다. 그러면 성수침은 더욱 몸을 낮추고 남들의 칭찬을 받아들이려 하지 않았다. 호를 파산청은이라 하고 다시 우계한민이라 하였다.

성수침은 그렇게 20년을 살다가 생의 인연을 마치고 파주의 향양리(向陽里) 부친의 묘 아래에 묻혔다. 이황이 묘갈명(墓碣銘)을 지었고, 아들 성혼과 친분이 깊었던 이이가 행장을 지었으며 기대승이 묘지명(墓誌銘)을 지었다. 성수침의 이름은 이로써 더욱 빛나게 되었다.

성수침의 아들 성혼(成渾, 1535~98) 또한 부친을 따라 우계로 들어온 이래 평생을 우계에서 살다가 우계에서 죽었다. 지금의 행정구역으로 파주읍 향양리 산8-1에 그의 무덤이 있다. 인왕산의 청송당에 살 때에는 호를 묵암(默庵)이라 하였지만, 1570년 우계로 들어와 살면서부터 부친을 이어 호를 우계(牛溪)라 하였다. 나이가 서른이 되기도 전에 제자들이 다투어 몰려들어 집 동쪽에 건물을 하나 짓고 우계서실(牛溪書室)이라 하였다. 서실은 세 칸이었는데 서쪽의 방이 두 칸이 되도록 하고 나머지 동쪽은 마루로 사용하였다. 온돌을 놓고 사방에 창을 두었으며 남쪽에는 두 짝의 문을 달았다. 창 바깥에는 널빤지를 대어 넓게 사용할 수 있게 하였다.

그후 임진왜란이 일어나 주위가 불바다가 되었지만, 다행히 서실만은 화를 면하여 피란을 가면서 땅에 묻어두었던 아버지의 위패를

**파산서원** 우계서실이 있던 곳으로 훗날 파산서원이 들어섰다. 근년에 건물의 일부가
복원되었다.


꺼내어 서실에 봉안할 수 있었다. 이로써 우계서실은 성수침의 사당
구실을 하게 되었다. 1595년 성혼은 이 서실을 아예 사당으로 삼았다.
그러나 건물을 수리할 여력이 없었다. 이후 증손자인 희주(熙胄)가
1670년에 정식으로 사당을 건립하여 신주를 모시고 서실도 함께 중
수하였다. 성혼의 정신을 이어받은 외증손 윤증(尹拯)이 이러한 사정
을 기문으로 지어 서실에 걸었다.

## 그림으로 전하는 청송당

성수침은 소나무와 같은 맑은 기풍으로 백악의 상징이 되었다. 아
들 성혼도 부친처럼 맑게 살고자 하였으니 도성에서 가까운 청송당에

머물 일이 없었다. 그리하여 청송당도 차츰 무너져갔다. 이에 후학들이 성수침을 기려 청송당을 중건하고자 하였다. 그러나 성수침과 절친하였던 조식의 제자 정인홍(鄭仁弘)은 이를 달갑게 여기지 않았다. 정인홍이 중건을 위해 모인 사람들을 참소하자 중건의 뜻은 이루어지지 못하고, 청송당은 폐치되었다. 그후 50여 년 동안 청송당은 다른 사람의 소유가 되었다.

다행히 1668년 외손 윤순거(尹舜擧)와 윤선거(尹宣擧) 등이 뜻을 합하여 청송당을 중건하고 송시열이 지은 기문을 붙였다. 송시열과 윤순거, 윤선거, 남구만(南九萬) 등이 모여 이 일을 기념하는 시회를 열었다. 정선(鄭歚)은 청송당을 그림으로 그렸는데, 200여 년이 지난 오늘날까지 전하고 있다. 정선은 청송당이 바라다보이는 유란동, 즉 오늘날 경복고등학교 근처에서 태어나 훗날 인왕산에 가까운 오늘날의 옥인동에서 살았다. 이러한 인연으로 명작 〈청송당〉을 그리게 된 것이다. 그림을 보면 솔숲 사이에 단정한 기와집 한 채가 있고 그 곁으로 개울이 흘러든다. 🎐

꿈틀꿈틀하는 용 같기도 하고 검은 구름과도 같은 모습으로,
은하수를 쓸어낼 듯 눈서리와 싸울 듯 담장 너머 무리지어 서 있어
그 굳은 기세는 무어라 이름붙일 수가 없다

유란동에서 본 백악산

# 누항의 삶과
# 김안로의 희락당

구름 속 높은 산이 재상의 손으로 들어오고

달빛 속 피리소리 비단옷 입은 이와 어우러지네

**남산과 삼각산** 강세황이 교외에서 남산과 삼각산을 보고 그린
〈남산여삼각산도(南山與三角山圖)〉. 김안로가 한강의 별서에서 바라본
모습도 이와 같았을 것이다.

## 김안로의 가계

김안로(金安老, 1481~1537)의 본관은 연안(延安), 자는 이숙(頤叔), 호는 용천(龍泉)·퇴재(退齋)·희락당(希樂堂)이다. 잦은 옥사를 일으켰으며, 문정왕후(文定王后)를 폐위시키려는 음모를 꾸민 정유삼흉(丁酉三兇)의 한 사람으로 세인의 비난을 받은 인물이다. 그러나 그의 문집 『희락당집(希樂堂集)』은 우리 역사에 드물게도 모든 시에 주석과 평이 달려 있어 체재가 예사롭지 않다. 그가 저술한『용천담적기(龍泉談寂記)』역시 조선 전기 시대사를 이해하는 데 소중한 문헌이다.

김안로의 집안은 고려 후기부터 명문가로 부상하였거니와, 특히 여말선초 김도(金濤)·김자지(金自知) 등의 명성이 높았다. 김안로의 조부인 김제신(金悌臣)과 그 아우 김우신(金友臣) 역시 명망이 높았다. 김우신의 아들 김심(金諶)·김흔(金訢)·김전(金詮)도 모두 역사에 뚜렷이 자취를 남긴 인물들로, 이들 형제는 모두 김종직(金宗直)의 제자다. 김안로의 부친 김흔은『두시언해(杜詩諺解)』의 서문을 쓴 이로 알려졌는데, 그 문장이 실로 대단하였다고 한다. 사가독서(賜暇讀書)에 선발되었다는 사실이 그 단적인 증거이다. 특히 황정견(黃庭堅)의 시에 밝아 주석을 정리하여 새로 문집을 만들었으며, 비록 이루어지지는 못하였으나 성종의 명으로 황정견의 시를 주해하고 번역하려는 시도까지 하였다. 김안로는 이러한 명문가의 후손으로 태어났으며, 역시 문학으로 명성이 높은 채수(蔡壽)의 사위가 되었다.

그러나 김안로가 정치적으로 크게 성장할 수 있었던 이유는 그의 아들 김희(金禧, ?~1531)가 중종의 맏사위가 되어 연성위(延城尉)에

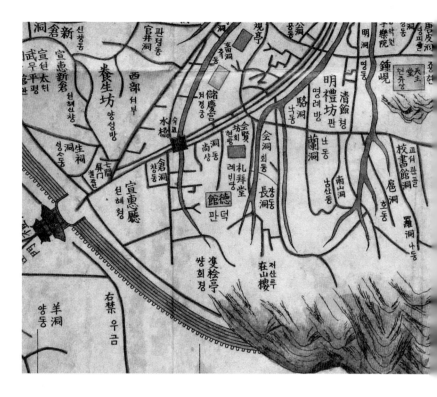

**한성부 지도** 조선 초기부터 남산 북쪽 기슭을 따라 주택가가 형성되어 있었다. 영희전 왼편의 명례방은 오늘날 명동 일대다. 1900년에 제작된 지도다.

봉해졌기 때문이다. 김희에 대한 역사의 평가 역시 부정적이다. 김희는 중종 22년(1527) 2월 26일 동궁의 생일날, 동궁에 불태운 쥐와 물통의 나무 조각으로 만든 방서(方書)를 걸어두고, 동궁을 저주하는 작서(灼鼠)의 변을 일으킨 장본인이다. 김희는 슬하에 아들이 없고 딸만 하나 있었는데 문정왕후의 오라비 윤원로(尹元老)의 아들 윤백원(尹百源)을 사위로 삼아 훈척의 지위를 굳건히 하고자 하였다. 그렇지만 김

희는 그림에 대단히 뛰어난 사람이었다. 특히 매화그림을 잘 그렸기에 김안로의 집에는 그의 매화그림이 여러 폭 걸려 있었고, 백조부(伯祖父) 김심과 홍언필(洪彦弼) 등도 그에게 매화그림을 청한 바 있다.

불행하게도 김안로는 자식복이 없었다. 효자였던 김희는 그보다 먼저 이승을 떠났고 큰아들 김기(金禥)는 불효하여 김안로와 반목이 심하였다. 딸이 하나 있었지만 눈이 멀고 못생겼기에, 굶겨 죽이려고도 해보고 칼로 찔러 죽이려고도 하였으나 뜻을 이루지 못하다가, 독사(毒蛇)를 항아리에 넣어 독이 오르게 한 후 딸로 하여금 발을 넣게 하여 마침내 물려 죽게 했다고 한다. 김안로는 부친 김흔을 위하여 문집도 엮고 연보도 만드는 등 지극정성을 기울였으나, 정작 자신은 잘난 자손을 두지 못하였다. 문집도 필사본으로 겨우 전할 뿐이요, 그의 무덤도, 무덤에 세웠던 비석도 어디에 있는지 알 수 없다.

## 누항의 삶을 희구하는 집

김안로의 부친 김흔은 도성의 동쪽 남산 기슭 명철방(明哲坊)에 안락당(安樂堂)이라는 집을 짓고 살았다. 당시 이곳은 매우 궁벽하여 관원들이 좀처럼 살려 하지 않던 곳이었다. 그럼에도 김흔이 이곳에 집을 지은 것은 누항(陋巷)에 있으면서 즐거워하였다는 안회(顔回)의 뜻을 따르고자 하였기 때문이다. 김안로는 부친을 이어 그곳에 살면서 부친의 뜻을 따르고자 그 집을 희락당(希樂堂)이라 이름하였다. 부친이 지녔던 안락(安樂)의 뜻을 희구한다는 의미다. 편안하게 늙는다는 '안로(安老)'라는 이름과도 참으로 잘 어울린다. 김안로는 「희락당기(希樂堂記)」에서 다음과 같이 말했다.

나는 나서부터 어리석었고 자라서는 더욱 어리석어 스스로의 호를 우수(愚叟)라 하였다. 일찍이 빈터를 닦아 식구들이 살 집을 지었다. 벼랑이 높아 집을 압도하고 뜰이 좁아 몸을 돌리기에도 부족하였으니, 창문을 열고 보면 마치 작은 조각배 안에 앉아서 협곡을 마주하고 있는 듯하였다. 오래되자 마음에 들지 않아 누워 쉴 만한 방도를 마련하고자 하였다. 벼랑의 중턱을 깎고 빙 둘러 돌길을 내었다. 그 위쪽의 더러운 것을 실어내고 묵은 풀을 베어내어 집을 지었다. 추울 때 따스하도록 온돌을 깔고 더울 때 시원하도록 마루를 깔았다. 조그마한 규모라서 기둥이 둘을 넘지 않아도 되었다. 섬돌은 흙으로 쌓고 부드러운 잔디를 깔았으며, 나무는 무성한 것을 베어내되 좋은 그늘이 드리워지도록 하였다. 오래된 단풍나무에 벽돌 담을 쌓아 가리고 풍명대(楓明臺)라 하였다. 넝쿨로 뻗은 풀은 시렁으로 끌어서 그늘을 만들고 취운사(翠雲榭)라 하였다. 그 꼭대기를 평평하게 하니 모래가 희고 땅이 텅 비게 되어 자못 달을 보기에 적합하였기에 요월정(邀月亭)이라 하였다. 이들 모두 장난삼아 붙인 이름인데, 합하여 희락당이라 하였다. (중략)

공무에서 물러난 여가에 향을 사르고 조용히 앉았다. 손으로 누런 책을 뒤적이니 마음은 태고의 세월에 노닌다. 기쁘게 정신이 조화를 이루고 육체가 굴레에서 벗어난다. 어찌 얽매이거나 흔들리는 일이 있겠는가? 술잔에는 솔잎을 담근 술이 있고 벽에는 오래된 거문고가 걸려 있다. 두건을 비스듬히 쓰고 시를 읊조리면서 지팡이를 짚고 배회하기도 하고, 때로는 약초밭에 호미질하여 모종하고, 물항아리를 안고 꽃밭에 물을 붓기도 한다. 일삼는 것은 다르지만 즐거움은 끝이 없다. 산들바람이 천천히 불어오고 밝은 해가 중천에 떠 있으면 세상의 시끄러운 것들이 모두 끊어지고 사심도 사라지게 된다. 보고 듣는 것조차 다 닳아버리고서, 어둑하게 만물의 조

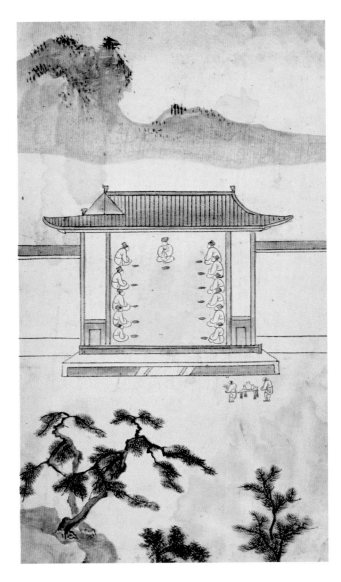

**종남동도회제명록(從南洞道會題名錄)** 1656년 남산 아래에서의 계회를 기념하여 만든 계첩으로, 상단에 남산의 모습이 추상적으로 그려져 있다. 남산 기슭의 풍광은 계회가 열릴 만큼 아름다웠다. 화산 권주의 종가에 소장되어 있다.

화(造化)와 흐름을 함께하고 조물주와 한 무리가 된다. 이러니 내
집을 집으로 여기고 내 즐거움을 즐거움으로 삼는다는 것조차 의식
하겠는가?

김안로, 「희락당기」, 『희락당집』

이 글을 쓴 시기는 알 수 없지만, 중종 15년(1520) 그의 아들이 부마
가 되기 이전의 것으로 보인다. 안락당 위쪽 벼랑에 희락당을 지은 것
도 운치가 있거니와, 큰 단풍나무 주위에 벽돌담을 쌓은 풍명대, 등나
무 덩굴이 머리 위에 그늘을 드리우게 한 취운사, 탁 트인 곳에 달빛
을 구경하기 위해 세운 요월정 등 하나하나가 맑은 운치를 풍긴다.

이때까지만 하더라도 김안로는 주로 홍문관에서 청직(淸職)을 맡았
다. 장래가 보장되는 벼슬이었지만 낮은 지위에 있었기에 부친의 안
빈낙도(安貧樂道)를 충실히 따르겠다고 하였다. 함께 어울린 벗들도
많았다. 그러나 아들이 부마가 됨에 따라 조정의 실세로 등장하여 권
력을 맛보게 되자, 누항에서의 안빈낙도를 희구하던 삶은 문자 그대
로 희구일 뿐인 꿈이 되었다.

## 보락당에서 지키고자 한 누항의 뜻

중종 19년(1524), 김안로는 당시 권신이었던 심정(沈貞)과 남곤(南
袞)의 탄핵을 받아 풍덕(豊德)으로 유배되면서 권력이란 놓쳐서는 아
니 될 것이라는 사실을 절감한 듯하다. 김안로는 유배지 풍덕의 산대
암(山臺巖)에 인성당(忍性堂)을 짓고, 이행(李荇)·정사룡(鄭士龍) 등의

시를 받아 꾸몄다. 인성이란 말은 『맹자(孟子)』에 보인다. 인(仁)이 흔들리지 않도록 그 심성을 강인하게 만든다는 뜻이니, 결코 예사롭지 않다.

김안로는 풍성한 덕을 지닌다는 뜻의 풍덕땅에서 그 심성을 강인하게 단련하였다. 얼마 후 부마 아들의 지극한 효성으로 복직된 김안로는 강인해진 심성으로 사람들을 사주하여 심정의 탄핵을 도모해 마침내 죽음에 이르게 하였다. 김안로는 요직의 상징인 이조판서와 청직의 상징인 대제학을 역임하고, 우의정을 거쳐 좌의정에 오르는 출세가도를 달렸다. 그 사이 허항(許沆)·채무택(蔡無擇) 등과 어울려 이른바 정유삼흉이 되어 그토록 절친하였던 이행마저 평안도 함종(咸從)땅으로 유배 보내 그곳에서 죽게 하였다. 마음에 차지 않는 인물들은 술수를 써서 내쫓아야 했고 자신에게 쏟아지는 비난에 하나하나 대응하자니 얼마나 바쁜 나날들을 보내야 했을까? 그 마음인들 편안하였을까?

희락당에서 안빈낙도를 희구한다고 했으니, 그 뜻을 곰곰이 생각하면 안빈낙도를 이루지 못하였다는 뜻이다. 바보같이 산다고 하여 호를 우수라고 했지만 스스로 바보라 여겼을 리 없다. 그러나 김안로는 자신의 호를 다시 당병자(戇病子)라 하였다. 어리석음이 병이 되었다는 뜻이다. 옛사람 중에 거처의 이름과 처신이 어긋난 예는 제법 있다. 남곤이 백악산에 경영하였던 크게 숨는다는 뜻의 대은암(大隱巖)도 그러한 예다. 크게 숨는다고 하였지만 오히려 정치 일선에서 뛰어다니느라 대은암은 늘 비어 있었다. 김안로 역시 그러하였을 것이다.

김안로는 안빈낙도를 희구하는 데 그쳐서는 안 되고 이를 지켜야 한다는 뜻에서 만년에 다시 동호(東湖)에 건물을 사서 고쳐 짓고 보락당(保樂堂)이라 하였다. 옥수동 강기슭 어디인가에 이 정자가 있었던 듯하다. 김안로는 자신에 대한 탄핵의 내용이 탐욕으로 점철되었음에도 불구하고, 태연하게 안회의 뜻을 따른다고 선언하였다. 김안로는 중종 29년(1534) 좌의정에 오르게 되는데, 그 이전에 예조판서 겸 대제학으로 있으면서 잠시 동호의 독서당(讀書堂)에 나와 있을 때 보락당을 지은 것으로 보인다.

보락당에 내건 기문에 따르면, 보락당은 자리 두 개 정도를 깔 수 있는 작은 규모였다고 한다. 김안로는 공무의 여가에 은자의 복장인 산관야복(山冠野服)으로 나서 강과 산, 안개와 구름이 변화하는 풍광을 모두 자신의 소유로 삼았다고 했다. 눈을 감고 귀를 닫고 있노라면 관복을 입고 있다는 사실을 잊는다고 하였다. 그러나 이러한 여유는 오래가지 않았다. 곧 아전들이 부르러 오면 잠깐의 평화는 꿈처럼 깨어졌다. 그리하여 희락당을 지을 때의 초심을 잊지 않으려 보락당을 짓는다 하였다.

물론 김안로는 보락당을 누항의 상태로 두지 않았다. 보락당을 지은 후 김안로는 다시 명허헌(明虛軒)을 지었다. 기록에 따라서는 함허헌(涵虛軒)으로 된 곳도 있는데, 이곳에 건 기문에서 김안로는 이 일대의 풍광을 다음과 같이 적고 있다.

옛 건물에 지붕을 이어 보락당을 만들고 나서 다시 서쪽 암벽 중간 부분을 평평하게 만들고 작은 헌(軒)을 따로 만들었다. 산자락을 따라 터를 잡으니 그 형세가 허공에 솟아난 듯하여 아래로 땅이 보이지 않았으며 옆으로도 막힌 데가 없었다. 강물이 내 앉은 자리 위로 몰려들었다. 둥실둥실 뗏목을 타고 가다 은빛 모래벌판에 대었다. 달빛이 내가 앉은 자리를 비추는데, 밝디밝아 하늘로 올라갈 수 있을 듯하고 넓은 은하수로 걸어갈 수 있을 듯하였다.

김안로, 「명허헌기(明虛軒記)」, 『희락당집』

달은 형체가 없지만 빛나고 사물은 바탕이 있지만 텅 비어 있다는 뜻으로 명허헌이라는 이름을 붙였다. 맑은 달빛과 텅 비어 그 빛을 다 받아들이는 시내가 자신의 마음과 만나 마음속의 찌꺼기를 다 몰아내어 천광(天光)을 회복시켜 주므로 이러한 이름을 붙인 것이라 하였다. 비록 달빛은 구름에 쉽게 가려지고 강물은 바람에 쉬 일렁여 변화가 무상하지만, 자신만은 허명(虛明)을 간직해 변치 않겠노라 다짐하였다.

## 누항을 잊은 보락당의 풍류

김안로는 산수의 즐거움을 희구한다고 하였지만, 사실은 산수의 즐거움이 아니라 부귀영화를 희구하였다. 희구한 끝에 부귀영화를 얻었으니 남은 일은 이룩한 부귀영화를 영원히 지키는 일이다. 결국 보락당은 부귀영화를 보존하고자 한 집이 된 셈이다. 실록에는 그즈음 정부와 육조(六曹)가 날마다 동호에서 연회를 벌였다고 기록되어 있는데 그 중심에 김안로가 있었다. 김안로는 보락당 낙성연을 크게 열어 조정의 백관들을 모두 초청하였다. 연회는 한성부(漢城府) 당상 관의 주최로 이루어졌는데 재상들도 모두 참여하였다. 날마다 돌아 가면서 모이느라 수레와 말이 강둑에 가득하고 하인배들이 우글거려 민폐가 적지 않았다. 동호의 백성들 중에는 너무 괴로워 문을 닫고 도 피하는 자까지 있었다고 한다.

이때 많은 사람들이 김안로에게 시를 지어 바쳤으나, 훗날 그가 간 신으로 사형을 당하였기에 그에게 보낸 시는 거의 전하지 않는다. 다 만 여주(驪州) 강마을에 살던 신광한(申光漢)이 지어 보낸 다음 시는 인구에 널리 회자되었다.

아름다운 정자 새로 지었다는데
푸른 창 붉은 난간 동호에 비치네.
구름 속 높은 산이 재상의 손으로 들어오고
달빛 속 피리소리 비단옷 입은 이와 어우러지네.
나아가나 물러가나 근심하는 공이여 즐거움을 간직하소
쓰이든 버림받든 마음 쓰지 않는 나는 천진을 보존하리니.
풍광을 점검하는 일은 익숙하게 해야 하리니
누구를 시켜 상빈으로 보좌하게 할 수 있으랴?

聞說華堂結構新　綠窓丹檻照湖濱
雲山亦入陶鈞手　月笛還宜錦繡人
進退有憂公保樂　行藏無意我全眞

風光點檢須閑熟 可使何人佐上賓

신광한,「보락당(保樂堂)」,『기재집(企齋集)』

　이 시는 표면적으로 보락당의 잔치자리를 찬양한 것처럼 보인다. 동호의 아름다운 보락당에 있노라면 앉은 자리에서 인근의 산이 다 바라다보이고 맑은 피리소리는 관원들의 맑은 정신세계와 잘 어울린다. 벼슬길에 나아가든 물러나든 강호의 즐거움을 지니고 있는 김안로를 잘 보좌하여 아름다운 풍광을 즐기게 할 수 없음을 안타깝게 여긴다고 하였다.

　그러나 그 이면에는 날카로운 풍자의 뜻이 숨어 있다.『어우야담(於于野談)』에는 풍자의 내용이 구체적으로 밝혀져 있다. 2연은 조정의 정사와 강산, 전토(田土)가 모두 김안로의 손아귀에 들어갔다는 뜻으로, 보락당의 사치한 연회는 강호에 어울리지 않고 부귀한 사람들에게나 어울린다고 풍자한 것이다. 3연은 범중엄(范仲淹)과 같은 현인들은 나아가나 물러가나 나라를 근심하였는데 김안로는 자신의 즐거움만 보존하여 백성들과 공유하지 않는다는 뜻이며, 신광한 본인은 이러한 때에는 벼슬길에 나아가지 않고 절개를 지키겠다고 다짐한 것이다. 마지막 구는, 신광한 자신은 보락당의 연회에 상빈(上賓)으로 참여하고 싶지 않거니와 누구도 권세에 아부해서 그 빈객이 되지 않을 것이라고 풍자한 것이다. 처음에 김안로는 표면적인 뜻만 읽고 기분이 좋아 보락당 벽에 이 시를 걸었다가, 나중에 이면의 뜻을 알아채고 치워버렸다. 김안로는 이 때문에 신광한에게 유감을 품게 되었다 한다.

물론 권력은 무상한 법이다. 1537년 문정왕후를 폐출하려 한 모의가 발각되어 김안로는 진도(珍島)에 유배되었다가, 곧이어 경기도 진위현(振威縣) 갈원(葛院)에서 사사되었다. 그리고 그것이 끝이었다. 후대의 역사는 그를 천하의 간신배로 지목하여, 그가 남긴 자취를 애써 지워나갔다. 그나마 그의 문집이 오랜 세월을 거쳐 필사본으로 만들어져 전해지게 된 것은 참으로 다행이다.『희락당집』에는 김장생(金長生)의 손자인 김익겸(金益兼)의 장서인이 찍혀 있으니 비록 필사본이지만 그 유래가 오래된 것이다. 📖

# 남 산

남산의 본래 이름은 목멱산(木覓山)이다. 인경산(引慶山) 또는 열경산(列慶山)이라고도 하는데,

늘 중국 장안의 종남산(終南山)에 견주어져 왔다. 인왕산에서부터 낮게 평평해진 산세가

남쪽으로 뻗어오다가 동쪽으로 휘어지며 남산이 일어서게 된다.

# 낙산의 기재에서
# 학을 키운 신광한

### 나는 정이 있어 알아볼 듯하건만

### 청산은 옛사람을 기억해 줄는지

**이화장** 이승만 대통령이 살던 집인데 그 터에 신광한의 집이 있어
신대(申臺)라 불렸다. 이화장 뒤쪽에 강세황이 홍천취벽(紅泉翠壁)이라
새긴 바위글씨가 있었으나 근대에 사라졌다.

## 고령신씨 집안의 영광

고령신씨(高靈申氏)는 향리(鄕吏) 집안이었으나 고려 말부터 문과(文科) 급제자를 배출하여 사족(士族)의 대열에 들게 되었다. 조선 초기 신덕린(申德隣)이 초서로 이름을 날렸으며, 그 아들 신포시(申包翅)는 참의 벼슬을 하였다. 신포시의 아들 신장(申檣)은 변계량(卞季良)의 제자로 집현전의 핵심적인 관료였으며, 동지춘추관사(同知春秋館事)·세자우빈객(世子右賓客)·참판(參判) 등의 관직을 역임하였다. 또 보련법주(寶蓮法主)에게 서화(書畵)를 익혀 상당한 경지에 이르렀다고 한다. 세종 5년 6월 23일의 실록 기사에 따르면, 세종이 당시 대제학으로 있던 변계량에게 그를 대신할 인물을 묻자 신장을 천거하였을 정도로 학문도 뛰어났다. 그의 아들이 세조대의 큰 학자 신숙주(申叔舟)다. 신숙주는 자가 범옹(泛翁), 호가 희현당(希賢堂) 혹은 보한재(保閑齋)다. 그 아우 맹주(孟舟), 송주(松舟), 말주(末舟) 등도 이름이 높았다. 신숙주의 아들 신주(申澍), 신면(申沔), 신찬(申澯), 신정(申瀞), 신준(申浚), 신부(申溥), 신형(申泂), 신필(申泌) 등도 역시 문명을 떨쳤다. 특히 신주는 한명회의 딸과 혼인하여, 이 집안이 세조대 한명회와 더불어 국정을 좌지우지하기에 이른다.

영의정으로 부귀영화를 누리던 신숙주는 1467년 차남 신면이 이시애(李施愛)의 난에 피살되었음에도 도리어 모반에 가담하였다는 무고를 받아 아들과 함께 의금부에 갇히는 수모를 겪었다. 비록 석 달 만에 석방되고 복직되었지만 그 마음이 편하지 못하였던 듯, 1468년 호를 보한재(保閑齋)라 하였다. 한가함을 보존하겠다는 이 말에는 명철

**이자의 글씨** 이자가 뜻을 함께한 벗 신광한에 대하여 쓴 글로, 규장각의 『좌해쌍필(左海雙絶)』에 실려 있다.

보신(明哲保身)의 뜻이 깃들어 있다. 그 덕에 성종이 즉위하자 고령부원군(高靈府院君)의 봉호를 받고 일등공신으로 다시 영의정에 올랐다. 그리고 한가함보다 부귀함을 보존한 채 1475년 이승을 떠났다.

신숙주의 집안은 손자대에 다시 한번 크게 명성을 날린다. 신면의 아들 신종호(申從濩)·신용개(申用溉), 신형의 아들 신광한(申光漢) 등이 나란히 나와 문명을 크게 떨쳤기 때문이다. 김종직의 문인으로 대제학에까지 오른 신용개는 박은(朴誾)을 사위로 맞고 박은은 다시 이의무(李宜茂)의 아들 이행(李荇)과 사돈이 되어, 조선 전기 최고의 문한가로 성장하였다. 신종호 역시 뛰어난 학자이면서 문장과 시,

글씨에 뛰어난 재질을 보였으며, 그 아들 신항(申沆)과 신잠(申潛)의 명성도 높았다. 특히 신잠은 조광조의 문인이면서 시서화에 두루 뛰어났다.

그후 이 집안은 대대로 명환을 내었다. 이황의 문인 신식(申湜), 우의정에 오른 신익상(申翼相), 호남 최고의 실학자로 평가되는 신경준(申景濬), 과시(科詩)의 일인자 신광수(申光洙)와 그 아우 신광하(申光河), 여성이지만 학문과 시에 능하였던 부용당(芙蓉堂), 풍속화의 일인자라 할 만한 신윤복(申潤福), 애국지사 신규식(申奎植)과 신채호(申采浩), 신홍식(申洪植) 등이 모두 이 집안 출신이다.

## 여강에 세운 기재

신숙주 이후 조선 전기 고령신씨를 가장 빛낸 인물이 신광한이다. 신광한(申光漢, 1484~1555)은 자를 한지(漢之) 혹은 시회(時晦)라 하였고, 호는 여러 가지를 사용하였는데 기재(企齋)·낙봉(駱峯)·석선재(石仙齋)·청성동주(靑城洞主) 등이 있다. 낙봉은 낙산의 다른 이름이고, 청성은 청(靑)이 동방을 가리키므로 동성(東城), 곧 낙산 일대를 가리키는 말이다. 석선재는 그의 집에 붙인 이름이겠지만 다른 기록이 없어 사정을 알 수 없다.

신광한은 아버지가 비명에 간 까닭에 제때 배움에 나아가지 못하였다. 열다섯 살에야 글을 읽을 줄 알았다고 하니 학문에의 입문은 매우 늦은 편이다. 그러나 겨우 두어 해가 지나자 바로 이름난 선비로 성취를 이루었다 하니 그의 천부적인 자질을 짐작할 수 있다. 1510년 문과에 급제하여 사가독서(賜暇讀書)에 선발되는 영예를 입었으나, 젊은 시절 조광조와 친분이 깊었기에 1519년 기묘사화에 그 당인(黨人)으로 지목되어 삼척부사로 폄적되었고, 1521년 신사무옥(辛巳誣獄)으로 인해 관직을 삭탈당하였다. 1523년 모친상을 당하여 고양(高楊)에서 시묘살이를 하다가 1524년 정월 여주 관아에서 남쪽으로 40리 떨어진, 천민천(天民川)이 흐르는 원형리(元亨里)로 내려갔다. 오늘날 점동면 원부리 원양이마을로 추정된다.

그로부터 18년간 여강(驪江)에서 은둔의 삶을 살았다. 『주역』에 나오는 '원형(元亨)'이라는 말은 하늘의 뜻을 좇아 행동하면 크게 길하다는 의미다. 신광한이 굳이 원형리에 집을 정한 데에는 이러한 뜻이 있었을 것이다. 호도 이에 맞추어 원형옹(元亨翁)이라 하였다. 신광한은 이곳에서 일민(逸民)으로 농사를 지으며 살겠노라 다짐하고, 비록 초라한 집이지만 대나무와 국화와 연꽃을 심어 가꾸면서 한적하게 살았다. 소강절(邵康節)의 시를 좋아하여 그의 시집을 두고 읽었다.

여강에서 신광한은 가난하게 살았다. 감농(監農)을 위해 나들이를 하였다는 기록을 보면 전답이 있었던 것은 분명하지만, 첩조차 먹여 살리지 못하여 원형리로 내려가자마자 첩을 내보내면서 장난삼아 시를 지어준 바 있다. 허균의 「성옹지소록(惺翁識小錄)」에 따르면 충주목사로 있던 박상(朴祥)이 김안국(金安國)과 신광한이 가난하게 사는 것을 보고 여주목사 이희보(李希輔)에게 쌀 100곡을 빌려다 주고 나중에 갚았다는 기사가 보인다. 조사수(趙士秀)의 행장(行狀)에도 방 안에 도서를 쌓아두고 두문불출하였으며 터럭 하나라도 남에게 요구한 것

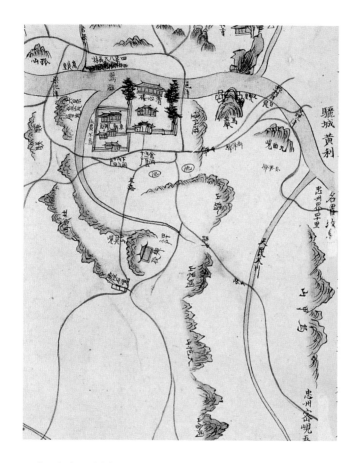

**고지도의 여주** 신광한은 한강의 지류인 천민천 물가에 살았다. 신광한이 시를 지은 오압산, 신륵사, 청심루 등이 보인다. 〈해동지도〉에 실려 있다.

이 없었다고 하였다. 이모부 김안로가 동호의 보락당으로 초청하였으나 끝내 가지 않고 오히려 그를 풍자한 시를 남겼으니, 인척의 도움조차 받지 않았던 것으로 보인다. 1534년에 잠시 한강가의 고산(孤山)으로 가서 살 때에도 간장을 구하지 못할 정도였다.

청 미 천
조선시대에는 천민천 또는 청민천이라 하였다.
신광한은 천민천 곁 원부리 원양이마을에 살았던 것으로 추정된다.

다행히 당시 여주에는 청류(清流)들이 많이 와 있었다. 김안국이 여
강의 이호(梨湖)에 살았고, 이희보가 여주목사로 있었기에 이들과 교
분이 두터웠던 박상·이행·정사룡 등 당대 최고의 문인들이 여주를
찾았다. 신광한은 김정국을 위하여 이호의 열여섯 가지 풍광을 시로
지어 보냈으며, 김안국·이희보 등과 어울려 이호, 고산, 장흥사(長興
寺), 신륵사, 청심루(清心樓) 등을 유람하고 시주(詩酒)를 즐겼다.

그렇다고 신광한이 산수자연에서 즐기고자 한 것만은 아니다. 조
부와 옛 성현을 따르고자 하여 그의 집을 기재(企齋)라 하고 다음과
같이 기문을 지었다.

집을 '바란다[企]'고 이름한 것은 무엇을 바란다는 뜻인가? 우리
할아버지를 바란다는 것이다. 우리 할아버지가 당 이름을 희현당(希
賢堂)이라 하였는데 내가 집 이름을 기재(企齋)라 하여 우리 할아버
지를 바란다 하였으니 어진 이를 바라는 것이다. 어진 이를 바라는
것은 성인을 바라는 것이요, 성인을 바라는 것은 하늘을 바라는 것
이니, 바란다고 이룰 수 있는 것이 아니다. 그렇다면 바라서는 아니
되는 것인가? 이렇게 생각한다. 바라지 못할 것이 없을 것이라고.

우리집 동쪽에 산이 우뚝 솟아 있는데, 그 산을 보려면 발꿈치를
들어 바라보면 되고, 우리집 서쪽에 길이 평평하고 곧은데 그 길을
가려면 발꿈치를 들어 가면 된다. 우리집 앞쪽에 하천이 콸콸 흘러
가는데 물이 흘러가서 쉬지 않는 것을 보면 발꿈치를 들어 탄식하
게 된다. 우리집 뒤쪽에 소나무가 무성하게 서 있는데 소나무가 겨

울철에도 시들지 않는 것을 보면 발꿈치를 들어 바라보게 된다. 우리집 가운데 향 하나가 있고 거문고 한 장이 있고 책 만 권이 있다. 때때로 향을 태우고 거문고를 연주하며, 거문고를 던지고 책을 읽으니, 그 또한 바라는 바가 있지 않겠는가? 책에는 현인이 있으니 현인을 보고 바라게 되고, 책에는 성인이 있으니 성인을 보고 바라게 된다. 성인은 하늘과 같은데 하늘과 같게 되면 편안하다. 하늘을 편히 여기고 운명으로 삼는 것이 바로 내가 바라는 것이다. 마침내 기재의 기문으로 삼는다.

신광한, 「기재기(企齋記)」, 『기재집(企齋集)』

이 글에서 할아버지는 신숙주다. 신숙주의 집은 희현당(希賢堂)이었다. '희현'이라는 편액은, 이윤(伊尹)의 뜻을 뜻으로 삼고 안회(顔回)의 학문을 배운다는 주렴계(周濂溪)의 말에서 나온 것으로, 1445년 중국어의 음운을 묻기 위해 황찬(黃瓚)을 만나러 요동(遼東)에 갔을 때 황찬으로부터 받은 것이다. 물론 신광한이 바라던 것은 할아버지의 부귀공명이 아니라, 할아버지가 꿈꾸었던 옛 성현을 다시 꿈꾸는 것이었다.

그리고 신광한은 기재에서 보이는 여덟 가지 아름다운 풍광을 정하였다. 동쪽 못의 봄물(東池春水), 율정의 밝은 달빛(栗亭明月), 남쪽 밭의 농요(南畝農歌), 노석의 고기잡이(露石釣魚), 평리의 아스라한 꽃(坪里煙花), 천민천의 먼 배(民川遠帆), 오압산의 저녁햇살(鴨山秋色), 관야의 갠 눈(鶴野晴雪)이 그것이다.

## 낙산으로 옮긴 기재

1537년 기묘명현들이 복권되면서 이듬해 신광한도 대사성으로 복직되어 서울의 낙산 아래 옛집으로 돌아왔다. 신광한은 뱃길로 광나루를 지나면서 그 감회를 이렇게 읊었다.


외로운 배로 한번 광나루를 나온 뒤
15년이 지나도록 죽지 못한 이 신세.
나는 정이 있어 알아볼 듯하건만
청산은 옛사람을 기억해 줄는지.
孤舟一出廣陵津　十五年來未死身
我自有情如識面　靑山能記舊時人

신광한, 「배 위에서 삼각산을 바라보니 느낌이 있어<br>(船上望見三角山有感)」, 『기재집』


신광한은 1538년 대사성으로 복직한 이래 대사간·대사헌·대제학 등의 청직을 지내고 참판을 거쳐 판서에 올랐으며, 의정부 좌찬성과 판중추부사 등도 역임하였다.

복잡한 정치현실 속에서 한가한 원형리의 삶을 그리워하였지만, 공무에 바빠 갈 수 없었다. 이에 신광한은 명종 1년(1546) 5월 3일 낙산 아래의 경저(京邸)에 폭천정사(瀑泉精舍)를 낙성하였다. 그 위치는 타락산(駝駱山) 아래 동숭동 129번지, 일찍이 서울대 문리대가 있던 자리 뒤쪽 허물어진 성곽 아래다. 낙성식에 긴 서문을 붙여 시를 지었다.

동성의 한쪽 낙산이 기이한데

천 길 푸른 벼랑 폭포수가 드리웠네.

구름 가면 지팡이 짚고 혼자 시를 읊조릴 뿐

비올 때 창을 연들 누가 보이랴?

신선의 땅 그 어느 곳이 이곳 같겠나

속세에 일찍이 이런 곳이 있었더냐?

남쪽 전장에 사는 신은 박씨여

감히 빼어남을 나란히 차지했다 누가 말하랴.

靑城一面駱峯奇　翠壁千尋瀑水垂

拄杖獨吟雲度後　開窓誰見雨來時

仙區幾處能如此　塵世何曾更有斯

何謂南莊新朴子　敢將淸勝等分之

신광한, 「새로 조성한 낙봉의 폭천정사가 완성되었다. 가정 병오년 5월 3일
동년의 벗 박유(朴瑜)의 아들 박민헌(朴民獻)이 인사를 왔다. 그와 더불어 앉아
바위를 가리키면서 말하였다. "성안에 이것보다 아름다운 것이 있는가" 하였더니,
박군이 "우리 선인의 전장이 낙산 남쪽에 있는데 바위가 또한 기이하다고 합니다"
하였다. 감히 어찌 그럴 리가 있겠는가 하는 뜻으로 율시 한 수를 지어 놀리다
(新造駱峯瀑泉精舍成 嘉靖丙午端陽後三日 有同年之子新恩朴君民獻相訪
與之坐 指示嵒石曰 城中復有儷美于斯者乎 朴君遽曰 吾先人有莊 在峯南偏
嵒石亦奇云 敢將豈其然之意 書一律 戱之)」,『기재집』


서울의 도성 동쪽에 낙산이 기이한 모습으로 서 있는데 천 길 푸른
벼랑으로 폭포가 떨어진다. 지금의 낙산을 보면 상상하기 힘든 일이
다. 더욱이 비가 오면 지나가는 사람들의 모습조차 보이지 않는 호젓

**단원도** 김홍도가 1791년 자신의 집 단원(檀園)을 그린 그림으로, 조선 선비의 집이 이러하였을 것이다. 남산의 폭포 아래 있던 신광한의 집 마당에도 학이 있었다.

한 곳이었기에 속세에 없는 신선의 땅이라 생각했다. 그런데 감히 박민헌이 낙산 남쪽에 있던 부친의 집이 더 멋있다고 하자, 신광한은 그럴 리가 없다고 부정하였다. 박유와 박민헌은 자신의 집을 꾸민 시를 남기지 않았으니, 시를 남긴 신광한의 집이 낙산에서 가장 아름다운 집이 될 수 있었다. 신광한은 폭천정사를 사랑하였기에 자신의 붓끝으로 그 아름다움을 거듭 자랑하였다. 그러기에 정사가 사라진 지금에도 그 정취는 그려볼 수 있다. 다음 작품은 만년인 1554년 가을 달빛을 보고 쓴 것이다.

벼슬 한가하고 땅이 빼어나니 맑은 흥취 넘치는데
궁벽한 골짜기는 사람 적어 먼지가 없다네.
모래언덕의 노란 국화는 늙은이를 비웃는 듯
폭포바위의 붉은 단풍잎은 봄보다 나은 듯하네.
가벼운 푸른빛이 방에 드니 푸른 솔이 가까이 있어서라네
떨어지는 깃털이 뜰에 날리니 흰 학을 기르기 때문이라네.
뉘 알랴 붉은 솟을대문 안이 도리어 이러하여
적막하여 응당 도관 옆에 있는 듯함을.
官閑地勝剩淸眞  僻洞人稀少有塵
沙岸黃花如笑老  瀑巖紅葉欲爭春
輕嵐入室靑松近  落羽飛庭白鶴馴
誰識朱門還似此  寂寥應與道家隣

신광한, 「갑인년 가을 초승달 비치는 낙봉에서(甲寅菊月脇駱峯書事)」, 『기재집』

국화가 노랗게 피고 단풍이 붉게 물드는데, 소나무 파란빛이 방 안으로 스민다. 뜰에는 학을 기르기에 그 깃털이 하얗게 날린다. 곁에서 보면 부유한 집으로만 여기겠지만, 안으로 들어오면 도사들이 도를 닦는 도관(道觀)과 같다고 하였다.

이처럼 신광한은 폭천정사에서 신선처럼 살았다. 그의 벗 홍섬(洪暹)의 묘지명에 따르면, 신광한은 만년에 낙봉 서쪽 기슭에 집을 지었는데 겨우 추위와 더위를 피할 정도였다고 한다. 정사 하나를 엮고 도서로 채우고 소나무와 대나무를 심었으며, 매일 여러 아들들을 데리고 그 사이에서 시를 읊조렸다 한다. 홍섬이 조지서와 함께 그의 집을 찾았는데 신광한은 왼편에 거문고를, 오른편에 학을 데리고 진솔하고 조촐하게 살고 있어 신선처럼 보였다고 한다.

> 빈 뜰 나무에 고운 이슬이 맺혔는데
> 산빛은 푸르스름 더위조차 사라지네.
> 절로 좋구나, 기재의 달이여
> 밝은 빛이 낙봉의 얼굴을 비추어주네.
> 空庭艸樹露華團　山氣蒼然暑氣殘
> 自愛企齋今夜月　淸光來照駱峯顔

신광한, 「우연히 짓다(偶吟)」, 『기재집』

1555년 죽기 몇 달 전에 지은 작품이다. 기재 위에 떠오른 맑은 달이 그 맑은 빛으로 낙봉을 비춘다고 하였다. 원래부터 야윈 터에 일흔

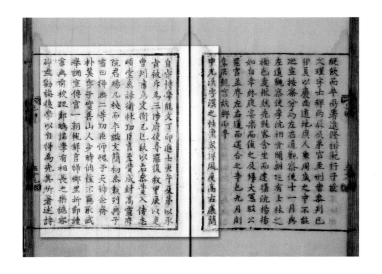

**기묘팔현전** 김육이 기묘사화에 화를 입은 사람들에 대한 전기를 모아놓은 책. 신광한은
기묘팔현(己卯八賢)은 아니지만 기묘사화에 연루되어 벼슬에서 쫓겨났기 때문에 그의
전기도 실려 있다.


이 넘은 나이인지라 더욱 수척하였겠지만, 그의 정신은 달빛처럼 맑
았으리라.

신광한은 그렇게 살다가 을묘왜란이 일어난 1555년 윤11월 낙산의
기재에서 숨을 거두었다. 향년 72세였으니 장수한 셈이다. 그는 선친
의 무덤이 있는 고양의 재궁동(齋宮洞)에 묻혔다.

## 낙산의 또 다른 주인 이수광

북악의 기슭이 북촌(北村)이고 남산의 기슭이 남촌(南村)이라 불렸
듯이 낙산 기슭은 동촌(東村)이라 하였다. 문일평의 『근교산악사화(近

郊山岳史話)』에 따르면 동촌은 고려 때 양류촌(楊柳村)이라 하였으며, 동서 분당의 빌미를 제공한 김효원(金孝元)이 이곳에 살아 동인(東人)이라는 말이 생겼다 한다. 낙산 기슭에는 이준경(李浚慶)·이정구(李廷龜)·유숙(柳潚) 등 명인의 집이 많았지만, 그 유래가 오래된 것은 이수광(李睟光, 1563~1628)의 집이었다. 이수광의 집은 낙산 동쪽의 상산(商山)에 있었다. 원래는 그곳에 그의 5대 외조부 유관(柳寬)의 집이 있었는데 세월이 흘러 이수광 집안의 소유가 되었다.

내 집은 흥인문 바깥 낙봉(駱峯) 동쪽에 있다. 산이 있는데 상산이라 한다. 상산 한 기슭이 구불구불 남으로 뻗어 마치 읍을 하는 듯한 것이 지봉(芝峯)이다. 지봉 위에 반석이 있어 수십 명이 앉을 수 있다. 또 큰 소나무 십여 그루가 있어 마치 일산을 엎어놓은 듯하다. 이것이 서봉정(棲鳳亭)이다. 그 아래 땅이 조금 평평한데 100여 무(畝)정도 된다. 구획하여 원림으로 삼고 동원(東園)이라 하였다. 깊고 으슥하고 평탄하고 탁 트여 있어 숨어살 만한 빼어난 곳이다.

애초에 하정(夏亭) 유정승이 청백리로 세상에 이름이 났는데 이곳에 집을 정하였다. 초가 몇 칸을 짓고 비가 오면 우산으로 새는 비를 받았다. 사람들이 지금까지 이를 일컫는다. 곧 나의 외가 5대조이다. 내 선친에 이르러 옛집 그대로 하되 조금 넓혀 지었다. 손님 중에 너무 소박하다고 하는 이가 있어 문득 말하였다. "우산으로 가릴 정도가 되면 이미 사치한 것이지요." 듣는 이들이 모두 수긍하였다.

못난 내가 선대의 집을 보존하지 못해 임진왜란을 겪고 나자 짧

**비우당** 비바람이나 가릴 정도의 소박한 집이라는 뜻으로, 근래 낙산공원 안 이수광의
집터에 복원하였다.

은 주춧돌과 큰 나무들이 하나도 남은 것이 없게 되었다. 내가 이를
두렵게 여겨 곧 그 옛터에 작은 집을 짓고 비우당(庇雨堂)이라 이름
하고 쉴 장소로 삼았다. 대개 겨우 비바람이나 막겠다는 뜻을 취한
것이다. 이에 선조의 일을 계승함을 잊지 않고자 하여 우산의 유풍
을 붙여 그 뜻을 적는다.

이수광, 「동원비우당기(東園庇雨堂記)」, 『지봉집(芝峯集)』

『성호사설(星湖僿說)』에 '유재상의 우산(柳相手傘)'이라는 기사가
실려 있다. 유관은 청렴결백하고 검소하여 거처하는 집이 비바람을
가리지 못했는데, 한번은 달포가 넘도록 장맛비가 계속되어 집에 비

가 주룩주룩 새자, 손수 우산을 잡고 비를 가리면서 부인을 돌아보고 "우산 없는 집에서는 어떻게 견딜꼬?" 하였다. 부인은 "우산 없는 자는 반드시 준비가 있을 겁니다" 하여 함께 웃었다는 고사다. 유관의 외손인 이수광 역시 그러한 정신을 이어받았다.

이수광은 겨우 우산을 펼칠 정도의 좁은 집에서 시은(市隱)을 실천하고자 하였다. 그는 낙산의 한 봉우리인 지봉(芝峯)을 자신의 호로 삼고, 먼지 앉은 방도 쓸지 않고 손님도 맞지 않았다. 사립문은 낮에도 걸어두어 마당에서 참새를 잡을 수 있을 정도로 적막하게 살았다. 좌우에 책을 펼쳐두고 사색에 잠겼다가 책을 읽다가 하면서 세월을 보내었다. 「동원사우대(東園師友對)」라는 글에서 이렇게 말하였다.

그렇지만 이수광은 비우당 동원에서 바라다보이는 여덟 가지 경치를 팔경시(八景詩)에 담는 풍류는 잃지 않았다. 동지세류(東池細柳)에서 흥인문 바깥의 못가에 핀 버들이 봄바람에 버들개지를 날리고 꾀꼬리가 지저귀는 모습을 노래하였으며, 북령소송(北嶺疎松)에서는 북악의 산마루가 낮에도 늘 어둑한데 푸른 솔그림자가 집에 드리운 것을 보고 동량(棟梁)으로 쓰이지 못함을 안타까워하였고, 타락청운(駝駱晴雲)에서는 아침마다 누운 채 낙산의 구름을 마주하면서 한가한 구름처럼 살고 싶다고 하였다. 아차모우(峨嵯暮雨)에서는 아차산에서부터 벌판을 지나 불어오는 저녁비를 노래하였다. 전계세족(前溪洗足)에서는 비가 오고 나면 개울에 나가 발을 씻고 개울가 바위에 드러눕는다고 하였고, 후포채지(後圃採芝)에서는 지봉과 상산의 이름에 맞추어 상산사호(商山四皓)처럼 살고 싶다 하였다. 암동심화(巖洞尋

花)에서는 복사꽃 핀 골짜기에서 나비를 따라 꽃을 찾아가는 풍류를 말하였고, 산정대월(山亭待月)에서는 맑은 달밤 정자에 올라 술잔을 잡는 흥취를 말하였다.

오늘날 이러한 정취는 기대할 수 없지만, 청렴이 그리운 시대에 비가 새는 집에서도 우산이 있어 다행이라 하였던 유관이나, 우산을 펼칠 공간이 있어 다행이라 한 이수광의 청렴을 기려 비우당을 낙산공원에 복원한 것은 의미 있는 일이다.

## 조선 후기의 신대

신광한이 경영하던 기재는 시인묵객들의 붓끝에 자주 올랐다. 17세기 전반에는 장유(張維), 이식(李植), 이명한(李明漢), 이소한(李昭漢), 최유해(崔有海) 등이 기재의 옛터를 찾아 한바탕 시를 주고받았다. 인근 관동(館洞)에 세거한 이정구의 아들 이소한은 "빼어난 땅은 예나 지금이나 한가지건만, 시선(詩仙)은 떠나가서 돌아오지 않는구나(勝境今猶古 詩仙去不歸)"라 하고 다시 이렇게 노래하였다.

이미 밤새 퍼마시리니
어찌 달빛 안고 돌아가랴?
서리 젖은 곳에 풀자리 깔고서
구름 축축한 이끼 위에 앉았네.
성시에 몸을 숨기려 하니
게을러 세상과 어긋났다네.

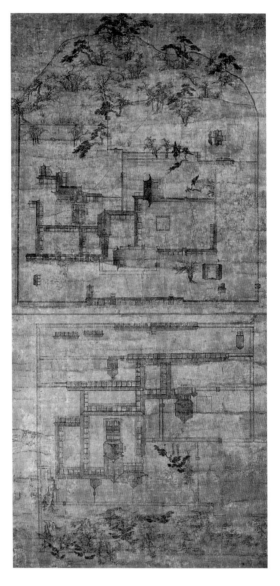

**인평대군방전도(麟坪大君坊全圖)** 이화장 앞쪽에 인평대군의 집이 있었고 그 앞에 신광한의 집 기재가 있었다. 규장각에 소장되어 있다.

시인이 좋은 시구를 남겨서
오두막도 더욱 빛이 나구려.
已辦通宵飮　寧敎帶月歸
霜霑藉草席　雲潤坐巖衣
城市身將隱　疎慵世與違
騷翁留寶唾　斗屋倍生輝

이소한, 「지국(장유)과 여고(이식)와 함께 기재의 옛터를 찾아
여고의 시에 차운하여 최대용에게 주다(同持國汝固游企齋舊基次汝固韻贈崔大容)」,
『현주집(玄洲集)』

신광한의 시에 "옷이 축축하니 돌에 구름이 돋아서겠지(衣潤石生
雲)"라는 구절이 있다. 그 구절을 이어 이렇게 시를 지은 것이다. 밤새
마시느라 달조차 졌다. 그래도 서리로 축축한 바위에 풀을 깔고 시회
를 이어간 풍류가 운치를 더한다. 장유는 그곳에 살던 신광한의 후손
에게 시를 지어주었다. 그 시에 따르면 "샘이 말라 폭포의 모습을 잃
었고 바위는 늙어 늘 이끼가 덮여 있네(泉枯失瀑布 石老長苔衣)"라 하
였으니, 낙산의 풍모는 옛 모습을 잃었지만 이들의 풍류가 있었기에
오히려 낙산은 아름다울 수 있었다.

　낙산은 조선 후기에도 빛을 잃지 않았으니, 신광한의 풍류가 사람
들의 기억에 남았기 때문이다. 그래서 신광한의 집터는 신대(申臺, 申
岱 혹은 企岱로도 쓴다)라 일컬어졌다. 조선 후기에는 어의동(於義洞)이
라 하였는데 효종이 왕위에 오르기 전에 살던 집 조양루(朝陽樓)와 그

아우 인평대군(麟坪大君)의 석양루(夕陽樓)가 인근에 있었다. 『한경지략(漢京識略)』에는 낙산 일대의 어의동에 대해 이렇게 적고 있다.

어의동은 효종의 잠저가 있었는데 용흥궁(龍興宮)이라 하고 조양루가 있다. 국가의 가례(嘉禮)를 매번 이곳에서 행한다. 동쪽으로 마주한 곳에 누각이 있는데 석양루라 한다. 이곳은 곧 인평대군의 궁으로 봉사손(奉祀孫)이 세거하고 있다. 또 기재 신광한의 옛집이 이동의 타락산 아래 있었는데 명승지로 일컬어진다. 지금 사람들이 신대라 부르고 가서 노니는 곳이다. 그 석벽에 새긴 홍천취벽(紅泉翠壁) 네 글자는 표암(豹菴) 강세황(姜世晃)의 글씨다. 남이(南怡) 장군의 집도 이곳에 있는데 지금은 박제가(朴齊家)의 집이다. 뜰에 매우 큰 반송이 32그루 있는데 이름을 어애송(御愛松)이라 한다. 이 소나무는 곧 영조 정해년(1767) 강릉 조진세(趙鎭世)가 심은 것이다. 소나무를 심어 후세에 이름을 전하게 되었으니 그 또한 기이한 일이다.

19세기 초반의 신대에는 고령신씨가 아닌 평산신씨 신대우(申大羽)와 신진(申縉), 신작(申綽), 신현(申絢) 부자가 살면서 더욱 명성을 날렸다. 특히 1817년에는 이만수(李晩秀)를 맹주로 하여 결성한 시사(詩社) 홍천사(紅泉社)가 열리기도 하였다. 홍천사에 참여한 사람은 이만수 외에 박종우(朴宗羽), 정수구(鄭遂龜), 권식(權烒), 이락수(李洛秀), 신진, 신작, 신현, 김계온(金啓溫) 등이었다. 이만수가 「천사집(泉社

集)」에 붙인 서문에서 "기대 바위틈에 홍천취벽 네 글자가 새겨져 있는데 표암(豹菴, 美世晃)의 글씨다. 이웃 늙은이 8~9인과 더불어 백련사(白蓮社)와 향산사(香山社)의 고사를 흉내내어 산중의 작은 모임을 가지고 이름을 홍천사라 하였다"라고 하였다. 또 「홍천취벽(紅泉翠壁」(『屐園遺稿』) 연작시를 지었는데 "풍류남아 신기재여, 그 이름 백세 후에도 전하네(風流申企齋 姓名百世後)"라고 칭송하였다.

문일평의 『근교산악사화』에 따르면 당시까지 신대 우물에는 바가지로 물을 푸는 아낙네들의 행렬이 끊이지 않았다고 하는데, 얼마 뒤 호남의 부호인 김종익(金鍾翊)이라는 사람의 소유가 되었다고 한다. 문일평은 당시 신광한의 집터를 찾기 위해 답사를 하였으나 소득을 얻지 못하였고, 신대 우물 후원의 암자에 있다던 '홍천취벽'이라는 각자도 사라져 찾지 못하였다고 한다.

그뿐 아니라 낙산조차 사람들의 시야에서 사라졌다. 지나는 이들에게는 이곳이 서울의 이름난 산이었다는 사실조차 믿기지 않을 것이다. 가난한 사람들이 몰려 사는 산등성이 여기저기에 무너진 성벽만이 쓸쓸하게 옛 추억을 기억할 뿐이다.

## 낙 산

낙산은 낙봉(駱峯) 또는 타락산(駝酪山)으로도 불렸다. 동성(東城), 청성(靑城)이라는 이름도

이곳을 가리킨다. 그 기슭에 있는 마을을 동촌(東村)이라 불렸다.

# 2. 태평시대 강호로 물러나 사는 맛

행주대교 부근의 한강

# 통진 대포동
# 양성지의 별서

푸른 산은 실어갈 수 없기에

해마다 늘 시골사람의 몫이라네

**양성지의 신도비각** 남원군신도비명(南原君神道碑銘)이라 새겨져 있다.
비문은 김안국이 지었다.

# 조선의 방현령 양성지

양성지(梁誠之, 1415~82)는 자가 순부(純夫), 본관은 남원(南原)이
다. 예빈시윤(禮賓寺尹) 양구주(梁九疇)의 아들이며, 모친은 전주부윤
(全州府尹) 권담(權湛)의 딸이다. 양성지의 고조부 양준(梁俊)이 과거
에 급제하여 집안을 일으켰으나 크게 현달하지는 못하였고, 양성지
에 이르러 가문의 명망이 높아지게 되었다.

양성지는 여섯 살에 독서를 시작하여 아홉 살에 글을 지을 줄 알았
다. 세종 23년(1441) 진사와 생원 시험에 모두 합격하고, 문과에도 제2
인으로 급제하여 세종 24년 집현전 부수찬(副修撰)에 임명되었다. 여
러 차례 승진하여 집현전 직제학(直提學)에 이르렀으니 집현전의 핵
심적인 신진문사라 할 수 있다. 그후 단종 복위사건으로 박팽년(朴彭
年) 등이 주살되자, 사람들은 양성지가 근심하고 두려워하는 것을 보
고 반드시 그들과 공모했을 것이라 여겼다. 그러나 세조는 그가 무관
함을 직접 보증할 정도로 그를 아꼈다. 세조는 방현령(房玄齡)이 태종
을 배반하였다고 고발한 자가 있었을 때 태종이 당장에 고발한 자의
목을 벤 일을 거론하면서 적극적으로 양성지를 비호하였다. 집현전
이 혁파된 후, 세조 9년(1463) 양성지는 홍문관을 설치하도록 건의하
여 윤허를 받고 홍문관 제학(提學)이 되었다. 이후 이조판서와 대사
헌, 공조판서 등 청요직을 역임하였다. 죽은 뒤 문양(文襄)이라는 시
호를 받았는데, 학문을 부지런히 하고 묻기를 좋아하는 것을 문(文)이
라 하고, 일로 인하여 공이 있는 것을 양(襄)이라 한다.

양성지는 세조와 성종 연간의 문물제도 정비에 큰 공을 세웠다. 단

종과 세조 때에도 치국(治國)의 방안을 여러 차례 제시하였다. 특히 국방문제에 관심이 높아 변방 방어대책을 제안하였으며 이를 위해 여러 종의 지리지와 지도, 병서 등을 제작한 바 있다. 서적의 관리체계를 진언하고, 훗날 규장각의 모델을 마련한 것도 순전히 그의 공로이다. 1481년 지중추부사(知中樞府事)로 있을 때 2품 이하의 당상(堂上) 문신을 전정(殿庭)에 모아서 시(詩)와 논(論) 각 1편씩을 시험하였는데, 이때 양성지가 장원을 차지하였다. 또 그는 당(唐)과 송(宋)의 율시 수십 수를 초록하여 『정명시선(精明詩選)』을 엮었으니, 문학에도 능하였음을 알 수 있다.

## 대포곡 별서와 목안정

양성지가 조정에서 벼슬살이하며 살았던 곳은 오늘날 서울시 중구 인현동 1가 40번지다. 노년이 되자 양성지는 통진(通津)의 대포곡(大浦谷)에 별서를 마련하여 물러났다. 그의 별서는 오늘날 김포시 양촌면 대포리에 있었다.

그는 원래 재산이 그리 많지 않았다. 일찍 부모를 잃었으나 고향으로 모셔오지 못하여, 부친은 경기도 양지(陽智)에 장사지내고 모친은 강원도 횡성(橫城)에 장사지냈다. 훗날 양성지의 아들 양원(梁瑗)이 양지현감으로, 양수(梁琇)가 횡성현감으로 나가게 되었을 무렵 비로소 돌아가신 부모의 산소를 돌볼 수 있게 되었다. 양성지는 부모와 함께 살지 못한 것을 원통하게 여겨 네 아들과 가까운 곳에 살고자 하였는데, 그 땅이 바로 통진의 대포곡이다.

원래 양성지는 대포곡에 아무런 터전이 없었다. 『성종실록』에 따르면 양성지는 청렴하지 못하였다고 한다. 장령(掌令) 안처량(安處良)의 말에 의하면 양성지는 전교서(典校署)의 제조(提調)로 있던 근 30년 동안 서책을 팔아서 마음대로 썼다고 한다. 그래서인지 통진에 작은 전토(田土)조차 없었던 그가 성종 10년(1479)에는 큰 농장을 열 수 있었다. 양성지가 경영한 대포곡 별서의 모습은 다음 서거정(徐居正)의 글에 잘 묘사되어 있다.

통진의 속현 수안(守安)은 바닷가에 있어 땅이 비옥하고 산수가 아름다우며 물고기와 벼가 풍성하다. 우리 좌주(座主) 남원군(南原君)의 별서가 그곳에 있다. 수안현 동남쪽으로 단숨에 갈 수 있는 거리에 차유현(車踰峴)이 있고, 북으로 꺾으면 구파리(仇坡里)이다. 다시 꺾으면 대포곡인데 차유현 남쪽이다. 서쪽 강안을 따라 내려가면 동향으로 첫번째 산줄기와 두번째 산줄기가 있는데 그 모습이 비녀 끝처럼 갈라져 있다. 오른편에 부평(富平) 쪽으로 가는 큰길이 있다. 세번째 산줄기는 봉우리가 조금 튀어나와 있는데 점차 넓어져 봉황새가 나는 듯한 형세다. 이곳이 바로 공의 선영이다. 네번째 산줄기는 남쪽을 마주하고 있는데 용과 범이 꿈틀대는 듯하고 빼어난 경관을 두루 지니고 있다. 이곳이 바로 별서가 있는 곳으로 아들 찬(瓚)이 함께 살고 있다. 별서 오른편에 이사(里社)가 있고, 이사 서쪽에 동그스름한 작은 봉우리가 있는데 원(瑗)이 사는 곳이다. 수(琇)는 차유현 북쪽 골짜기 오른편에 살고 호(琥)는 그 왼편에 산다.

# 대 포 서 원

1973년에 양성지를 제향하기 위해 세운 서원으로 김포시 양촌면 대포리에 있다.

현판의 화국묘(華國廟)는 나라를 빛낸 사당이라는 뜻이다.

벌서의 경치는 매우 빼어나다. 북쪽에는 소나무 언덕이 있어 사시사철 한가지 빛깔이다. 남쪽으로 큰 바다가 있어 천 리 먼 곳까지 바라다보인다. 동쪽으로는 김포의 갈현산(葛峴山), 부평의 안남산(安南山) 등이 파란빛을 뿜어내고 있다. 서쪽으로는 강화도의 마니산(摩尼山)과 진강산(鎭江山)이 푸르게 솟구쳐 있어 기상이 높다.

공은 밭 수백 경(頃)을 소유하여 세수(歲收)가 천 섬을 헤아린다. 조운선과 상선이 문밖에 정박하고, 고기잡이하는 등불과 게낚시하는 불빛이 순채 나물이 자라고 연꽃이 피어 있는 못에서 어른거린다. 그 빼어난 모습은 끝이 없고 즐거움 또한 끝이 없으니, 참으로 경기지방의 낙토(樂土)라 할 만하다. 공의 자손들이 대대로 이어가야 할 가보라 하겠다.

게다가 벌서와 서울의 거리가 겨우 70리이니, 공이 휴일이면 말을 몰아 나가 놀고 또 늘그막에 물러나 살 곳으로 삼고 있다. 그 사는 곳을 눌재(訥齋)라 하고 헌(軒)을 지족(知足)이라 하며 정(亭)을 목안(木雁)이라 하였다.

서거정, 「통진현 대포곡 별서 낙성기(通津縣大浦谷別墅落成記)」, 『사가집』

서거정의 이 글은 양성지가 64세의 나이로 공조판서로 있을 때 지어진 것이다. 정자의 이름인 목안(木雁)은 『장자』에 보이는 말로, 재목이 되지 못하는 나무와 잘 울지 못하는 기러기가 오래 살아남는다는 뜻이다. '눌재(訥齋)'라는 그의 당호는 『논어』의 '목눌(木訥)'에서 온 것이니, 고지식하고 어눌하다는 그 뜻은 크게 다르지 않다. 만족할 줄 안다는 뜻의 '지족(知足)'도『장자』에 보이는 비슷한 뜻의 처세 방도이다.

서거정은 양성지의 제자로 그를 가장 잘 이해해 준 사람이었다. 양성지가 벼슬에서 물러나 대포곡으로 가게 된 것은 부정축재 혐의 때문이었다. 공조판서로 있던 양성지는 성종 10년(1479) 부정축재 의혹으로 탄핵을 받았다. 이후 이름뿐인 부호군(副護軍)에 임명되었지만 그것조차 조정의 물의만 들끓게 하여 결국엔 도성을 떠나 통진으로 물러나게 되었다.

이에 서거정은 그에게 시를 지어주며 위로하였고, 또 대포곡 별서의 팔경에도 시를 지어주었다.

**양성지의 묘** 솔숲을 뒤로 하고 부인과 함께 나란히 묻혀 대포서원을 내려다보고 있다.

대포곡 팔경은 북쪽 언덕의 사계절 푸른 소나무(北岡靑松), 서해바다에 떠 있는 여러 섬(南海諸島), 동쪽으로 바라다보이는 옥처럼 흰 삼각산 봉우리(東望三峯), 서쪽으로 마니산이 높게 솟아 있는 강화도(西拱江都), 사람을 수심겹게 하는 가을 달빛 아래의 계양산(桂陽山), 가을걷이가 끝난 후 농어와 게를 잡느라 밝혀놓은 횃불(隔岸漁火), 새벽 종소리 들려오는 갈현의 산사(葛峴僧舍), 남쪽 한강에 늘어선 조운선(南浦漕船) 등이다. 아래에 대포곡 팔경 중 양성지의 삶을 보여주는 「남포조선(南浦漕船)」 부분을 보인다.

> 배가 삼대처럼 빽빽이 늘어섰는데
> 남방에서 걷은 세금 작년보다 많구나.
> 좋아라, 푸른 산은 실어갈 수 없기에
> 해마다 늘 시골사람의 몫이라네.
> 帆檣織織簇如麻 租賦南方較舊多
> 獨喜靑山漕不得 年年長屬野人家
>
> 서거정, 「통진에 있는 양성지의 대포곡 별서 팔영(通津梁誠之大浦谷別墅八詠)」,
> 『사가집』

양성지는 노년에 조용한 방을 마련하여 일을 물리치고 매일 마을의 노인들과 시와 역사를 논하였다. 혹 손님이 오면 술을 사서 조용하게 이야기를 나누었고, 휴가를 얻으면 아이종과 함께 필마로 통진 별서로 가서 산승이나 어부와 어울려 산수간에 소요하며 여생을 마

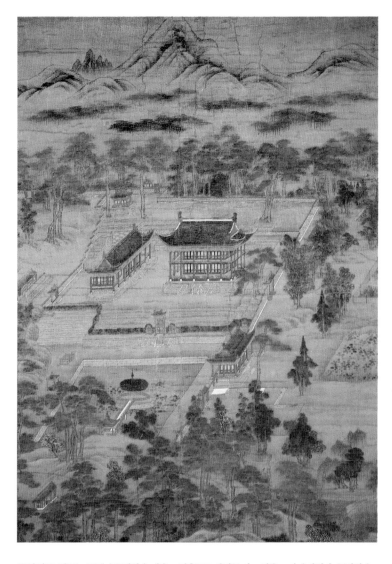

**규장각도** 정조는 1776년 규장각을 세우고 김홍도로 하여금 이 그림을 그리게 하였다. 규장각은 양성지의 아이디어가 300년 후에 실현된 것이다. 국립중앙박물관에 소장되어 있다.

쳤다. 그리고 1482년 6월 11일 68세로 이승의 인연을 다하고 대포곡에 묻혔다.

### 규장각과의 인연

양성지는 수많은 문화정책을 건의하여 15세기 문물과 예악의 정비에 큰 공을 세웠다. 그러나 노년의 탐욕으로 비판을 받게 되자, 그가 제안한 우수한 정책도 300여 년의 세월 동안 잊혀지게 되었다. 그의 업적은 중흥군주 정조에 의하여 새롭게 부각된다. 정조가 즉위년 (1776) 9월 25일 규장각을 세우면서 서적의 체계적 관리를 위한 양성지의 정책이 결실을 맺게 된 것이다. 정조는 처음에 규장각 설립의 안이 양성지의 것과 부합한다는 사실을 몰랐던 듯하다. 직제학 심염

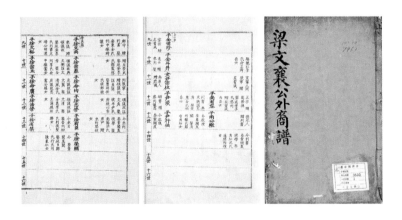

**양문양공외예보** 규장각에 근무한 양성지의 외손 30인의 족보. 1791년 양성지의 문집과 함께 간행되었다. 규장각의 핵심적인 관원들의 이름이 보인다.

조(沈念祖)가 세조 때 양성지가 마련한 규장각의 제도가 당시 새로이 설치한 규장각의 제도와 같다고 지적하자 정조는 처음 듣는 일이라 하였다.

이러한 인연으로 정조는 양성지의 문집을 수습하도록 하였고, 규장각 설치를 건의한 그의 식견을 높이 평가하여 직접 문집에 서문을 썼다. 규장각과 양성지의 인연은 이것으로 그치지 않았다. 묘하게도 규장각이 설치되었을 때 30명의 관원이 모두 양성지의 외손이었다. 이에 정조는『양문양공외예보(梁文襄公外裔譜)』를 규장각에서 편찬하도록 하였다.『눌재집(訥齋集)』이 완성된 날, 정조는 양성지를 규장각의 주인이라 불러 그를 높였다. 정조의 노력 덕택에 양성지의 문집『눌재집』과『양문양공외예보』가 아름다운 모습으로 전해지게 되었다. ▣

# 갈매기를 벗한
# 한명회의 압구정

갈매기와 친할 수 있는 것은 욕심을 잊었기 때문

갈매기와 친하다고 붙인 이름 정말 욕심 잊었던가

**16세기 압구정** 한강의 언덕 위에 큼직하게 자리잡은 압구정의 모습이
보인다. 1540년 제작된 〈사옹원계회도(司饔院契會圖)〉의 일부분이다.

## 한명회의 삶

한국 사회에서 최고의 화려함을 자랑하는 압구정동, 잘 사는 사람들이 모여 산다는 압구정동 현대아파트 72동과 74동 사이에 압구정(狎鷗亭)이 있었다. 압구(狎鷗), 곧 갈매기와 친하게 지낸다는 것은 세상사의 욕심을 잊는다는 뜻이다. 어부가 욕심이 없을 때는 갈매기가 주위에서 노닐더니, 잡으려는 마음이 생기자 갈매기가 가까이 오지 않았다는 중국의 유명한 고사에서 나온 말이다. 이러한 의미 때문에 옛 문인들은 압구라는 말을 애용하였다.

압구정의 주인은 상당부원군(上黨府院君) 한명회(韓明澮, 1415~87)다. 한명회의 자는 자준(子濬), 호는 압구정 혹은 사우당(四友堂)이라 하였다. 청주한씨(淸州韓氏)로 고려시대의 뛰어난 문인 한수(韓脩)가 그의 증조이며, 여말선초의 큰 학자 한상질(韓尙質)이 그의 조부다. 그러나 부친 한기(韓起)가 임영대군의 반당(反黨)으로 몰려 입신하지 못하였다. 모친이 임신한 지 7개월 만에 한명회를 낳았기에 칠삭둥이라는 별칭이 붙었다. 기이하게도 그의 배에는 태성(台星)과 두성(斗星) 모양의 검은 점이 있었다고 한다.

한명회는 세종 21년(1439) 겨울, 당시 재야의 제일가는 대가 유방선(柳方善)에게 나아가 글을 배웠다. 젊은 시절 한명회는 서거정(徐居正), 권람(權擥), 강효문(康孝文) 등과 절친하였다. 이들은 유방선의 원주 별서와 인근의 법천사(法泉寺)에서 함께 공부한 인연이 있었다. 4~5년을 함께 공부하였으니 훗날 평생의 동지가 되기에 부족함이 없었을 것이다. 특히 권람과는 평생의 지기(知己)였다.

그러나 한명회는 금고를 당한 부친의 멍에를 지고 있어 다른 벗들과 달리 과거에 오르지 못하였다. 젊은 시절 한명회는 아름다운 산이나 수려한 물을 찾아다녔다. 간혹 한 해가 지나도록 돌아오지 않은 적도 있었다 하니, 세사(世事)에 강개한 뜻을 풀기 위한 행동이었던 듯하다. 문종 2년(1452)에야 비로소 음직으로 경덕궁직(敬德宮直)이 되었지만 그야말로 미관말직이었다.

문종이 승하하자 조정은 권력다툼의 소용돌이에 빠졌다. 한명회는 이러한 난세를 출세의 기회로 삼았다. 그는 수양대군에게 몸을 의탁할 뜻이 있음을 권람에게 말하였고, 이에 권람의 주선으로 수양대군의 심복이 되었다. 한명회는 무사(武士) 홍달손(洪達孫) 등 30여 인을 추천하여 수양대군이 권력을 잡는 데 결정적인 힘을 보태었다. 이후 그는 탄탄대로의 출세가도를 달렸다.

1453년 계유정난의 공을 인정받아 정난(靖難) 일등공신이 되었고, 1455년 세조가 즉위하자 좌익(佐翼) 일등공신이 되었으며, 이듬해 성삼문 등 사육신의 난을 평정하는 데 공을 세워 곧바로 도승지에 올랐다. 이어 1457년 이조판서와 병조판서를 지냈고, 1462년 우의정에 올랐으며, 곧 이어 좌의정을 거쳐 1466년에는 일인지하(一人之下) 만인지상(萬人之上)이라 불리는 영의정의 자리에까지 올랐다. 더구나 자신의 두 딸을 예종과 성종의 비로 보내어 국구(國舅)의 지위까지 차지하였다.

# 여의도에 세운 정자

예나 지금이나 생활에 여유가 생기면 강호(江湖)까지 소유하고 싶은 것이 인지상정이다. 한명회 역시 강호를 소유하고자 여의도에 전장과 정자를 마련하였는데, 그 시기는 계유정난 이후로 보인다. 한명회는 세조 3년(1457) 겨울 명나라에 사신으로 가서 예겸(倪謙)을 찾아 자신의 정자 이름을 압구정이라 하고 싶다면서 글을 청하였다. 이에 예겸은 「압구정기(狎鷗亭記)」를 지어주었다. 이 글에서 예겸은 자신이 압구정이라는 이름을 지어주었다고 하였지만, 사실은 한명회가 스스로 정한 것이다.

예겸은 한명회를 송나라의 한기(韓琦)에 비하였다. 한명회와 한기는 비슷한 면이 많다. 정자의 이름을 똑같이 압구정이라 한 것도 그렇거니와, 세 임금을 섬기면서 최고의 권력을 누린 점도 같다. 한기는 송대에 세 임금을 섬기면서 전권을 휘둘렀던 인물이다. 당시 황제의 나이가 어려 태후가 섭정을 하였는데 한기가 수렴청정을 거두도록 한 고사가 널리 알려져 있다. 한명회도 세조와 예종, 성종을 섬기면서 전권을 휘둘렀다. 그러나 한명회는 한기와는 달리 훗날 성종 때 수렴청정을 통해 자신의 권력을 유지해 나갔으며, 이 때문에 여러 차례 탄핵을 받았다. 한명회는 한기보다 기심(機心)이 많았던 것이다.

한명회가 자신의 정자를 압구정이라 공표한 것은 훗날의 일이다. 한명회는 자신의 정자에서 서거정, 신숙주, 권람 등 젊은 시절의 벗들과 자주 시주(詩酒)를 즐겼음에도 압구정이라는 말은 쓰지 않았다. 세조 7년(1461) 2월 하순에도 매우 성대한 시회가 열렸는데 권람은 갑자

**압구청상(狎鷗淸賞)** 아무런 욕심이 없어 갈매기와 벗이 되는 압구정에서 맑은 경치를
즐긴다는 뜻이다. 김석신의 작품이다.

기 내린 봄비에 흥이 일어 두 수의 시를 짓고 좌의정으로 있던 신숙주
를 불러 그와 함께 한강의 누각으로 나아갔다. 서거정도 함께 가게 되

었으며, 마침 이흥상(李興商)·황수신(黃守身)·이윤손(李允孫)·한계손(韓繼孫) 등 당시 고관대작들도 연회에 참석하였다. 이들은 음악을 물리고 다정하게 앉아 시를 주고받았다. 그러나 이때까지도 자신의 정자 이름이 압구정이라는 사실을 공표하지 않았다.

한명회가 자신의 정자에 압구정이라는 현액을 단 것은 성종 때 상당부원군에 봉해진 이후의 일이다. 이즈음 김수온(金守溫)으로부터 기문을 받았다.

왕도에서 남쪽으로 5리 떨어진 곳, 양화나루 북쪽 마포 서쪽에 언덕 하나가 있는데 높다랗고 시원스럽다. 푸른 물결에 둘러싸여 있는데 민간에서 화도(火島)라 부른다. 이전에는 소와 양을 방목하던 곳인데 위쪽은 풀이 없고 아래쪽만 풀이 자라 좋아하는 이가 없었다. 상당부원군 한공이 그 위에 정자를 짓고 노닐 장소로 삼았다. 공이 이 정자에 올랐을 때 흰 갈매기가 울면서 날아갔다. 공은 "기이하구나, 갈매기라는 새는 천지의 강해(江海)를 집으로 삼고 고금의 풍월(風月)을 삶으로 하여 잠기락 뜨락 하면서 가까이 왔다가 멀어진다. 올 때에는 물결을 타고 이르며 갈 때에는 물결을 타고 물러나니 천지 사이 한가한 하나의 동물이다. 사람 중에 누가 갈매기처럼 기심(機心)을 잊어버릴 수 있는 존재가 있겠는가?" 하였다. 공이 중국으로 들어가 한림 예겸에게 정자의 이름을 물으니, 예공은 '압구'라는 말로 답하였다. 공이 더욱 기뻐하여 응낙하고 "내 정자에 이름하는 것이 정말 마땅하오" 하였다. 마침내 '압구'라는 말로 편액하고 얼마 후 나를 불러 기문을 짓게 하였다.

내가 보니 이 정자의 빼어난 모습은 오직 한강 하나에 달려 있다. 정자를 경유해서 아래로 내려가면 강이 더욱 넓어져 넘실거리며 큰 바다와 이어진다. 바다에 늘어서 있는 섬들이 아스라한 사이에 숨었다 나타났다 한다. 상선이나 화물선이 뱃머리를 부딪치며 노를

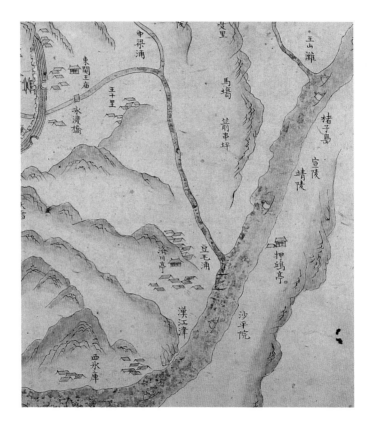

**고지도의 압구정** 한강 남쪽에 압구정이 보인다. 강 북쪽의 제천정은 왕실 소유의 정자였다. 『동여비고(東輿備考)』에 실려 있다

두드리고 왕래하는데 그 수를 알 수가 없다. 북으로 바라보면 삼각산의 층층겹겹 봉우리가 삐죽삐죽 솟아 파란빛을 당겼다 내밀곤 한다. 마치 일을 맡아 처리하려는 듯이 울창하게 궁궐을 받들어 에워싸고 있다. 짙은 빛이 뚝뚝 떨어질 듯하여 푸른빛이 윤기가 번지르르하다. 마치 말처럼 치달리는 것은 남으로 관악산이 떠받들고 있는 것이요, 놀란 파도가 우레를 울리고 성난 파도가 해를 적시려는 듯이 굼실굼실 바다로 나아가는 것은 동쪽으로 한강물이 흘러가는 것이다. 산빛과 물빛이 가까운 것은 만질 수 있고 먼 것은 움켜쥘 수 있을 듯하다. 하늘과 땅이 높고 깊으며, 해와 달과 별이 교대로 밝아지고, 귀신이 나타났다 사라지며, 날이 개었다 흐리고 비가 오고 바람이 불며 어두워졌다 밝아지는 변화들이 궤안과 신발 아래 어느 하나 드러나지 않는 것이 없다.

김수온, 「압구정기(狎鷗亭記)」, 『식우집(拭疣集)』

이 글에서 알 수 있듯이 한명회가 지은 압구정은 원래 여의도에 있었다. 마포 서쪽에 있다고 한 화도는 잉화도(仍火島) 또는 여화도(汝火島)로 불렸다. 바로 지금의 여의도다. 그때는 목장이 있어 사축서(司畜署)와 전생서(典牲署)에서 각기 관원 1명씩을 보내어 목축을 감독하였다.

## 동호의 별업과 압구정

한명회가 여의도의 압구정을 동호의 두모포(豆毛浦) 건너 강 남쪽

압구정이 있던 곳

왕 근정동 현대아파트 단지 안에 압구정이 있었다. 압구정이 남아 있다 한들
아파트에 가려 한강이 보이겠는가.

으로 옮긴 것은 성종 7년(1476)의 일이다. 당시 동호는 아름다운 경관을 자랑하던 곳이었다. 멀리 서쪽에서부터 강 남쪽으로 관악산·청계산·남한산·대모산 등이 원경으로 보였다. 강 중앙에 있던 저자도(楮子島)는 무동도(舞童島)라고도 하는데, 강남 개발을 하면서 그 모래를 파서 아파트를 지었기에 지금은 없어진 섬이다. 예전에 도성 안을 가로질러 서쪽에서 동쪽으로 흐르던 청계천이 중랑천과 합친 다음 서남쪽으로 꺾어져 한강으로 흐르는 바람에 그 남쪽의 한강 본류와의 사이에 생기게 된 것이라 한다.

『동국여지승람』에 실려 전하는 정인지(鄭麟趾)의 서문에 따르면 저자도는 흰 모래와 갈대숲이 있어 경관이 매우 아름다웠다고 한다. 이 때문에 고려시대 이래로 저자도에는 명사들의 별장이 많았다. 일찍이 고려시대에 한종유(韓宗愈)의 별장이 있었으며, 조선에 들어서는 세종이 딸 정의공주에게 이 섬을 하사하였다. 그러자 부마 안연창(安延昌)의 동생 안락도(安樂道)가 화공을 시켜 이곳을 그리게 하고 강희맹(姜希孟)에게 시를 청하여 붙였다. 강희맹의 「저자도 그림에 붙인 시(題楮子島圖)」(『私淑齋集』)에 이러한 사연이 적혀 있다.

당시 이곳에는 강호를 소유하고자 하는 자들이 다투어 세운 정자가 늘어서 있었다. 뚝섬 동쪽 옥수동 일대의 두모포에서도 뱃길을 이용할 수 있었는데, 특히 그 일대가 동호로 불리며 당대의 명승으로 크게 이름을 떨쳤다. 동호 일대에는 낙천정(樂天亭), 화양정(華陽亭), 황화정(皇華亭), 성덕정(聖德亭), 유하정(流霞亭) 등 이름난 왕실의 정자가 있어 문학과 예술의 공간이 되었다. 저자도 동북쪽의 대산(臺山)에 있

던 낙천정은, 1419년 8월 태종이 세종에게 선위하고 동교를 유람하다
가 대산에 올라 이 일대의 풍광에 크게 취하여 이궁(離宮)을 언덕 동
북쪽에 짓게 하고 언덕 위에 새로 지은 정자다. 화양정은 1432년 최윤
덕(崔潤德) 등이 세종의 명을 받들어 지은 것이다. 황화정은 두모포
북쪽 언덕에 있었는데 연산군이 이 정자를 지어 놀이하는 곳으로 삼
았다가 중종 초년에 제안대군에게 하사하였다.

한명회는 이처럼 아름다운 동호가 바라다보이는 강 남쪽에 압구정
을 세웠다. 그리고 명나라로 가서 여러 문인들에게 시를 받아와 유향
(劉向)의 『설원(說苑)』, 구양수(歐陽脩)의 『문충공집(文忠公集)』 등과 함
께 중국의 문인들이 지은 압구정 시축(詩軸)을 성종에게 바쳤다. 이듬
해 11월 성종은 한명회를 위하여 칠언율시와 칠언절구를 두 수씩 짓
고 직접 편지를 써서 한명회에게 내렸다. 한명회는 이를 기리기 위하
여 화려하게 현판에 새기고 푸른빛과 금빛으로 장식을 한 다음 정자
의 벽에 걸었다. 이때 여의도에 있던 압구정의 현판을 떼어 새로 지은
정자에 옮겨단 것으로 보인다.

이러한 일을 두고 신하들은 하지장(賀知章)이 당 현종으로부터 감
호(鑑湖)와 어제시를 하사받은 일에 비하며 다투어 시를 지었다. 이
시로 시권(詩卷)을 만들었는데 벗 서거정이 서문을 쓰게 되었다. 또
이러한 이야기를 들은 성종이 이듬해 7월 다시 칠언율시 네 수를 하
사하였다. 이에 감읍한 한명회는 다시 문인들의 시를 구하여 시권을
만들었다. 서거정의 「압구정제명기(狎鷗亭題名記)」(『四佳集』)에 따르
면 이 시권에는 성종이 1476년과 1477년 두 차례 내린 어제시 8수와

**압구정** 한강 언덕 위에 압구정이 있고 그 너머 이어지는 산은 관악산, 청계산인 듯하다.
강 건너편의 산은 남산으로 보인다. 정선의 그림으로, 간송미술관에 소장되어 있다.


많은 신하들의 기문과 서문, 부(賦), 찬(贊), 시 등 중국의 문인 29명과
우리나라 문인 75명의 시문이 수록되었다고 하니 그 방대함이 역대
시첩의 으뜸이라 할 만하다. 서거정, 신숙주, 안지(安止), 성임(成任),
이승소(李承召), 이문형(李文炯), 최경지(崔敬止), 이석형(李石亨), 김종
직(金宗直) 등 시대를 대표하는 문인들이 모두 이 시첩에 시를 썼다.

이 시첩에 실려 있던 시들은 대부분 『동국여지승람』과 문인들의 문
집에 남아 있다. 그중 서거정의 「압구정부(狎鷗亭賦)」(『사가집』)에는
새로 지은 압구정의 풍광이 잘 묘사되어 있다. 동쪽으로는 높은 산이
허공에 솟아 용이 뛰고 범이 달리는 듯한데, 강 너머에는 낙천정 등의
화려한 누각이 서 있다. 월악산에서 발원한 강물이 여강(驪江), 용진

(龍津), 광진(廣津), 삼전도(三田渡)를 거쳐 밀려든다. 저자도와 요아(鷂
兒), 전교(箭郊)가 바라다보인다. 그곳의 목장에는 살찐 말들이 있고
사냥꾼과 어부, 나무꾼, 목동, 등짐꾼과 말짐꾼들의 왕래가 분주하
다. 남으로는 여러 산이 뻗어 있는데 오른쪽으로 관악산과 청계산이
험준하게 솟고 왼쪽으로 대모산이 구불구불 뻗어 있다. 잘 닦인 길이
사방으로 연결되고 나루와 역관이 줄지어 있다. 여염집들은 비늘처
럼 늘어서고 밭두둑은 아득한 데까지 뻗어 있다. 밭갈고 김매며 누에
치는 사람들의 모습들이 바라다보인다. 서쪽으로는 큰 강물이 바다
를 향해 가는데, 강물 위의 큰 배들은 붉은 노을 아래 떠간다. 관인과
상인의 행렬도 이어진다. 노들과 밤섬, 마포, 용산, 양화나루의 아름
다운 모습이 바라다보인다. 북으로는 도봉산, 삼각산, 백악산, 남산
이 높고 낮은 자태를 과시하며 왕도(王都)를 보호하고 있다. 그러나
그리 높지 않은 압구정에서 바라다보이던 아름다운 풍광은 오늘날 현
대아파트 십수 층 높은 곳에서도 이리 가리고 저리 가린데다 희뿌연
스모그로 인하여 잘 보이지 않는다.

## 압구정과 한명회의 시련

성종이 세조의 비인 정희대비(貞熹大妃)의 수렴청정에서 벗어날 무
렵, 한명회에 대한 비판이 거세어졌다. 한명회의 압구정도 비판의 대
상이 되었다. 성종 8년 정언(正言)으로 있던 권경우(權景祐)는 성종이
압구정에 시를 내린 행위를 본격적으로 비판하였는데, 중국 사신이
이를 보면 우리 임금이 사장(詞章)을 좋아하는 것으로 여기고 쉽게 생

각할 것이라 하였다. 이에 성종은 한명회에게 자신이 내린 어제시의 현판을 철거하도록 하였다.

그후 성종 12년(1481) 한명회와 친분이 깊었던 정동(鄭同)이 중국 사신으로 와서 압구정에서 연회를 열어달라고 하자 조정은 더욱 시끄러워졌다. 한명회는 이러한 여론에도 불구하고 궁중의 차일(遮日)을 가져다 압구정에 치고 싶어하였다. 이 때문에 조정의 신료들은 더욱 거세게 한명회를 공격하게 되었다. 중국 사신이 압구정에서 연회를 하는 것이 문제가 되었던 까닭은 경제적인 이유도 컸다. 사신이 올 때마다 한강의 유람과 연회를 청하면 그 비용이 만만치 않기 때문이었다. 이러한 이유로 성종은 압구정뿐만 아니라 한강가에 자리한 정자를 모두 철거하도록 하였다. 조선 초기에는 노한(盧閈)이 금천(衿川)의 한강가에 지은 정자밖에 없었지만, 이즈음에 이르러서는 공신들의 정자가 한강에 즐비하였는데 이때 철퇴를 맞게 된 것이다.

성종은 압구정에서 연회를 열지 못하게 하는 대신 왕실 소유의 제천정에서 중국 사신을 대접하도록 전지(傳旨)를 내렸다. 화가 난 한명회는 아내가 아프다는 핑계를 대고 제천정의 연회에 나가지 않았다. 이에 성종은 한명회를 파직하였다. 한명회는 이듬해 복권되어 다시 조정에 섰지만 권력도 옛만 같지 못하고 압구정도 그에게 의미가 없어졌다.

그러나 복권된 후 한명회는 조정에서 중요한 정책을 수립하였다. 한명회는 세조 때 간경도감(刊經都監)에서 여러 서적을 간행한 것을 전례로 들고 전교서(典校署)에서 많은 서적을 간행하도록 하였다. 당

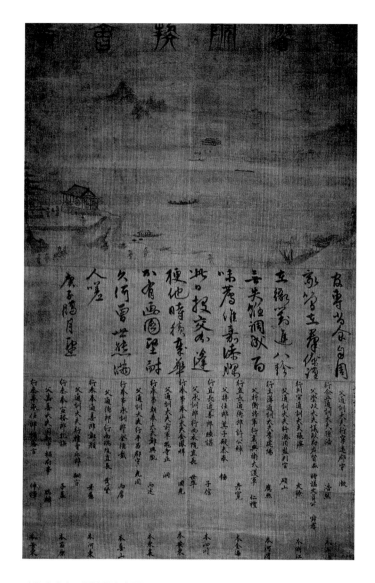

**사옹원계회도(司饔院契會圖)** 1540년 궁중의 음식에 대한 일을 맡아보던 사옹원 관리들의 계회 그림이다. 왼편에 압구정이 보인다. 강 건너에 있는 건물은 독서당이다. 정사룡의 힘찬 글씨도 볼 만하다.

시 성균관에는 서적이 별로 없었다. 이를 애석히 여긴 한명회는 경사(經史)를 많이 인쇄하고 장서각(藏書閣)을 세워 간직하도록 하였으며, 사재를 털어 그 비용을 보태기까지 하였다. 그 이듬해인 1484년 봄에 나이 많음을 이유로 벼슬에서 물러나고자 치사(致仕)를 청하였으나 윤허를 받지 못하고 궤장(几杖)을 하사받았는데, 이때부터 병으로 자리에 누웠다가 몇 년 후 73세의 일기로 이생의 인연을 마쳤다.

살아서 한 몸에 부귀영화를 누린 한명회지만 죽어서는 그 육신조차 편하지 못하였다. 죽은 지 20년 후에 갑자사화로 부관참시의 형벌을 당하였으며, 후대의 역사는 그를 소인배로 기록하였다. 야사에 따르면 김시습(金時習)이 압구정에 들러 한명회가 지었다는 "젊어서는 사직을 부지하고, 백발이 되어서는 강호에 누웠노라(靑春扶社稷 白首臥江湖)"라는 구절의 두 글자를 바꾸어 "젊어서는 사직을 망하게 하고 백발이 되어서는 강호를 더럽혔네(靑春亡社稷 白首汚江湖)"로 고쳤다고 한다. 다른 사람의 고사로 된 야사도 있는데, 어쨌든 세상사람들은 그 정도로 한명회의 '압구'를 인정하지 않았던 것이다. 최경지(崔慶之) 역시 "삼대에 은근하게 넉넉한 성은을 입었으니, 정자가 있었지만 놀러 올 방도가 없었다네. 가슴속에 정말 사리사욕 없었다면, 벼슬길에서도 백구와 친할 수 있었으련만(三接慇懃寵渥優 有亭無計得來遊 胸中政有機心靜 宦海前頭可狎鷗)" 하는 시를 지어 한명회를 놀린 바 있어 『연려실기술(燃藜室記述)』 등 야사에 이야깃거리로 전하고 있다.

## 압구정에 대한 다른 평가

한명회가 떠난 압구정은 시인묵객의 차지가 되었다. 동호에 배를 띄운 문인들이 가끔 찾아와 무상한 옛일을 돌아보았으며, 특히 독서당에서 공부하던 젊은 문인들이 강을 건너 이곳으로 와 한바탕 시주를 즐기기도 하였다. 아래에 부귀영화를 누리던 시절 그에게 칭송의 뜻으로 바친 김종직의 시와 100년의 세월도 가기 전 그를 풍자한 임제(林悌)의 시를 나란히 보인다.

강의 물결과 꽃 속에 봄가을 보내시니
욕심을 잊어 물고기와 새들이 와서 친하네.
정자에 매일 홀을 잡고 산을 보는 이
능연각의 공신 그림 중의 그 사람이네.
江水江花秋復春  忘機魚鳥便來親
亭中日柱看山笏  自是凌煙畵裏人

김종직, 「어제 압구정시에 삼가 화답하다(恭和御製狎鷗亭詩)」, 『점필재집』

사람이 갈매기와 친할 수 있는 것은
욕심을 잊었기 때문이라네.
갈매기와 친하다고 붙인 이름
정말 욕심을 잊었던가?
지난 일 모두 아득할 뿐
한산한 뜰에는 풀만 수북.

청은옹에 대한 끝없는 그리움
슬픔이 밀려들어 쏟아지는 눈물.
人而可狎鷗 以其無機也
狎鷗以名亭 果是忘機者
往事俱悠悠 寒庭草可藉
永懷淸隱翁 悲來淚盈把

임제, 「압구정에서(狎鷗亭)」, 『백호집(白湖集)』

김종직은 한명회의 처신에 대해 너그러운 정도를 넘어, 조정을 위해 큰 공을 세운데다 산수에 대한 깊은 정을 지니고 있다고 칭송하였다. 그러나 비판적 지식인 임제는 그러하지 않았다. 갈매기와 친하려면 사심이 없어야 하는데 한명회가 과연 그러했는가 반문하였다. 한명회의 부귀영화는 다 부질없지만, 세상에 길이 전하는 것은 청은옹(淸隱翁) 김시습의 절개다. 임제는 김시습이 뜻을 얻지 못하고 한명회가 득세한 일을 두고 눈물을 흘렸다.

임제의 시대에 압구정은 이미 터만 남았다. 압구정의 고사와 아름다운 시는 전해졌지만, 주인을 잃은 압구정은 세상에서 사라졌다. 그러나 이곳의 풍광이 워낙 아름다웠기에 압구정이 있던 자리에 차차 마을이 들어서고 이름난 문인들이 새로운 정자를 세웠다. 18세기 초반에는 산수에 벽이 있던 김창흡(金昌翕)이 모부인의 명 때문에 차마 깊은 산중으로 가지 못하고 도성에서 가까운 이곳에 집을 정하고 능허정(凌虛亭)이라는 정자를 짓고 살았으며, 비슷한 시기 홍석보(洪錫

輔)가 가까운 곳에 숙몽정(夙夢亭)을 짓고 또 한명회처럼 압구의 뜻을 빌려 기심이 없는 집 망기재(忘機齋)를 짓고 살았다.

기심을 갖지 않으려 하는 사람들이 사는 땅 압구정동, 오늘 이곳에 사는 사람들은 얼마나 기심을 없애려 하는가? ▤

# 농부와 함께한
# 강희맹의 금양 별서

작은 배 저어 느지막이 돌아가니

소매 가득 달빛이 수북하여라

**호압산** 범 모양의 바위가 있다 하여 호암산(虎巖山)이라 하였는데
호갑산(虎岬山)이라고도 하였다. 강희맹은 금주산 혹은 금산이라 하고
그 아래 금양 별서를 경영하였다.

## 금양 별업의 유래

서울시 금천구 시흥동에 조선 초기의 명가 순흥안씨(順興安氏)의 묘역이 있다. 안경공(安景恭)과 안순(安純) 등이 그곳에 묻혀 있다. 그 아래가 안순의 손자사위 강희맹이 물러나 살던 땅이다. 경기도 시흥시 상중동 세칭 연꽃마을이라는 곳에 강희맹이 대대로 살았고 또 죽어 그 앞산에 묻혔다. 양부(養父) 강순덕(姜順德), 백씨 강희안(姜希顔), 장남 강구손(姜龜孫), 손자 강태수(姜台壽), 증손 강복(姜復), 고손 강극성(姜克誠) 등의 묘도 나란히 있다.

강희맹(姜希孟, 1424~83)은 자가 경순(景醇), 호가 사숙재(私淑齋)이다. 국오(菊塢), 만송강(萬松岡), 운송거사(雲松居士), 무위자(無爲子) 등의 호도 썼다. 본관은 진주(晉州)로, 여말선초의 명환(名宦)을 여럿 배출한 집안이다. 조부 강회백(姜淮伯), 친부 강석덕(姜碩德), 백씨 강희안의 명성이 모두 드높다. 강석덕은 세종의 장인이자 영의정을 지낸 심온(沈溫)의 딸과 혼인하여 왕실의 외척이 되었다. 강희맹은 동년이었던 성임, 서거정 등과 절친하였고, 성임의 아들 성세명(成世明)을 사위로 삼았다. 사촌 강맹경(姜孟卿), 강숙경(姜叔卿) 등도 명망이 높았는데, 강혼(姜渾)이 강숙경의 손자이며, 어득강(漁得江)이 그 손자사위다.

강희맹은 이렇듯 혁혁한 가문의 배경에다 뛰어난 능력까지 겸비하였으나, 24세가 되어서야 별시(別試)에 급제함으로써 비교적 늦게 벼슬길에 올랐다. 그러나 예조판서, 형조판서, 병조판서 등 육경(六卿)의 지위를 두루 거치고 진산군(晉山君)에 봉해졌으며, 돈녕부판사(敦

寧府判事)를 거쳐 좌찬성(左贊成)에 올랐다가 병환으로 조용히 세상을 떠났다.

강희맹이 가장 사랑한 땅은 금양(衿陽)이었다. 금양과 인연을 맺게 된 것은 그곳에 처가가 있었기 때문이다. 그의 장인은 안숭효(安崇孝)다. 안숭효의 조부 안순은 그 부친 안경공이 죽자 금주산(衿州山, 호암산)에 장사지내고 노년에 그 아래에서 살았다. 그 땅은 안숭효에게 전해진 뒤, 다시 사위 강희맹에게 전해졌다. 안경공은 안축(安軸)의 손자로 집현전 대제학을 역임하였고, 안축의 아들 안순은 수문전(修文殿) 대제학 등을 역임하였다. 안순의 부인은 고려의 뛰어난 문인 정추(鄭樞)의 딸이요, 정포(鄭誧)의 손녀다. 강희맹은 이 집안의 사위로, 이색(李穡)의 손자 이숙무(李叔畝)와는 동서가 된다. 강희맹의 아들 강구손은 금양 별업 만송강(萬松岡)의 유래와 그곳에서 농부로 살았던 강희맹을 이렇게 그리고 있다.

금양의 별업은 찬성(贊成) 벼슬을 지낸 우리 외증조 정숙공(靖肅公, 안순)께서 세운 것이다. 정숙공이 부친 흥영부원군(興寧府院君, 안경공)을 금주산 서쪽 자락에 장사지내고 여막을 지어 집으로 삼았다. 늙어서 벼슬을 그만두고 이곳으로 물러났으나, 나라에서는 큰일이 있으면 매번 찾아와 물었다. 정숙공이 돌아가시자 관찰사를 지내신 우리 외조 안공(안숭효)에게 전해졌고, 마침내 우리 아버님께 오게 되었다. 그러니 어찌 옥(玉) 같은 재주를 아끼는 사람이 아니었다면 사위에게 전해 주었겠는가?

정숙공은 성대한 문벌로 한 시대에 일컬어졌지만 산업에 힘쓰지 않아 밭이 백 무(畝)에 지나지 않았고, 토지가 비옥하지 않아 농사를 지어도 곡식이 남지 않았다. 그저 선영에 있는 소나무와 뽕나무가 나무꾼의 도끼에 찍히지 않도록 하였을 뿐이다. 이곳이 이른바 만송강이라는 곳이다.

아버님께서는 공무를 마치고 퇴근한 여가에 농부의 모자를 쓰고 농부의 옷을 입은 채 유유자적하게 오가며 시골노인들과 농사 이야기를 주고받았다. 씨뿌리고 김매는 데 시기와 방법을 알맞게 하는 등 농사짓는 이치에 밝아 그 오묘함을 다하셨다. 또 농요(農謠)를 채집하여 가사(歌詞)를 지었는데, 논밭에서 힘써 일하여 일년 내내 근실하게 고생하는 모습과 뜻을 다 드러내었다. 「농부와의 대화(農者對)」나 「파종에 적합한 것(種穀宜)」 등의 노래는 벼슬에 나아가고 물러나는 기미를 살피는 뜻이 은연중에 담겨 있으니, 비단 농가의 지침이 되는 데 그치지 않는다.

아, 아버님께서 일찍 재상의 반열에 올라 묘당(廟堂)에 거처하였지만 논밭에 마음을 두지 않은 적이 없었고 농사짓는 일도 잘 알고 계셨으니 이 책을 지은 뜻이 어찌 작다고 하겠는가? 옛날 당나라 이위공(李衛公)은 평천십리장(平泉十里莊)을 자손들에게 물려주며 훈계하기를, "꽃 하나 돌 하나라도 감히 남에게 주는 이가 있으면 내 자손이 아니다"라고 하였다. 사람들 중에 전원과 저택을 소유하여 자손을 위한 계책으로 삼는 자라면 누군들 대대로 지켜 영원히 전해지기를 바라지 않겠는가? 그러나 선조의 뜻을 잘 이어받아 남의 소유가 되지 않도록 하는 이는 드물다. 이 별업은 청숙공으로부터 아버님에 이르기까지 3대 내리 재상을 지낸 뒤 물러난 곳이다. 나 역시 불초하나 대부의 반열에 올랐으니 비록 선인들이 땅을 파며 농사를 지은 것에는 필적할 수 없으나, 다만 기꺼이 씨뿌리고 추수하는 일에 힘쓸 것이다.

강구손, 「금양잡록의 발문(衿陽雜錄跋)」, 『사숙재집』

강희맹의 금양 별업은 오늘날 금천구 시흥4동 호암산 아래 있었다. 안경공과 안순, 안숭효의 묘가 있는 그 아래다. 지금은 강희맹의 자취를 찾을 길이 없고 또 이를 기억하는 사람도 많지 않다.

**호암산 안순의 묘** 안순이 손자사위 강희맹에게 호암산 아래 땅을 물려주었다. 묘역 일대를 만송강(萬松岡)이라 하였는데 강희맹의 호이기도 하다.

## 금양에서 농사를 지으며

강희맹이 금양 별업에서 지은 책이 바로 조선 초기의 대표적인 농서(農書)인『금양잡록(衿陽雜錄)』이다.『금양잡록』은 강희맹이 직접 농촌에서 생활하면서 그 체험을 바탕으로 저술한 것이다. 그는 농가 이야기를 다음과 같이 적고 있다.

금양현 동쪽에는 금산(衿山)이 있는데 서북쪽은 한강에 접해 있어 수재와 한재가 반반이라 척박한 땅은 많고 비옥한 땅은 적다. 물가에 가까운 논밭은 가뭄이 들면 농작물이 시들고 수해가 나면 농작물이 잠기어 십분의 일밖에 수확하지 못하므로 백성들이 곡물을 비축할 수 없고 비용이 많이 든다. 논갈이를 할 때면 사람을 고용하여야 하는데 밥때 다섯 그릇을 차려야 일을 하고 그렇지 않으면 피곤하다며 일을 하려고 하지 않는다. 다섯 그릇이란 밥 세 그릇과 국한 그릇, 김치 한 그릇인데, 사람마다 다섯 그릇씩 차려주면 삽시간에 먹어치운다. 욕심이 많은 이가 먼저 먹어치우면 곁에 덜 먹은 이는 자신의 음식을 덜어주기도 하는데, 가장 욕심이 많은 사람은 다섯 그릇의 밥을 다 먹을 정도다. 이 때문에 겨울에 접어들면 곧 수확한 것이 바닥나서 가을 파리처럼 굶주리게 된다. 논갈이를 그리 빨리 하지 않고 3월 보름경에 하는데, 소가 없는 농가는 인부 9명을 사서 쟁기를 끌어야만 소 한 마리의 힘을 감당하여 하루에 이삼십 마지기를 갈 수 있다.

강희맹,「농사짓는 이야기(農談)」,『사숙재집』

머슴들이 밥을 먹는 광경을 이렇게 자세하게 묘사하였으니, 강희맹이 이들과 얼마나 가깝게 지냈는지 짐작할 수 있다. 강희맹은 척박한 환경에서 직접 농사를 지었지만 지식인답게 새로운 영농법을 마련하였다. 사람들은 3월 보름이 되어야 논갈이를 하였지만 그는 2월 보름에 논을 갈아 파종을 하였으며, 늙은 농부에게 물어 꼼꼼하게 농사를 지었다. 강희맹이 금양에 내려와 직접 농사를 지은 것은 마흔이 되어서이다. 서거정이 지은 시에 강희맹이 금양에 내려온 지 3년 반이 넘었다고 하였으니, 세조 5년(1459) 부친이 돌아가시자 연천(漣川)에 장사지내고 금양으로 물러났음을 알 수 있다.

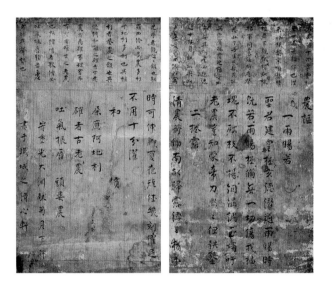

**농구(農謳)** 강희맹이 금양에서 농사를 지으면서 살 때 백성들이 부르던 농요를 한시로 번역한 것이다. 「우양약(雨暘若)」은 알맞은 날씨를 찬양한 노래이고, 「권로(捲露)」는 근실한 농부의 삶을 노래한 것이다.

강희맹은 「농부와의 대화(農者對)」에서 세상에 쓰일 만한 재주가 없어 버림받아 농사를 짓고자 한다고 말했다. 그러나 사실 그는 공신에 책봉되고 예조참의와 이조참의, 중추원부사, 공조참판 등 공무에 바쁜 나날을 보냈다. 그러니 벼슬을 하였으면서도 백성에게 혜택을 베풀지 못하였다고 여겨 실용적인 농사에 직접 뛰어든 것이라 하겠다. 물론 농부들이 보기에는 우스운 일이었다. 그들은 강희맹에게 벼슬을 하는 것이나 농사를 짓는 것이나 한가지이니 제대로 벼슬살이를 하지 못한 이는 농사도 잘 지을 수 없을 것이라고 말했다. 무안해진 강희맹은 배운 바에 충실하여 학업이나 닦겠다고 한발 물러서는 대신, 보고 들은 일 중 농사와 관련된 것을 엮어 『금양잡록』을 저술하였다. 번역한 농요(農謠)를 이 책에 실은 것도 사대부로서 민풍(民風)을 보고하겠다는 의식과 더불어 선비가 초야에 은거하겠다는 뜻에서 나온 것으로 볼 수 있다. 강희맹은 「농구(農謳)」 14장의 발문에서 이렇게 말하였다.

금양에 농장이 있었으므로 자주 그곳을 왕래하면서 직접 나무를 심고 곡식을 파종하는 등 여러 일을 다 시험해 본 후에야 농사짓는 일에 대해 조금 알게 되었다. 농요를 들어보면 선창(先唱)과 후창(後唱)이 있는데 그 소리가 비장하여 마을에서 부르는 노래곡조와 같지 않았다. 그 가운데 「이슬을 헤치고(捲露)」와 「아침 햇살을 맞이하며(迎陽)」 등의 곡은 본디 가사가 없었다. 이는 은둔한 선비가 곡조를 지어 초야에 낙을 붙여 걱정을 잊고 살면서 스스로의 힘으로 농사를 지어 녹봉 대신 먹는다는 뜻을 부여한 것이다. 그런데 무지한 농민이 그 가사를 잊어버리고 다른 노래를 그 곡조에 맞추어 부른다. 지금 있는 곡명을 채집하고 또 나의 뜻으로 곡명을 만들어 빠진 부분을 보충하였다. 그러고 나서 곡명에 따라 가사를 지어 그 밑에 붙이고 나자 농가에 대한 시종과 전말이 대략 갖추어졌으니 모두 14장이다.

강희맹, 「농구를 뽑다(選農謳)」, 『사숙재집』

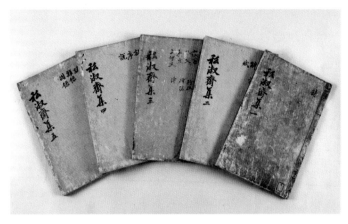

**사숙재집** 1483년 강희맹의 아들 강구손이 간행했으나 온전한 책은 희귀하고, 지금 남아 있는 것은 대부분 1805년 다시 간행한 것이다. 사숙(私淑)은 『맹자(孟子)』에 나오는 말로, 아름다운 것을 몰래 흠모한다는 뜻이다.

## 금양 별업에서 사는 맛

강희맹은 한가한 틈이 있으면 처가에서 물려받은 금양의 별업이 있던 만송강으로 내려가 살았다. 호도 만송강이라 하였다. 서거정은 세조 9년(1463) 무렵 직접 농사를 지으면서 그 체험을 『금양잡록』으로 옮기고 있던 강희맹의 시골살이를 칭송하며 무려 19수의 시를 지어 보내었다. 서거정은 강희맹이 금양에 물러나 연파(煙波)에 늙어갈 사람이라 하면서 그의 삶을 노래하였다. 다음은 그중 하나다.

안개같이 여린 풀 푸른 비단을 펼친 듯
살구꽃 가랑비에 봄 물결이 불었구나.
작은 배 저어 느지막이 돌아가니
소매 가득 달빛이 수북하여라.
細草如煙襯碧羅　桃花細雨漲新波
小船搖棹歸來晚　滿袖紛紛月色多

서거정, 「강희맹이 시골집의 흥취를 읊은 시 19수에 화답하다<br>(奉酬姜景醇村居雜興詩十九首)」, 『사가집』

파랗게 비단을 깔아놓은 듯한 풀밭에 안개같이 여린 풀이 바람에 흔들린다. 봄비가 내려 불어난 물에 살구꽃이 떠 있다. 이러한 아름다운 풍광을 보느라 날이 저무는 줄도 몰랐다. 느지막하게 돌아오는 소매에 달빛을 담뿍 담았다 하니, 강희맹의 멋을 알 만하다.

강희맹의 집 앞에는 소나무가 울창하고 뜰에는 온갖 꽃이 만발하였다. 황소가 들판에서 풀을 뜯고 강가에는 흰 물새가 너울너울 날아가는데 마치 중국 강남땅을 그린 그림과 같았다. 가까운 산중턱에는 절간이 있어 가끔 승려를 만날 수도 있었다.

강희맹은 세조 13년(1467) 9월 20일에도 휴가를 얻어 물러나 있었는데, 객지에서 고생하는 벗 성윤문(成允文)을 위로하며 자신의 삶을 자부하였다. 다음은 그 후반부다.

금양에 문을 닫고 누웠노라니
길거리에 수레 소리 끊어졌구나.
밝은 창에 온돌이 덜 따스하여
이불 끼고 자라처럼 움츠렸다.
나물밥은 먹을 만하고
냉이국은 마실 만한데
가끔은 막걸리를 얻어마셔
취하여 눈이 충혈된다네.
남들은 영화롭게 여기지 않지만
내 소졸함을 기르기에는 충분하다네.
사립문으로 돌아오니
평안하여 절로 즐겁구나.
태평세월을 노래하니
큰 노래에 산조차 갈라질 듯.
衿陽閉關臥　門巷小車轍
窓明小突溫　擁衾頭縮鼈
茹蔬飯可殞　烹薺粥可歠
有時得村釀　醉眼紅生纈

縱非人所榮　亦足養吾拙

歸去來荊門　安閒自怡悅

歌詠太平年　浩柯山岡裂

강희맹, 「정해년 9월 20일 휴가를 받아 금양 별업에 물러나 누워 객지에서 고생하는 성윤문을 생각하고 내 마음을 적어 보낸다(丁亥九月二十日 恩許暇閑 退臥衿陽別業 因念景武氏艱關羇旅 述懷以贈)」, 『사숙재집』


남들은 나물밥에 냉이국, 막걸리로 살아가는 자신의 삶을 비웃겠지만 정작 자신은 좋다고 하였다. 기분 좋게 불러보는 노래가 얼마나 호탕한지 산이 갈라질 정도라 하였다.

그후 강희맹은 성종 6년(1475) 쉰이 넘은 나이로 다시 금양으로 물러났다. 소일거리로 정원을 가꾸고 채소를 심었다. 마침 가뭄이 심하여 비가 오지 않다가 4월 16일이 되어서야 비로소 비가 내렸다. 농사를 짓기에는 넉넉하지 않았지만 채소를 키우는 데는 큰 도움이 되었다. 이에 그림에도 능하였던 강희맹은 추포도(秋圃圖)를 그려 금양현감에게 주었다. 『동문선(東文選)』에 이러한 경과를 적은 긴 제목의 시가 전한다.


조그마한 금양땅

늘그막에 누추한 초막을 지었다.

늙어 한가하니 씨 뿌리는 일에 탐닉하고

봄이 오니 오이와 채소의 김을 맨다네.

**강희맹의 종택** 시흥시 하상동 강희맹 묘 앞쪽에 있다. 안산구업(安山舊業), 연성재(蓮城齋)
라는 현판이 걸려 있다.

가뭄 들어 흙을 축축하게 적시지는 못해도
싹이 터서 움이 자라기에는 넉넉하겠네.
오늘 아침 비가 뿌렸으니
인자한 정사 베풀었음을 알겠구나.

一片衿陽地 殘年卜弊廬

老閑耽種植 春至芸瓜蔬

土壤早無潤 發生心有餘

今朝灑膏澤 知是政隨車


　강희맹이 살던 금양 별업은 그 외가 순흥안씨의 땅으로 남아 있다. 그러나 그곳에서 강희맹의 자취는 찾을 수 없다. 강희맹의 자취를 찾자면 시흥시 하상동에 가야 한다. 그곳에 강희맹의 무덤이 있고, 그곳에서 멀지 않은 중상동에 관곡지(官谷池)가 있어 시흥을 사랑하는 사람들이 자랑하게 되었다. 『안산군읍지(安山郡邑誌)』에는 강희맹이 사신으로 중국에 갔을 때 남경(南京)에서 전당(錢塘)의 붉은 연꽃의 씨를 가져와 안산에 심었는데 그후 연꽃이 널리 퍼지게 되었고, 안산의 별호가 연성(蓮城)이 되었다고 적혀 있다. 강희맹이 1463년 중국에 갔던 것은 분명하지만 남경에 들른 적은 없으니 사실인지는 알 수 없다. 그래도 관곡지의 아름다운 연꽃을 그의 공으로 돌린들 어떠하랴? 🗟

# 관곡지

강희맹이 중국에 사신으로 가서 남경의 연꽃씨를 받아와 심었다.

당시에는 이곳이 안산 땅이었는데 강희맹의 고사로 인하여 연성(蓮城)이라 부르게 되었다.

# 월산대군의 풍류와
# 서호의 망원정

추강에 밤이 드니 물결이 차노매라

낚시 드리치니 고기 아니 무노매라

무심한 달빛만 싣고 빈배 저어 오노매라

**망원정** 먼 곳을 바라보기 좋은 정자라는 뜻이다. 1988년 그 터에 새로 지었다.

## 효령대군의 희우정

서울의 강변북로를 따라 일산 방면으로 달리다 보면 합정동 근처에 망원정(望遠亭)이 보인다. 오늘날의 주소로 마포구 합정동 457-1번지다. 망원정의 주인은 월산대군(月山大君)이었다. 세종이 말년에 서교(西郊)에 있던 효령대군의 새 정자에 희우정(喜雨亭)이라는 이름을 지어주고 어필을 내렸는데, 이것이 훗날 망원정이 된다. 세종은 자주 희우정에 들러 서교에서 벌어지는 군사들의 훈련을 사열하고, 세자의 신분이던 문종과 안평대군 등에게 시와 서를 적게 하였으며, 또 안평대군으로 하여금 안견(安堅)을 시켜 그림을 그리게 하였다.

변계량(卞季良)의 「희우정기(喜雨亭記)」(『春亭集』)에 따르면 희우정의 풍광은 이러하였다. 용이 서린 듯한 높고 구불구불한 언덕 위에 이 정자가 있다. 뒤로는 삼각산이 솟아 있고 앞으로는 한강이 흐르는데, 서남쪽으로 아득히 먼 산과 구름, 안개가 보일락 말락 한다. 아래의 강은 물고기와 새우를 하나하나 셀 수 있을 정도로 맑다. 바람 실은 돛배와 백사장의 물새가 정자 바로 아래에서 오가는데, 천여 그루 소나무가 푸르고 울창하여 마치 날개가 돋아 푸른 하늘에 오르는 것 같고, 바람을 몰아 신선세계에서 노니는 것 같다고 하였다.

이처럼 아름다운 희우정은 관가(觀稼)와 관병(觀兵)의 행사장과 가까워 왕실의 문사들이 자주 왕래하며 시를 수창하였다. 세종은 1448년 봄 희우정에 행차하여 집현전의 문인들에게 술을 내리고 대군들과 잔치를 즐기게 하였다. 이때 호종한 성삼문(成三問)이 임원준(任元濬)과 함께 강에서 달빛을 구경하였는데, 술이 거나하게 올랐을 때 동궁으로 있던 문종이 쟁반에 귤을 담아 하사하였다. 귤이 다 없어지고 쟁반이 바닥을 드러내자 다음과 같이 쓴 문종의 시가 나왔다.

향나무는 코에만 향긋하고
기름진 음식은 입에만 맞는 법.
가장 좋은 것은 동정호의 귤이라
코에도 향긋하고 입에도 달다네.
栴檀徧宜鼻　脂膏便宜口
愛最洞庭橘　香鼻又甘口

'문종, 「귤시(橘詩)」, 『열성어제(列聖御製)』

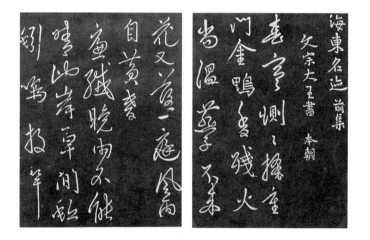

**문종의 글씨** 문종의 글씨는 안평대군에 못하지 않다. 첫번째 시는 조맹부(趙孟頫)의 「절구(絕句)」를, 두번째 시는 한유(韓愈)의 「만우(晚雨)」를 쓴 것이다. 『해동명적(海東名迹)』에 실려 있다.

이날 희우정에서의 잔치는 무척이나 흥겨웠다. 양성지(梁誠之)는 동궁과 여러 대군들, 성삼문, 임원준 등이 흥겹게 잔치를 즐기는 풍류가 소동파(蘇東坡)나 이태백(李太白)에 못지않음을 과시하는 한편, 이 모든 것이 성은에서 비롯되었다고 칭송하였다.

도성 서쪽 희우정
정자는 양화도 강변에 있다네.
이날 행궁에 임금님 수레 멈추시니
바로 큰 들판에 봄바람이 불 때라.
성공이 호종하여 하나하나 따지며
왕자와 더불어 함께 주선하시네.
오늘 무슨 저녁이기에 달이 대낮처럼 밝나
긴 강은 넘실넘실 서해로 흘러가네.
대군이 이를 즐겨 작은 술자리를 열었으니
신선의 굴이 하늘에서 전해졌네.
재주 있는 임공이 또한 자리에 있으니
달과 그림자와 함께 셋이 될 것도 없겠네.
한잔 또 한잔 다시 또 한잔
술잔 들고 다시 임강선 노래를 짓노라.
내 부럽지 않노라 동파가 적벽에서 노닐며
천 길 끊어진 벼랑 다 올라본 일이.
내 또 상관 않노라 이태백이 채석강에서

비단옷에 강바닥의 달 잡으려 한 일을.
그저 원하는 것은 만 길 푸른 파도를 잡아들고서
길디길은 저 물을 부어내어 마른 논을 적시는 일.
또 원하노니 옥토끼 찧은 영약을 가져다가
우리 성상 천수 만수 누리게 하고 싶구나.
아아, 강물은 유장하게 흐르고 달은 늘 걸렸으니
강 위에 만고의 세월 맑은 바람 시원히 불어오네.

都城之西喜雨亭 亭在楊花之江邊
行宮此日駐翠華 政是大野春風天
成公扈從仍校讎 得與王子同周旋
今夕何夕月如畫 長江滾滾趨海堧
大君樂此開小酌 仙橘又從天上傳
才子任公亦在坐 不必對影成三賢
一杯一杯復一杯 擧杯還作臨江仙
我不羨坡公赤壁遊 斷岸千尺窮攀緣
又不關采石江頭李太白 錦袍捉月江底懸
只欲挹彼萬丈之滄波 倒漾膏澤浸荒田
又欲取玉兎之靈藥 使我聖算踰千年
嗚呼水長流月長在 江上萬古淸風吹颯然

양성지, 「희우정에 호종하여 임금의 명으로 짓다(扈幸喜雨亭應制)」,
『눌재집(訥齋集)』

**회우정** 세종이 형 효령대군을 위해 지은 정자인데, 단비가 내린 일을 기념하여 이름한 것이다. 망원정 안에 이 현판이 있다.

**효종어제희우정시회도(孝宗御製喜雨亭詩會圖)** 1635년 희우정에서 도승지 등이
모여 시회를 갖는 모습을 그린 그림이다. 희우정이 조선 후기에도 시회의 공간이었음을
확인할 수 있다. 홍익대박물관에 소장되어 있다.

　이날의 행사에서는 두 폭의 그림이 그려졌다. 하나는 잔치자리의
모습을 그린 〈희우정야연도(喜雨亭夜宴圖)〉다. 서거정은 여기에 세 수
의 율시를 붙였다. 그중 한 수를 아래에 보인다.

성 서쪽에 임금님 수레 멈추니 서기가 어렸는데
당시에 시종하는 이들은 모두 유선(儒仙)이어라.
맑은 말씀 옥 같은 글로 공자를 모시니
우아한 흥 금술잔에 아름다운 잔치자리 빛난다.
좋은 달은 기약이 있는 듯 자리 가득 비추어오고
긴 강은 끝이 없어 흘러흘러 하늘에 닿는다.
동궁에서 귤을 내려 더욱 은총이 새로우니
비단에 정신을 전하여 길이 빛나게 하는구나.

駐蹕城西擁瑞煙　當時侍從盡儒仙

清談玉屑陪公子　雅興金樽敞綺筵

好月有期來滿座　長江無際去連天

青宮賜橘尤新寵　綃幅傳神耀後傳

서거정, 「회우정 밤잔치를 그린 그림에 여러 공들의 시에 차운하다
(喜雨亭夜宴圖詩用諸公韻)」, 『사가집』

또 다른 그림은 〈임강완월도(臨江翫月圖)〉다. 신숙주가 쓴 「수찬 성
삼문의 임강완월도 시의 서문(成修撰三問臨江翫月圖詩序)」(『保閑齋集』)
에 따르면, 〈임강완월도〉는 높은 산과 고요한 물 위에 달이 높이 떠
있는 모습을 배경으로, 강가에서 손님을 맞이하는 귀인과 술잔을 들
어 달을 가리키는 두 사람, 그리고 서북쪽에서 날아오는 기러기를 그
린 그림이었다고 한다. 여기에 문종이 지은 「귤시」를 쓰고 신숙주의
서문을 붙였다.

## 월산대군의 삶

1484년 성종은 형 월산대군을 위하여 희우정을 고쳐 짓게 하였다. 이에 월산대군은 정자에 망원정(望遠亭)이라는 새로운 이름을 붙이고, 1485년 가을 성종에게 망원정 시와 서문을 청하였다. 성종은 시를 짓고 문신으로 하여금 차운하여 현판에 내걸게 하였다. 마침 국상 중이었기에 군왕이 사장(詞章)을 좋아한다고 사간원에서 간언을 올렸다. 특히 어제 망원정 시 가운데, "배에다 풍악을 싣고 뜻대로 오간다(船載笙歌意裏移)"라는 구절을 두고 후세 사람이 상중(喪中)에 풍악과 노래를 썼다고 비난할까 걱정된다고 하였다. 물론 월산대군에게도 상중에 망원정을 짓고 장차 노닐려는 생각을 가졌다는 비판이 제기되었다. 그러나 성종은 이 모든 일이 형을 생각하는 마음에서 비롯된 것인지라 문제삼지 못하게 하였다. 또 문신들을 데리고 몸소 망원정까지 행차하여 연회를 베풀고, 시로 형제의 우의를 확인하기도 하였다.

월산대군(月山大君, 1454~88)의 이름은 정(婷), 자는 자미(子美), 호는 풍월정(風月亭), 시호는 문효(文孝)다. 그 이름이 여자의 것처럼 보였기에, 훗날 그의 한시가 중국에 소개되었을 때 전겸익(錢謙益)은 여러 가지 문자의 고증을 통하여 그를 여자로 추정한 웃지 못할 일까지 벌어졌다. 월산대군은 덕종(德宗)의 맏아들이자 성종의 형으로, 1454년 2월 18일 태어났다. 아버지를 일찍 여의었으나 자질이 뛰어나 할아버지 세조의 총애를 받으며 궁중에서 자라났다. 세조는 그에게 활쏘기와 말타기, 서법, 산학 등을 직접 가르치기도 하였다. 훗날 성종이 되는 아우와 함께 궁중에서 재롱을 부려 세조를 기쁘게 했다고 한다. 일곱 살이 되던 1460년 월산군(月山君)에 봉해졌고, 1464년 평양군 박중선(朴仲善)의 딸을 맞아 혼례를 올렸다.

그리고 성종 즉위 후인 1471년 월산대군에 봉해졌다. 같은 해 3월 좌리공신(佐理功臣)에 책봉되어 상급을 받았으니, 왕위를 아우에게 양보한 공 때문이었을까? 예종의 후사로 세자 제안대군(齊安大君)이 있었고 월산대군이 덕종의 장자였음에도 불구하고, 월산대군의 아우 잘산군(乽山君, 성종)이 왕위에 오른 것이다. 잘산군의 장인 한명회의 힘이 군왕의 옹립에까지 영향을 끼친 것이다. 한명회 등은 성종을 옹립하면서 반대하던 종실 구성군(龜城君) 이준(李浚)을 제거하고 공신의 대열에 올랐다. 그러나 월산대군은 일찌감치 권력을 포기하였기에 무사하였고, 또 관직에도 뜻을 두지 않아 문소전(文昭殿) 종부시(宗簿寺) 제조(提調)로 부름을 받았으나 나아가지 않았다. 그나마 이로 인해 길지 않은 35년의 천명을 누릴 수 있었던 것이다.

월산대군의 아우 성종은 형에게 지극할 정도로 우애를 보였다. 성종은 끊임없이 그를 궁궐로 부르거나 몸소 그의 처소에 나아갔다. 이에 월산대군은 조정의 대소연에 참여하여 대신들과 함께 성종의 어제에 창화(唱和)하는 일이 잦았다. 성종 13년(1482)에 갑인자(甲寅字) 1책으로 간행된 『임인갱재축(壬寅∧載軸)』도 이러한 모임에서 나온 것이었다. 이 책은 성종이 세 분의 대전(大殿)에게 올린 헌수(獻壽)의 시에 월산대군과 당시의 대신들이 화답한 시를 모은 것이다. 또 성종은 1477년 가을에 한명회의 압구정에 시를 내렸는데, 여기에 예겸(倪謙) 등 중국인 29인과 월산대군 등 75인이 시부(詩賦)를 짓기도 하였다.

서거정의 「압구정제명기(狎鷗亭題名記)」에 이러한 사실이 자세히 기록되어 있다.

월산대군은 궁궐에 자주 출입하여 조정 대소신과 연회를 즐기면서도, 산수의 벽이 있어 산수간에서 풍류를 즐겼다. 그는 도성 안 자신의 집에 만든 풍월정(風月亭), 서호(西湖)의 망원정, 고양(高陽)의 별서 등에서 한적과 풍류를 즐겼다. 아름다운 산수에 노닐며 서적을 탐독하고 시로 소일한 것이 평생의 일이었다. 때문에 월산대군에 대한 역사의 평가는 왕손이었음에도 권력과 부귀를 탐하지 않았다는 점에 집중되어 있다. 삶에 대한 그의 자세는 널리 알려진 다음 시조에 잘 드러난다.

추강(秋江)에 밤이 드니 물결이 차노매라
낚시 드리치니 고기 아니 무노매라
무심(無心)한 달빛만 싣고 빈배 저어 오노매라

추강은 가을 강이면서 가을의 방위가 서쪽을 가리키니 곧 서강(西江)이다. 그러나 성종의 즉위와 이에 따른 구성군의 죽음을 목도한 월산대군으로서는, 대세를 따르며 안분의 생활태도를 견지하고 시주로 소일하지 않을 수 없었다. 표면적으로는 안분자족을 말하였지만, 그의 시를 보면 세사에 대한 불평의 뜻도 상당하다. 혹 이 때문에 주색에 탐닉하였던 것은 아닐까?

## 망원정에서의 풍류와 고독

월산대군은 오늘날 안국동 풍문여고 경내인 안국방(安國坊)에 있던 집 서쪽 동산에 정자를 지었다. 그곳은 원래 세종의 아들 영응대군(永膺大君)의 집터였는데 연경궁(延慶宮)으로 일컬어졌다. 훗날 인조 때에는 선조의 딸 정명공주(貞明公主)와 혼인한 부마 영안위(永安尉) 홍주원(洪柱元)의 집이 이곳에 있었으며, 고종 때에는 안동별궁(安東別宮)이 세워진 유서 깊은 곳이다. 영응대군의 집터는 15세기 후반 월산대군의 소유가 되었다. 성종은 1477년 8월 8일 '풍월(風月)'이라는 두 글자를 내려 현판으로 걸게 하고 몸소 오언율시를 지어 내렸으며, 근신(近臣)들로 하여금 모두 창화하게 하였다. 그후 일부 신하들이 이러한 행동이 군왕의 도리가 아니라며 반대하였음에도 불구하고, 성종은 형제 사이의 정의를 금할 수 없다면서 거듭 시를 지어 보내기까지 하였다.

풍월정 곁에는 연못이 있어 푸른 물과 붉은 꽃이 조화를 이루었으며, 주위에 소나무와 대나무가 우거져 있었다. 월산대군은 이곳에서 책을 읽고 악보를 엮는 일로 소일하였다. 또 신분은 천하지만 학문이 높았던 홍유손(洪裕孫)을 이곳으로 맞이하여 가르침을 받기도 하였다. 성종도 지속적으로 이곳에 출입하면서 시를 내렸고 함께 온 문사들 역시 거듭 시를 창화하였다. 성종은 진기한 기물이 있으면 반드시 월산대군에게 내리고 시도 함께 보내었다 한다. 성종이 일본으로부터 백조와 유사한 천아(天鵝) 한 쌍을 받았는데 이를 궁중에 두지 않고 월산대군에게 내린 뒤 그 집에 행차하여 주연을 베풀자 천아가 음악을 듣고 춤을 추었다는 일화도 전한다.

월산대군은 그의 집에 지은 풍월정도 사랑하였지만, 한강가의 망원정을 더욱 사랑하였다. 망원정에는 문인 재사들의 출입이 끊이지 않았기에, 이 시기 시인의 문집에는 망원정에서 지은 시가 자주 보인다. 그러나 많은 사람들이 찾아왔음에도 불구하고, 월산대군은 고독할 때가 더 많았다.

> 망원정 앞에 춘삼월이 저무는데
> 그대와 술 마시려 봄옷 잡혔네.
> 하늘가 산은 다하여도 비는 그치지 않는데
> 강의 제비는 돌아가도 사람은 돌아가지 못하네.
> 안개를 돌아보니 흥을 풀 만한데
> 갈매기와 서로 좇아 사심을 잊는다.
> 이 풍류가 평생의 소원을 위로할 듯하니
> 인간세상 시비를 배우지 마세.
>
> 望遠亭前三月暮　與君携酒典春衣
> 天邊山盡雨無盡　江上燕歸人未歸
> 四顧雲煙堪遣興　相從鷗鷺共忘機
> 風流似慰平生願　莫向人間學是非

월산대군, 「모춘 백윤과 함께 망원정에 노닐면서 느낌이 있어
(暮春日與伯胤同遊望遠亭有感)」, 『풍월정집(風月亭集)』

벗이자 당숙이었던 부림군(富林君) 이식(李湜)과 망원정에 올라 쓴 시다. 더 이상 바랄 수 없을 정도의 부귀를 누린 월산대군에게 봄옷을 잡혔다는 말은 두보(杜甫)의 풍류를 슬쩍 빌려본 것일 뿐이다. 저 멀리 펼쳐진 산하에 비가 내리는데, 흥에 겨워 집으로 돌아가지 않는다 하였다. 그저 압구(狎鷗)의 심정으로 기심을 잊었으니, 인간세상 시비에 관여하고 싶지 않다는 한적의 뜻을 밝히고 있다. 망원정에서 지은 또 다른 작품 「망원정에서 우연히 짓다(望遠亭偶題)」에서는 "근대의 한가히 노니는 객 중에, 풍류가 나 같은 이 또 있으라(不知近代閒遊客看却風流似我不)"라며 자부하기도 하였다.

월산대군은 한강을 따라 망원정을 오가며 도처에서 시를 지었다. 그의 작품 중에 「서거정의 시에 차운하여 지은 한도십영(漢都十詠次徐相國韻)」이 가장 돋보인다. 「한도십영」은 「창의사(장의사) 스님 찾기(彰義尋僧)」, 「양화나루에서 눈밟기(楊花踏雪)」, 「제천정의 달구경(濟川翫月)」, 「입석에서의 고기잡이(立石釣魚)」, 「살꽂이들판의 심방(箭郊尋訪)」, 「반송에서의 손님 전송(盤松送客)」, 「종로에서 등불 보기(鍾街觀燈)」, 「남산의 꽃구경(木覓賞花)」, 「마포에 배 띄우기(麻浦泛舟)」, 「흥덕사의 연꽃 감상(興德賞蓮)」 등이다. 「한도십영」은 서거정이 먼저 짓고 월산대군과 이승소(李承召), 성임(成任) 등이 각기 화운하는 등 성황을 이룬 소재인데, 그중 월산대군의 것이 가장 돋보인다. 임사홍(任士洪)은 월산대군의 문집에 서문을 쓰면서 강운(强韻)임에도 온건히 압운하였고 말이 예스러우면서도 뜻이 원대하다고 칭송하였다. 그에 따르면, 경물을 묘사한 것은 절로 기서(機杼)에서 나왔으며 고인을 답습하지 않았다 한다. 망원정 인근 양화나루에서 눈을 밟는 운치를 읊은 시를 아래에 보인다.


삭풍이 성을 내어 밤새 요란하더니
아침에 눈꽃이 손바닥만큼 크구나.
온 천지 가득 채워 끝이 없는데
골짜기조차 평평하여 몇 길이나 묻혔나?
강마을의 어부 사는 오막살이 몇 채
울타리에 빽빽한 은빛 대나무.
이 땅에 오니 흥을 풀 만하기에
시 읊조리며 술을 들어 쉴 줄 모른다.
朔風號怒終夜響　朝來雪花大如掌
漫漫天地自無垠　陵谷已平深幾丈
江村漁家數茅屋　籬下森森滿銀竹
歸來此地足乘興　吟詩攀酒無休息

월산대군, 「양화나루에서 눈밟기(楊花踏雪)」, 『풍월정집』


　삭풍이 불어 손바닥만 한 눈송이가 떨어지니 천지는 온통 흰빛으로 끝이 없고, 골짜기에는 수북한 눈이 몇 길이나 된다. 강마을 몇 채의 오막살이와 푸른 대나무조차 눈에 덮여 은빛으로 빛난다. 이처럼 아름다운 경치에 흥이 절로 일기에 한편으로 술을 마시고 한편으로 시를 읊조리느라 쉴 겨를조차 없다 하였다. 세속의 티끌은 눈 속

**양화환도(楊花喚棹)** 1740년 정선이 양화나루 일대를 그린 그림. 강을 건너려고 선비가 배를 부르는 모습이 보인다. 높다란 언덕은 잠두봉이고 그 아래 양화나루는 오늘날 양화선착장이 들어섰다. 간송미술관에 소장되어 있다.

에 다 묻혀 있다. 월산대군의 한적과 풍류가 한 장의 그림으로 다가 오는 작품이다.

이와 함께 월산대군은 고양의 북쪽 마을에 별서를 두고 자주 왕래 하며 시를 지었다. 성종도 자주 고양 별서에 행차하여 시를 보내었 다. 그때마다 신하를 보내어 술을 내리고 따르게 하는 우의를 보였 다. 부림군 이식도 자주 이곳에 들러 시를 지었다. 이곳에서의 생활 은 도성에서 물러나 산수 속에 살아가는 한적의 홍취를 일으키고, 이로 인해 그의 시는 절로 맑게 되었다.

물러나 밥 먹으니 절로 일이 없는데

들판에는 즐겁게 유람할 곳 많다네.

앞마을에는 두런두런 말소리 들리는데

봄이 온 풀숲에는 사슴 울음 애잔하다.

구름 그늘은 산에 기대 사라지는데

시내의 물빛은 대숲을 돌아 흐른다.

뽕과 삼이 집을 뒤덮었기에

고개 돌려 산비둘기 울음 듣는다.

退食自無事　郊原多勝游

前村人語響　春草鹿鳴呦

雲影依山盡　溪光遠竹流

桑麻蔭田屋　回首聽鳴鳩

월산대군,「고양 별서에서 노닐면서(遊高陽別墅)」,『풍월정집』

조정에서 물러나 한가하게 사노라니 할 일이 없어 교외의 승경을
즐긴다. 자신을 이웃으로 여기는 앞마을 농부들이 나누는 이야기 소
리가 두런두런 들리고 뒷산에는 사슴이 우는 소리가 애잔하다. 하루
를 즐기다 보니 구름이 서산으로 넘어가는데 시냇물은 집을 에워싼
대밭으로 졸졸 흐른다. 심어놓은 뽕나무가 집을 덮어 어디선가 비둘
기 소리가 들려온다 하였다. 아름다운 고양의 별서를 그림으로 그리
고 그곳의 음향을 스테레오로 들려주고 있는 명편이다. 맑고 아름다
운 경치 속에 속진(俗塵)을 벗어나 안분과 자적, 풍류를 즐기는 월산

**월산대군의 묘비** 비문과 전액은 임사홍이 짓고 썼다. 전서로 쓴 월(月)과 산(山)에서 월산대군의 풍류를 느낄 수 있다.

대군의 모습이 눈에 선하다.

월산대군의 고양 별서는 지금의 고양시 덕양구 신원동에 있었다. 그곳에는 월산대군의 사당 석광사(錫光祠)가 있는데 어느 시기 창건 되었는지는 알 수 없지만 영조가 편액을 내린 바 있으니, 나라에서 월 산대군에게 제사를 지내주었음을 확인할 수 있다. 이곳에서 멀지 않 은 곳에 월산대군의 묘가 있고 그 뒤에 부인 박씨의 묘가 있다. 사람 의 키만 한 신도비는 1498년 세워진 것인데 묘비의 전자(篆字) 옆에 달과 산, 월산(月山)을 상형문자처럼 그려놓았다.

망원정 앞에 춘삼월이 저무는데 그대와 술 마시러 봄옷 잡혔네

망 원 정 에 서  본  한 강

## 망원정에 머문 시혼

　월산대군은 술과 여자로 화려한 풍류를 즐기기도 하고, 때로는 불평의 뜻을 시주(詩酒)로 발산하기도 하였지만, 홀어머니에 대한 효성만큼은 지극하였다. 1488년 모친 인수대비(仁粹大妃)가 병들자, 월산대군은 병약한 몸을 돌보지 않고 간호하다 12월 21일 35세의 젊은 나이로 죽었다. 모친에 대한 지나친 효성이 죽음을 재촉한 것이다. 부림군 이식은 그의 죽음을 애도하며 그의 문학이 천년토록 기림을 받을 것이라 하였다.

　　적막하게 인간세상과 헤어져
　　아아 그대 이렇게 떠나다니.
　　영령은 땅에 묻히고
　　이름은 명정에 부쳤네.
　　새는 고양의 옛집에 울고
　　구름은 망원정을 에워쌌네.
　　유고가 상자에 가득하니
　　천년 후에도 그 향기에 절하리라.
　　冥寞人間隔　嗟君向此行
　　英靈埋厚土　名字寄銘旌
　　鳥噪高陽宅　雲封望遠亭
　　遺稿盈一篋　千載揖芳馨

　　　　　　이식, 「자미를 애도하며(悼子美)」, 『사우정집(四雨亭集)』

부림군 이식은 성종을 제외하면 월산대군이 가장 가까이하였던 시우(詩友)였다. 그의 호는 낭옹(浪翁) 혹은 사우정(四雨亭)이며, 같은 종실로서 서로의 처지를 잘 이해하였기에 수많은 시를 주고받았다. 조선 후기의 실학자 이익(李瀷) 역시 망원정의 풍광을 사랑하고 월산대군의 풍류를 그리워하였다.

지난날 나라가 태평성대였을 때 중국의 사신이 서울에 이르러 풍속을 살펴보고 물었다. 반드시 산수가 아름다워 노닐 만한 곳을 택하였는데 배를 띄운 곳이 바로 한강의 이곳이다. 시를 짓고 풍경을 구경하면서 흥을 부쳐 뜻을 지극히 한 다음 마쳤다. 나라의 문인과 시인들이 또한 따라가서 화답하곤 하였다. 이에 『황화집(皇華集)』이 세상에 나오게 된 것이다. 나는 태어난 것이 늦어서 이때에 미치지 못하였는데, 매번 책을 넘기면서 감개에 젖곤 하였다. 시를 볼 때 양화나루, 선유봉(仙遊峯), 잠두봉(蠶頭峯) 등이 있었는데 망원정이라 하는 곳이 가장 이름난 곳이다. 이 몇 곳은 중국에까지 전해졌기에 천하의 사람들도 동방에 이러한 기이한 볼거리가 있음을 알게 되었다. 그리하여 또한 그리워하여 상상하는 사람들이 있게 되었다.

이익, 「긍사정기(肯思亭記)」, 『성호전집(星湖全集)』

그 아름다운 망원정은 지금 강변북로에서 합정동으로 나가는 길목에 외롭게 서 있다. 게다가 근대에 다시 지은 것이라 예스러운 맛을 느낄 수 없다. 그저 월산대군의 시를 읽으며 눈을 감는 것이 낫다. 🔳

# 한강 최고의 명승지
# 잠두봉과 박은의 우정

군자는 문학으로 벗과 모이고

벗과의 사귐을 통하여 인을 보탠다

**잠두봉** 그 형상이 큰 자라 머리와 같아 잠두봉이라 하였다. 한강에서 가장
아름다운 곳이었으나 절두산 성당이 들어서면서 옛 모습을 잃었다.

## 한강 최고의 명승지 잠두봉

양화나루 근처에 누에고치 머리처럼 생긴 잠두봉(蠶頭峯)이라는 작은 산이 있었다. 지하철 2호선 당산철교 북단의 강가에 있는 야트막한 산이다. 그러나 지금은 누에고치 머리처럼 생긴 봉우리가 보이지 않는다. 1966년 이곳에 성당과 절두산순교기념관을 세우고 주변 지역을 공원으로 꾸몄기 때문이다. 이에 산 이름도 절두산으로 바뀌었다. 고종 3년(1866) 병인양요 때 1만여 명의 천주교 신자들을 붙잡아 이곳에서 머리를 잘랐기에 이 이름이 붙은 것이다.

조선시대의 잠두봉은 한강에서 가장 아름다운 곳이었다. 『동국여지승람』에는 잠두봉을 가을두봉(加乙頭峯) 혹은 용두봉(龍頭峯)이라 하였다. 중국의 『대명일통지(大明一統志)』라는 책에는 용산(龍山)에 있다 하였는데 당시 용산은 마포 북쪽을 말한다. 중국 사신이 오면 관광코스로 이곳에서 뱃놀이를 하였기에 중국에까지 그 명성이 널리 알려진 것이다. 조선 초기 잠두봉의 모습은 1471년 봄, 평해군수로 부임하는 채수(蔡壽)의 부친 채신보(蔡伸保)를 전송하는 전별연의 경과를 적은 강희맹의 다음 글에 잘 묘사되어 있다.

서호(西湖)는 도성과의 거리가 10리도 못 되는데, 산이 파랗고 물이 푸르러 그 형승(形勝)이 우리나라에서 으뜸이다. 서호의 북쪽에 끊어진 언덕이 있다. 그 형상이 큰 자라 머리와 같은데 잠두(蠶頭)라고도 한다. 언덕 발치는 서호에 잠겨 있는데, 그 기세가 높아서 서호의 빼어남을 이곳에서 다 차지할 수 있다. 이 때문에 중국에서 우

리나라로 사신 온 사람은 반드시 이곳에 올라 마음껏 살펴보고 노
래와 시로 형용하여 칭찬하는 자들이 이어졌으니, 우리나라 사대부
들 중에 시문을 읊조리는 사람들은 어떠하였겠는가?

강희맹, 「서호 잠두에서의 계회 서문(西湖蠶頭契飮序)」, 『사숙재집(私淑齋集)』

잠두봉이 문인들의 붓끝에서 명성을 날리게 된 것은 조선 초기부
터다. 강희맹의 글에 따르면 당시 100여 년 사이에 이곳의 풍광이 크
게 변하였다고 한다. 황무지였던 언덕에 정자들이 세워졌고 갈대밭
이던 물가도 나루가 되었다. 본디 까마귀나 솔개, 갈매기, 백로 등의
서식지였으나 사람들이 음악을 연주하고 노래하며 춤추느라 새둥지
가 얹혀 있는 가지가 없을 정도였다고 한다. 실제로 15세기 후반에
이곳에서 계회나 연회가 끊이지 않았다는 사실이 여러 기록에서 확
인된다.

아울러 강희맹이 증언하였듯이 중국의 사신들이 오면 한강에서 뱃
놀이를 하다가 잠두봉에 올라 한바탕 잔치를 벌이는 것이 관례였다.
중국인의 눈에도 이곳의 풍광은 대단하였던 듯하다. 성종 11년 조선
에 온 중국 사신 강옥(姜玉)은 잠두봉의 풍경을 이루 말로 다할 수 없
다고 하며 중국의 북경에는 그런 좋은 경치가 없고 절강(浙江)에만 있
다는 말을 들었을 뿐이라 하였다.

이들의 잔치자리에서 잠두봉은 훌륭한 시의 소재가 되었다. 중국
사신들이 돌아갈 때 만들어가는 『황화집(皇華集)』을 보면, 중국 사신
들의 시와 이에 답한 조선 문인의 시에서 잠두봉의 아름다움이 거듭

**괴원장방계회도(槐院長房契會圖)** 1583년 승문원 관리들의 계회 그림. 아래쪽 높은 언덕이 잠두봉이다.

칭송되었음을 알 수 있다. 선조 때에는 중국 사신이 자신의 이름을 후대에 전하고자 잠두봉의 석벽에 자신의 호를 넣어 '창옥암(蒼玉岩)'이라는 글씨를 새기게 하였다.

## 남곤, 이행과의 우정

우리 역사에서 절친한 우정을 과시한 이들이 적지 않지만, 각기 다른 개성으로 16세기를 전후한 시기에 이름을 드날렸던 남곤(南袞, 1471~1527)·이행(李荇, 1478~1534)·박은(朴誾, 1479~1504)의 우정은 각별하였다. 이들은 모두 성종대의 신진사류(新進士類)로 입신하였다. 남곤은 훗날 조광조를 죽음에 몰아넣었다고 하여 사림의 흉적이 되지만, 본디 그는 조광조의 스승인 김굉필(金宏弼)과 더불어 김종직(金宗直)의 대표적인 제자 중 한 사람이었다. 이행은 김종직의 제자인 이의무(李宜茂)의 아들이며, 박은은 김종직의 제자인 신용개(申用漑)의 사위요 역시 김종직의 제자인 최부(崔溥)의 제자였다. 이 세 사람은 모두 김종직의 제자, 혹은 재전 제자로 연산군의 폭정 아래 강직한 언론을 이끌었다.

연산군 때 이들은 함께 목소리를 높이다가 여러 차례 유배길에 오르는 불운의 세월을 겪어야 했다. 그러나 이들은 따뜻한 우정으로 힘겨운 시기를 견뎌내었다. 남곤은 백악 아래 대은암(大隱巖)에 살았고, 이행은 남산 아래 청학동(靑鶴洞)에 살았으며, 박은의 집 역시 남산 기슭에 있었다. 이들은 사흘이 멀다 하고 모여 강개한 심정으로 세사를 비판하며 술을 마시고 시를 지었다. 아름다운 산수에서 노닌 까닭도 강개의 정을 발산하기 위한 것이었다.

특히 이들은 이행의 집이 있던 남산 청학동에 자주 모였다. 과거 남산1호터널 입구에 '청학동 이상국 용재 서사유지(靑鶴洞李相國容齋書舍遺址)'라는 암각글씨가 있었다고 한다. 이곳은 답청과 관등의 행렬이 많았던 모양이다. 이행은 김세필(金世弼), 권민수(權敏手), 이자(李耔), 조신(曺伸) 등과 청학동에서 답청하고 다시 관등행사를 보며 시주를 즐기면서 세사의 불운을 잊고자 하였다.

이들은 북악에 있던 남곤의 대은암에서도 자주 회동하였다. 어느

**대은암** 남곤이 살던 집으로, 바위가 주인에게 알려지지 못하였기에 크게 숨었다는 뜻으로 이행이 붙인 이름이다. 정선이 그린 그림으로 간송미술관에 소장되어 있다.

날 이행과 박은이 술을 들고 남곤의 집을 찾았으나 남곤은 출타하고 없었다. 그러자 이행이 그곳의 바위에 대은암(大隱巖)이라는 이름을 붙이고 여울에는 만리뢰(萬里瀨)라는 이름을 붙였다. 여기에는 놀리는 뜻이 담겨 있다. 바위가 주인에게 알려지지 못하였기에 크게 숨었다는 뜻에서 대은(大隱)이라 한 것이고, 여울도 찾지 않아 만 리나 먼 곳에 있는 듯하다는 뜻으로 만리(萬里)라 한 것이다. 박은과 이행은 대은암에 시를 적어놓고 돌아왔다. 박은과 이행은 파직되어 비교적

한가했지만 남곤은 이때 벼슬에서 물러나지 않았기에 매우 바빴다. 그래서 박은과 이행이 찾아가도 만나지 못할 때가 많았던 것이다. 다음도 이들이 서로 만나지 못하였을 때 지어진 시이다.

솔그늘 축축 늘어진 곳에 절로 난 길
솔가지 아래 벗이 새로 집을 정하였다.
이날 찾았으나 만나지 못하였는데
북악의 고운 빛에 갈가마귀 깃들려 하네.
松陰落落自成蹊　松下故人新卜居
此日相尋更不遇　北山佳氣欲鴉棲

이행, 「사화를 방문하였으나 만나지 못하자 장난삼아 짓다(訪士華不遇戲作)」,
『용재집(容齋集)』

## 임술년 칠월 기망의 잠두봉

1502년, 이들은 함께 개성을 유람하고자 하였다. 그러나 승지로서 바쁜 나날을 보내고 있던 남곤은 이번에도 참여하지 못하고 박은과 이행 두 사람만이 2월 28일 출발하여 승려 혜침(惠忱)과 함께 개성의 고려 유적지와 천마산(天磨山), 성거산(聖居山) 등을 두루 돌아보고 3월 8일 돌아왔다. 남곤은 이 유람에 참여하지 못한 것을 원통하게 여겨 7월 16일 다시 한번 유람할 것을 청하였다. 1502년은 임술년이다. 임술년 7월 16일은 그 유명한 소동파(蘇東坡)가 「적벽부(赤壁賦)」에서 '칠월기망(七月旣望)'이라 한 바로 그날이다. 조선의 선비들은 일생에 한번 있을까 말까 한 임술년이 되면, 아름다운 물가에서 소동파의 풍류를 재현하려 하였다. 그래서 남곤은 이날 벗들을 잠두봉으로 불러 한바탕 시주를 즐기려 한 것이다.

이들은 배에 오르자 각기 술을 한 사발씩 마셨다. 두 사람이 남곤에게 붓을 주며 「전적벽부(前赤壁賦)」를 베끼게 하였다. 이에 남곤이 사양하지 않고 「적벽부」를 베껴 수많은 시편의 본으로 삼았다. 박은은 「제잠두전록후(題蠶頭前錄後)」에서 이날의 풍류를 적으면서 "흥이 사화(士華)의 미간에 있는데, 좌중이 질펀하여 두건도 쓰지 않았네. 술한 말 마시고 오백 자를 써내려가니, 글자마다 용사비등하여 얽매이지 않았네(興在士華眉字間 座中槃屽頭不冠 一斗便掃五百字 字字龍蛇不可絆)"라 하며 남곤의 글씨를 칭송한 바 있다.

이어 남곤이 먼저 운을 부르고 장편고시 「점어운(占語韻)」을 짓자 이행과 박은이 다투어 화답하였다. 이들은 마치 소동파가 된 듯한 감흥에 빠져 소리 높여 감정을 발산하였다. 시를 지어 세상을 한탄하고 통음하였던 것이다. 박은과 이행은 그해 2월 개성을 유람하면서 왕희지(王羲之)의 난정(蘭亭) 고사에 따라 술잔을 물에 띄우고, 술잔이 돌아올 때까지 시를 짓지 못하면 벌주를 마시는 놀이를 한 바 있다. 이날 이들은 그때의 주령(酒令)을 다시 내걸었다. 이러한 풍류를 즐기면서 남곤은 다시 먼저 운자를 내어 다음과 같은 시를 지었다.

강머리에 달이 뛰놀아 밤에 물결이 밝으니
우리들로 하여금 훤한 강물을 노로 치게 하네.

시가 이루어짐에 퉁소로 애써 맞출 필요 없고
꿈 깨니 홀연 날아가는 외로운 학을 보고 놀란다.
지금 인간사에 그저 온통 늙어만 가는데
예부터 이 강에는 흐르는 물소리 요란하다네.
감히 짧은 시로 소동파의 솜씨를 따를 수 있다면
응당 저 하늘 구만 리에 훨훨 날 수 있겠지.

月湧江頭波夜白　解敎吾輩擊空明

詩成不用洞簫和　夢罷忽驚孤鶴橫

世事秖今渾欲老　江流終古有餘聲

敢將短律追仙筆　應在靑冥九萬程

남곤,「영통사의 옛 주령에 의거하여(依靈通舊令)」,『천마잠두록』

　흰한 달빛이 비치는 강물을 노로 치는 것은 소동파가 「적벽부」에서
누린 풍류다. 소동파가 노닐 때에는 퉁소를 부는 객이 있어 흥을 도왔
지만, 남곤은 시흥이 도도하여 퉁소조차 필요 없다 하였다. 그럼에도
학이 되어 훨훨 날아오르는 듯한 소동파의 흥취가 인다. 소동파처럼
장편의 부(賦)를 짓지 않더라도 이 짧은 율시에 우리의 흥을 다 담아
낼 수 있다고 자부하였다.

　박은과 이행은 이 시의 운을 밟아 각기 시를 지었다. 박은이 "한 잔
에 시 한 수 짓는 것 가벼이 그만두지 아니하니, 이것이 우리들의 예
전 법이라네(一觴一詠無輕廢 此是吾家舊法程)"라고 한 대로 이들은 거
듭 술을 마시고 시를 지었다. 이어 남곤이 다시 운자를 먼저 차지하여

**예조낭관계회도(禮曹郎官契會圖)** 1586년 예조의 관원들이 잠두봉에 올라 계회를 열었다. 아래쪽의 언덕이 잠두봉이고 가운데 섬은 선유도다.

시를 지었다. 여기서 남곤은 "광기에 응당 물결에 비친 달을 붙들고, 취기에 관복을 벗어던지려 하노라(狂應捉波月 醉欲脫宮袍)"라 하였다. 이행과 박은은 거듭 화답하여 서로의 강개한 마음과 풍류를 마음껏 발산하였다.

이렇게 술이 세 순배 돌자, 이번에는 이행이 먼저 운을 부르고 붓을 잡았다. 그는 "풍류는 적벽에 전하고, 인물은 소동파를 생각하네(風流

傳赤壁 人物憶蘇仙"라고 시를 열어 소동파가 적벽에서 밤새 노닌 풍류를 따르고자 하였다. 이에 박은과 남곤도 그 뜻을 이어 화답하였다. 그런 다음 박은이 먼저 운을 차지하여 시를 지었다. 이에 남곤이 답하여 "취중에 눈이 붉어졌다 눕지 말게나, 앉아서 동방이 밝아오게 해도 괜찮으리니(醉中眼繡休相枕 坐裏東方亦任明)"라 하여 질탕한 풍류를 제안하였다. 이들은 이렇게 운자를 다섯 번 바꾸어가면서 각기 다섯 편의 시를 썼다.

이어 서로의 우정을 과시하면서 다시 연구(聯句)를 지었다. 한유(韓愈)와 맹교(孟郊)가 시재를 한껏 다투며 지어 세인의 입에 오르내린 「성남연구(城南聯句)」를 좇기라도 하듯, 이들은 연구로 서로의 시재를 겨루었다. 이들이 연구를 지은 방식은 매우 재미있다. 먼저 남곤이 3구를 짓고 이어 박은이 3구를 지었다. 마지막 2구를 이행이 덧붙여 한 편을 완성하고 다시 이행이 다음 작품의 첫 구를 지어 결과적으로는 도합 3구를 지었다. 이어 남곤이 3구, 박은이 3구를 지은 다음, 이행이 다시 마지막 1구를 지어 또 한 편을 완성하고, 다음 작품의 2구를 지어 시상을 열었다. 이어 남곤과 박은이 각기 3구씩 지어 시를 완성하였다. 이와 같은 방식으로 이들은 3구씩 이어 5편을 지었다. 그 일부를 아래에 보인다.

달이 기우니 삼경이 가까운데
잠두봉을 바라보니 멀지 않구나.
파도가 자니 배가 절로 움직이는데 (남곤)

한참 앉았노라니 술이 자주 깨난다.

구름이 지나가니 산빛도 사라지는데,

바람이 높으니 빗소리 사납다. (박은)

만고에 이같은 흥취 없었으리라

그 몇 번 오늘 밤과 같았으랴?

| | |
|---|---|
| 月轉三更近 | 鼇頭望未遙 |
| 波平舟自動(南) | 坐久酒頻銷 |
| 雲過山光失 | 風高雨響驕(朴) |
| 只應無此興 | 萬古幾今宵 |

한번 크게 웃는 것 우리의 일이라 (이행)

강물 소리 몇 년이나 울려왔던가?

술잔을 멈추고 밝은 달에 묻고

다리를 걸치고 뱃전을 두드린다. (남곤)

생사는 다시 어찌하리오?

뛰어나고 못난 것도 모두 아득하도다.

미쳐 날뛰는 짓 하늘이 내린 일이라 (박은)

우리도 온전한 성품을 절로 즐기세.

| | |
|---|---|
| 一笑更吾輩(李) | 江聲知幾年 |
| 停盃問明月 | 橫脚叩船舷(南) |
| 生死復何許 | 賢愚俱渺然 |
| 顚狂天付與(朴) | 我自樂其全 |

세상에 이미 이로울 것 없으니

한갓 명성은 애당초 기약하지 않았다. (이행)

종전의 일 그저 꿈만 같은데

오늘은 우연히 기이한 일 생겼다.

밤 깊어 강물이 더해지는데 (남곤)

구름이 돌아가니 달도 움직인다.

쉬 술자리 파하는 것 옳지 않다네

촛불 켜고 다시 시를 짓게나. (박은)

| | |
|---|---|
| 與世旣無益 | 一名初不期(李) |
| 從前徒夢想 | 今日偶成奇 |
| 夜久江添闊(南) | 雲歸月欲移 |
| 未宜容易罷 | 張燭更題詩(朴) |

연구는 2구씩 지어 시상을 이어나가는 것이 일반적이지만, 이들은 3구씩 지었기에 더욱 묘미가 있다. 시상을 연결하는 것 외에 적어도 1구는 미리 제시된 뜻에 대(對)를 하여야 하기 때문이다. 서로 의기투합한데다 모두 뛰어난 시재가 있기에 이러한 공동의 작품이 나올 수 있었으리라. 이어 이들은 다시 연구에서 사용한 운자를 써서 돌아가면서 5편의 율시를 지었다.

그 자리에 이영원(李永元)이라는 벗이 있어 이들의 풍류를 보고 "금일 잠두봉의 술자리가, 그 시절 적벽의 유람이로다(今日蠶頭飮 當年赤壁遊)"라는 율시를 지었다. 이에 이들은 다시 이 열 글자의 운에 맞추어 율시를 10편씩 지었다. 이날 이들은 각기 20편의 시와 5편의 공동시를 짓는 시재를 과시하며 밤새 시주를 즐겼다.

그러나 이것으로도 부족하여 박은과 이행은 한 달 뒤인 10월 15일 밤, 잠두봉에 모여 다시 시회를 열었다. 이때 남곤은 병이 있어 오지 못하였다. 나중에 박은은 남곤에게 「후적벽부」를 써달라 하였고, 남곤은 11월 5일 저녁에 이를 써주었다.

## 잠두봉의 추억

이들의 아름다운 우정은 연산군의 폭정으로 인하여 지속되지 못했다. 이들의 즐거운 모임에서 가장 먼저 멀어진 이는 정희량(鄭希良)이다. 정희량은 박은·이행·홍언충(洪彦忠)과 함께 연산군 때의 문장사걸(文章四傑)로 병칭되는 인물인데, 세사를 비관하여 27살의 나이에 한강 하류인 김포의 조강(祖江)에 투신자살하였다. 그로부터 얼마 뒤 연산군 10년(1504)에 갑자사화가 일어나 나머지 사람들도 사방으로 흩어졌다.

박은은 갑자사화에 연루되어 1504년 군기시(軍器寺) 앞에서 "거짓된 충성으로 스스로 편안하였고, 신진으로서 장관을 모욕하였다"는 죄목을 목에 건 채 효수형을 당하였다. 연산군은 이것만으로는 분이 풀리지 않아 시신을 들판에 버려 포쇄케 한 다음 평지에 묻게 하였으니, 연산군에 대항한 그의 절의를 짐작케 한다. 권달수(權達手)는 국문을 받다 옥사하였다. 목숨을 건진 이들도 죽음에 못지않은 참담한 고초를 겪었다. 이행도 죽을 고비를 맞이하였으나 벗 권달수가 그 대

**양화진** 양화나루 일대를 정선이 그린 그림으로 가운데 높은 언덕이 잠두봉이다.
간송미술관에 소장되어 있다.

신 주모자임을 자인하여 목숨을 건지고 천민의 신분으로 거제도에서 양을 치는 수모를 겪었다. 김세필(金世弼), 최숙생(崔淑生) 역시 같은 처지가 되었다. 남곤도 사화를 피해 가지 못하고 덕양(德陽)으로 유배되었으며, 홍언충은 진안(眞安)으로 귀양갔다.

갑자사화에 죽은 이들은 후세에 절의로 맑은 이름을 남겼지만, 중종반정 이후까지 살아남은 사람들은 부귀영화를 누렸다. 이행은 조광조, 박상(朴祥), 김정(金淨) 등 사림에 맞선 훈구세력의 한 축이 되어 남곤을 이어 가장 영예로운 벼슬인 대제학에 올랐고 좌의정까지 역임하였다. 그러나 그 역시 김안로와의 권력투쟁에 패배하여 평안도 함종(咸從)의 유배지에서 최후를 맞았다. 남곤은 이행보다 더욱 평탄한 삶을 살았다. 중종반정 후 승승장구하여 대사헌·대제학·판서 등 조정의 청요직을 두루 맡았고, 특히 기묘사화를 일으켜 사림들을 숙청하고 좌의정을 거쳐 영의정에까지 올랐다.

서로 다른 삶을 살았지만 이들의 우정은 후대까지 기억되었다. 신광한은 이 세 사람의 우정을 기려, 천마산과 잠두봉을 유람하면서 지은 시문을 모아 『천마잠두록(天磨蠶頭錄)』을 간행하였다. 그리고 그 앞에 이렇게 서문을 지어 그들의 우정을 논하였다.

전에 듣기로, 예전의 군자들은 문학으로 벗과 모이고 벗과의 사귐을 통하여 인을 보탠다고 한다. 우정으로 인을 보태는 것은 오래된 것이지만, 문학으로 벗과 모인다는 것은 내가 이 두 글에서 보았다. 박중열(朴仲說, 박은)은 남사화(南士華, 남곤), 이택지(李擇之, 이행) 두 재상과 벗이 되었으니 어찌 막역한 우정에 서로 바라보고 웃고 말 뿐이었겠는가?

기쁘게 글을 지으려 모였고 성대하게 글을 지어 펼쳤다. 평소 아무 일이 없을 때에 서로 만나 수창하지 않은 날이 없었고, 모이면 글을 짓지 않은 적이 없었다. 그들이 남긴 글은 축(軸)을 이루어 세상에 회자되는 것이 많다.

신광한, 「유천마잠두이록서(遊天磨蠶頭二錄序)」, 『천마잠두록』

삶의 궤적은 달랐지만 남곤·박은·이행이 나눈 우정과, 이들이 잠두봉에서 누린 풍류는 후세의 미담이 되었다. 이식(李植)은 「양강범월창화시록(楊江泛月唱和詩錄)」의 뒤에다 이렇게 썼다.

내가 소동파의 「적벽부」를 읽어보고, 자연의 변화를 초극(超克)하면서 눈앞에 벌어진 현상을 어루만지고 있는 것에 탄복하였다. 표표히 세상 밖에서 노니는 듯한 그 분위기에 압도되어 망연자실하지 않은 적이 한번도 없었다. 그러다가 우리 집안의 용재선생(容齋先生)과 취헌공(翠軒公) 등 여러 분이 잠두봉에서 노닐며 지은 시들을 읽어보았다.

이는 바로 선철(先哲, 소동파를 가리킴)의 풍류에 감흥을 일으켜서 그해 그날의 일을 모방하여 그들의 일을 바다 동쪽 까마득히 떨어진 곳에서 재현한 것이었다. 중국 사람들도 어쩌면 이런 일을 먼저 해보지는 못하였을 것이다. 그리하여 쟁쟁하게 울리는 풍아(風雅)

의 시편들이 지금까지 전해지면서 애송되고 있으니, 이 일 역시 기이하다고 해야 하겠다.

이식, 「양강범월창화시록 뒤에 쓰다」, 『택당집(澤堂集)』

후대 잠두봉에 오른 사람들은 박은과 이행이 이곳에서 다진 우정과 시주를 즐긴 풍류를 떠올리며 그들의 주령(酒令)을 따랐다. 임술년 칠월 기망이면 더욱 그러하였다. 임술년 칠월 기망에 잠두봉에서 시회를 즐기면서 소동파와, 그 풍류를 따른 박은과 이행의 고사를 추억하는 일은 조선시대 풍속도의 하나로 자리하였다. 비록 지금 그 자리에서는 엄숙한 찬송가가 울려퍼지지만. 目

잠 두 봉
중국 사신이 중국 절강에만 이 정도로 좋은 경치가 있다고
탄식한 곳이지만 훼손이 심하다.

# 3. 실의의 땅

## 안분의 삶

진도의 금골산

# 원주 법천사의 강학과 유방선

청산은 제후만 차지하란 법 없으니

한가한 사람은 하루 종일 볼 수 있다네

**법천사지** 법천사는 신라시대 세워진 사찰이지만 임진왜란 때 불타버리고 불상과 연화대 등 몇 개의 석물만 남아 있다.

## 법천사와의 인연

강원도 원주시 부론면 법천리에 명봉산(鳴鳳山)이 있다. 마주한 네 개의 봉우리가 마치 봉황새가 날아오르는 듯한 형상이기에 비봉산(飛鳳山)이라고도 한다. 그 아래 법천사(法泉寺)라는 절이 있었다. 725년 신라 성덕왕 때 창건되어 고려 문종 때 지광국사(智光國師)가 이곳에 머무르면서 크게 번성하였다. 임진왜란 직전까지도 거주하던 스님이 수천을 헤아릴 정도였다 한다. 그러나 임진왜란으로 불타버리고 이제는 지광국사현묘탑비(智光國師玄妙塔碑)와 당간지주, 그리고 몇 개의 석물만이 이곳에 절이 있었음을 전하고 있다. 비석 옆에는 보물로 지정된 탑이 있었다. 한때 일본으로 반출되었다가 어렵게 반환되었지만, 고향으로 돌아오지 못한 채 지금 경복궁 뜰에 서 있다.

고려시대 석덕(碩德)으로 이름을 떨쳤던 지광국사는 법천사의 명성을 드높이고 이곳에서 이생의 연을 다하였다. 그러나 법천사가 일반 문인들에게 널리 알려지게 된 것은 여말선초에 이르러서다. 원주 법천리에는 여말선초의 문인 이원(李原)의 처가가 있었다. 이원은 세종 2년(1420) 집현전이 창설될 때 집현전의 수장인 영전사(領殿事)라는 벼슬을 지낸 큰 학자다. 그의 본관은 철성(鐵城)으로, 조부 이암(李嵒), 부친 이강(李岡)과 함께 3대에 걸쳐 명망이 높았으며 글씨도 뛰어났다. 이원은 처가가 있는 이곳에 별서를 꾸몄다. 다음은 그가 법천리 별서를 그리워하며 법천사의 스님 일운(一雲)에게 보낸 시다.

법천사는 앙암의 동편에 있는데

법천사 지광국사 현묘탑비(法泉寺智光國師玄妙塔碑) 1070년 현묘탑과 함께 세워졌지만,
현묘탑은 경복궁으로 옮겨졌고 현묘탑비만 법천사 터에 남아 있다.

높다란 치악산이 허공에 기대 있네.
언제쯤 한가로이 시골집 찾아가
향 피우고 마주하여 솔바람 소리 들으랴?
法泉寺在仰巖東 雉岳山高倚半空
何日閑尋田舍去 焚香相對聽松風

이원, 「일운 스님에게 보내다(寄一雲上人)」, 『용헌집(容軒集)』

여말선초 무렵의 호젓한 법천사를 그려볼 수 있게 하는 작품이다. 그러나 이 일대가 널리 알려지게 된 것은 이원의 명성 덕택이라기보다는 그의 사위인 태재(泰齋) 유방선(柳方善, 1388~1443)이 이곳에 정착하였기 때문이다. 유방선은 본관이 서천(舒川)으로, 그의 증조는 고려조에 이름이 높았던 학자 유숙(柳淑)이다. 유방선의 부친 유기(柳沂)가 여말선초의 대학자 이색(李穡)의 손녀와 혼인하였으니, 이색은 유방선의 외증조가 된다. 명가의 후예로 태어난 유방선은 17세에 권근(權近)의 문하에 들어가 수학하였다. 어린 시절에는 조선 초기 집현전을 설치하고 신진문사를 양성한 변계량(卞季良)에게 수학하기도 했다. 대문호들에게 수학한 유방선은 18세의 나이로 생원시에 합격하여 성균관에 들어갔다. 당시 과거를 주관하던 지공거(知貢擧)는 여말선초의 재상 정이오(鄭以吾)의 아들 정분(鄭苯)이었다. 유방선이 이원의 사위가 된 것도 이 무렵이다. 이원의 누이가 스승인 권근의 처이니, 권근은 유방선에게 처고모부가 된다.

유방선은 스승과 친지들의 후광을 업고 기세 좋게 벼슬길에 나아갔으나, 곧 좌절을 맛보게 된다. 부친 유기가 태종의 처남 민무구(閔無咎)의 옥사에 걸려들어 태종 10년(1410) 사약을 받고, 유방선은 경상도 영천으로 귀양가게 된 것이다. 1415년 사면령이 내려 처가의 선산이 있던 원주 법천리로 오면서 유방선과 원주의 인연은 시작된다. 그러나 그도 잠시, 곧 이은 사헌부의 탄핵으로 사면이 취소되어 다시 영천으로 떠나야 했다. 유방선은 그 불편한 마음을 다음과 같이 적었다.

원주의 촌사는 긴 강물을 타고 있는데
강물 위의 구름과 산은 그림 같아라.
매번 외로운 배로 떠돌 줄만 알았지
필마로 내달려야 할 줄 어찌 알았겠는가?
나아가고 물러남은 그저 천명일 뿐이요
영욕은 운명이라 예전에 들었다네.
임금님 마음이 차마 그렇게 못하였을 뿐
신의 죄 죽어야 옳다는 것은 알고 있다네.
北原村舍壓長湖　湖上雲山似畵圖
每擬孤舟常蕩漾　何知匹馬又馳驅
行藏但覺天而已　窮達曾聞命矣夫
只是聖心初不忍　自知臣罪法當誅

유방선,「법천 시골집을 떠나며(留別法泉村舍)」,『태재집』

그림 같은 여강을 마주한 법천 별사를 떠나기 싫은 마음이 3연에서 탄성으로 이어졌다. 유방선은 임금에게 누가 되지 않기 위해서는 죽어야 마땅하다고 하면서도, 임금이 자신을 버리지 않으리라는 믿음을 가지고 다시 돌아올 날을 기약하였다.

## 젊은 학자의 강학처 법천사

영천에 도착한 유방선은 서산(西山) 아래 초가를 지어 태재(泰齋)라 이름하고 살았다. 그는 세종 9년(1427)에야 비로소 부분적인 사면을 받아, 그 이듬해 법천의 명봉산으로 돌아와 집을 짓고 살게 되었다. 그가 살던 집은「무신년 봄 영천에서 법천 시골집으로 이주하면서(戊申春自永川移居法泉村舍)」에서 "오갑산이 문을 대하고, 여강의 강물이 문에 이어져 있네(烏甲山當戶 驪江水接門)"라 한 것처럼, 문 앞으로 여강이 흐르고 문을 열면 그 너머 여주 오갑산이 바라다보였다. 유방선은 이곳의 아름다운 사계절 풍경을 다음과 같이 맑게 그렸다.

가랑비에 봄물 불어 시골집에 이르니
산 남쪽 산 북쪽 온갖 꽃이 피었네.
술 익어 이웃들 불러 마시니
반쯤 취하자 다투어 태평가를 부르네.
春水微雨到村家　山北山南萬樹花
酒熟四隣相喚飮　半酣爭唱太平歌

낮그늘 드리운 곳에 푸른 숲이 시원한데

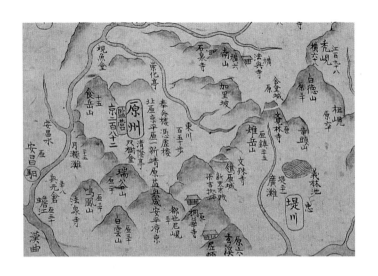

**고지도의 원주** 섬강 강가에 명봉산이 있고 그 곁에 법천사가 보인다.
『동여비고(東興備考)』에 수록되어 있다.


물소리 바람소리에 세속의 뜻 사라지네.
청산은 제후만 차지하란 법 없으니
한가한 사람은 하루 종일 볼 수 있다네.
綠樹生凉午陰殘 水聲松韻世情闌
青山不是侯家地 贏得閒人盡日看


누른 국화 붉은 단풍 이끼 낀 사립문에 비치는데
경치가 사람을 흔들어 시를 짓게 하는구나.
가을되자 배와 밤이 도처에 널렸으니
덕택에 온 가족 굶기만 하는 것은 아니라네.

黃花赤葉映苔扉　物色撩人欲賦詩

梨栗秋來隨處有　一家從此不全飢


작은 정원의 매화나무가 새 꽃을 토해 내니

한밤의 가지 위에 맑은 달빛 비추네.

새벽에 문 열자 모두 다 한가지 빛인데

향을 맡고서야 비로소 매화인 줄 알았네.

小園梅樹吐新葩　夜半枝頭雪月加

開戶曉來渾一色　聞香始覺是梅花

유방선, 「산속에서 사계절의 흥을 부치다(山中四時寓興)」, 『태재집』


　명봉산의 사계절 경치를 아름답게 묘사한 작품이다. 봄이면 여강
이 넘실거리고 온갖 꽃이 흐드러지게 피는데, 술을 담가 마을사람들
과 흔쾌히 마시는 유방선의 모습이 그의 호 태재와 잘 어울린다. 여름
이면 솔바람 소리 들리는 아름다운 산과 물을 차지하고 나무그늘에서
시원한 바람을 맞으니, 고귀한 사람의 집이 부럽지 않았다. 가을이면
국화꽃에 단풍이 어우러지고 배와 밤이 익어 절로 좋았다. 겨울이 되
면 작은 뜰에 심은 매화가 흰 꽃망울을 터뜨리고, 눈이 내리면 선취
(仙趣)가 무르익었다. 유방선의 법천 집은 그저 평범한 시골의 농가에
지나지 않았겠지만, 시인의 힘을 빌려 이렇게 아름다운 땅으로 탈바
꿈했다.

　가끔씩 왕명을 받은 집현전 학사들이 이곳에 정을 붙이고 살던 유

방선을 찾아와 학문에 대해 물었다. 유방선은 때로 서울과 영천을 오가기도 하였으나, 주로 머문 곳은 이곳 법천리였다. 가난과 풍질로 고생하다 끝내 세상을 떠난 곳도 이곳이며, 묻힌 곳도 이곳이다.

유방선의 법천 집에서 그다지 멀지 않은 곳에 법천사가 있었는데, 자못 고요하여 노닐 만하였다. 후학들에게 강학을 베푸는 여가에 어린아이 예닐곱 명을 데리고 아름다운 곳을 찾아 시를 지으니, 마치 증점(曾點)이 기수(沂水)에서 목욕하는 듯한 풍류가 있었다 한다. 대학자 유방선이 원주에 머물자 젊은 문사들이 다투어 그에게 나아가 글을 배우고자 하였으니, 권람(權擥), 서거정(徐居正), 이승소(李承召), 한명회(韓明澮), 강효문(康孝文), 성간(成侃) 등이 그들이다. 이들이 글을 배운 곳이 바로 법천사였다. 이로써 법천사는 강학의 장소로 더욱 명성이 높아지게 되었다. 세종 21년(1439) 서거정과 강효문이 먼저 유방선에게 나아갔다. 서거정은 권근의 외손이요, 유방선은 권근의 조카사위이니 한집안 사람이라 할 수 있겠다. 이 소식을 들은 한명회, 권람이 뒤이어 와서 함께 거처하고 토론하며 4~5년을 보냈다고 한다. 권람은 권근의 손자요, 서거정과는 외사촌간이다. 젊은 시절 이곳에서 강학한 이들은 훗날 조선 왕조 수성(守成)의 기틀을 다지게 된다.

> 발에 각반 차고 산중을 오가는 것은
> 고요한 절간과 한가한 스님을 좋아해서이지.
> 종이휘장은 찬바람을 막느라 울어대고
> 바닥에 피운 화로는 온기를 전하여 불꽃이 날리네.

한밤 창밖에 눈 오는 줄도 모르고
새벽녘까지 등불심지 다 돋우었네.
내년 봄 과거에 힘을 다하느라
때때로 실처럼 가늘게 글자를 쓰네.
山中來往有行縢 靜愛招提閑愛僧
紙帳遮寒風慽慽 地爐通暖火騰騰
不知窓外三更雪 挑盡釭頭五夜燈
努力明春場屋事 時時寫字細如繩

서거정,「법천사에서 독서하다가 권람의 시에 차운하다<br>(讀書法泉寺次正卿韻)」,『사가집』

창밖에 눈이 내리는 줄도 모르고 새벽까지 학업에 열중하며 내년에
있을 과거준비에 매진하는 젊은이들의 모습을 그려볼 수 있게 하는
작품이다. 이들은 강학의 여가에 상당한 분량의 시를 지었다.『신증
동국여지승람』에 따르면, 이들이 법천사에서 공부하였기에 법천사의
명성이 널리 퍼졌는데, 이 절의 탑 위에 이들이 쓴 시가 남아 있다고
하였다. 훗날 서거정은「원주에 부임하는 민정을 보내면서(送閔貞赴
任原州)」(『사가집』)에서 "법천사 뜰 앞 시를 써둔 탑, 법흥사 대 앞 먹
을 친 비석(法泉庭下詩題塔 法興臺前墨打碑)"이라 술회하기도 하였다.
훗날 영달하게 된 한명회가 자신이 법천사를 떠날 때 서거정이 준 시
를 써서 축으로 만들고 김종직 등 여러 사람들에게 시를 청하였을 만
큼 이들에게 이곳은 추억의 장소였다.

명봉산

봉황새가 날아오르는 듯한 형상이라 봉황이 우는 산이라는 이름이 생겼다.

법천사가 그 기슭에 있었다

## 붓에 실려 전하는 법천동

법천사 인근은 명당으로 소문이 났던 모양인지 명가들의 선산이 많았다. 허균(許筠) 모친의 산소도 이곳에 있었다. 허균은 매년 한번씩 이곳으로 성묘를 왔으나 법천사에는 가보지 못하였다. 광해군 1년(1609) 9월, 지관(智觀)이라는 승려가 때마침 휴가를 얻어 한가히 지내고 있는 허균을 찾아와 자신이 20년 전 법천사의 주지였다고 말하였다. 이에 허균은 흥이 일어 새벽밥을 먹고 법천사로 향하였다.

험준한 골짜기를 따라 고개를 넘어 이른바 명봉산이라는 곳에 이르렀다. 산은 그다지 높지 않지만 네 봉우리가 마주 선 모습이 마치 새가 나는 듯하였다. 두 갈래 시내가 동서에서 흘러나와 동구에서 합쳐져 하나가 되는데, 절은 바로 그 가운데 자리하여 남쪽을 향하고 있다. 그러나 난리에 불타 겨우 터만 남았고, 무너진 주춧돌은 토끼와 사슴이 뛰노는 길 사이에 흩어져 있었다. 비석이 하나 있는데, 반쯤 꺾인 채 풀더미에 묻혀 있었다. 살펴보니 고려의 승려 지광의 탑비였다. 문장이 심오하고 필치가 굳센데, 누가 짓고 쓴 것인지는 알 수가 없었다. 실로 오래되고 기이한 물건이다. 나는 한참 동안 그것을 어루만지며 탁본하지 못하는 것을 한스럽게 여겼다.

스님이 말하기를, "이 절은 매우 커서 당시 이 절에 사는 승려가 수천이었지만, 제가 살던 선당은 지금 찾아보려 해도 찾을 수 없습니다"라고 하였다. 서로 한참을 탄식하였다. 절 동편에 석상과 작은 비석이 있었다. 가서 보니 묘가 셋인데, 모두 표석이 있었다. 그중 하나는 우리나라의 정승 이원 모친의 분묘요, 하나는 태재 유방선의 묘다. 승지를 지낸 그의 아들 유윤겸이 그 뒤에 묻혀 있었다.

허균, 「유법천사기(遊法泉寺記)」, 『성소부부고(惺所覆瓿藁)』

이원의 모친은 허균의 선조이자 여말의 문인 허금(許錦)의 딸이다. 이원은 이곳에 왕기(王氣)가 있다는 말을 듣고도 그대로 모친을 장사지냈다. 그 때문에 죄를 입어 자손들은 함께 묻히지 못하게 되었다.

이어지는 글에서 허균은 인생에 궁달과 성쇠가 있는 것이 실로 운명이라 탄식하였다. 좌명공신(佐命功臣)으로 대신의 지위에 올랐다 기휘(忌諱)에 걸려 버림받은 이원과, 세종을 섬기는 시종신이 되어 왕명을 출납하였던 유방선의 아들 유윤겸, 이 두 사람을 곤궁하게 살다 죽은 유방선과 비교하여 다음과 같이 평하였다.

태재는 학문과 덕행을 지니고도 부친의 재난으로 인하여 금고되었다. 한창 곤궁할 때에는 베옷조차 몸을 제대로 가리지 못하였으며, 날마다 끼니를 걱정하고 도톨밤을 주워 먹으면서 산중에서 곤궁하게 지내며 남은 일생을 마쳤다. 이제 그의 시를 보면 맹교(孟郊)나 가도(賈島)와 같으니, 얼마나 곤궁함이 심하였는지를 알 수 있다. 저 두 사람(이원, 유윤겸)의 영욕과 비교해 본다면 어떠한가? 지금 수백 년이 지난 뒤에도 사람들은 태재의 글을 외우며 그 인품을 상상해 마지않는다. 이 절은 시골의 나지막한 산에 있어 기이하거나 화려한 볼거리가 있는 것도 아니건만, 세상에 소문이 나고 『동국여지승람』에 실려 전하기까지 한다. 저 두 사람의 화려하고 드날리던 모습은 지금 어디에 있는가? 비단 육신이 땅에 파묻혔을 뿐 아니라, 그 이름을 말해도 사람들은 그가 어느 시대 사람인지조차 알지 못한다. 그렇다면 일시에 이득을 누리는 것이 만대에 이름을 전하는 것과 어찌 같겠는가? 후세 사람들로 하여금 선택하게 한다면 어느 것을 택하겠는가?

후세의 사람들은 이원이나 유윤겸처럼 높은 지위에 오른 사람이라도 이름조차 잘 알지 못한다. 아름다운 글을 남기지 않았기 때문이다. 이에 비하여 유방선은 조선 초기를 대표하는 시인이었기에, 살아서는 곤궁했지만 죽어서는 길이 칭송되었다. 이로 인하여 보잘것없는 명봉산도 세상에 이름이 나게 된 것이다. 강산도 사람을 만나야 이름이 나는 법이다.

법천은 유방선으로 인하여 이름이 드러났고 허균으로 인하여 더욱 이름이 높아졌지만, 조선 후기에는 정씨 집안의 땅으로 알려졌다. 정시한(丁時翰)이 호를 법천(法泉)이라 하고 은휴정(恩休亭)을 지어 이곳에서 살다 이곳에 묻혔다. 그래서 이곳은 정씨 집안의 선산이 되었다. 이후 정시한의 현손 정범조(丁範祖, 1720~1801)가 벼슬에서 물러나 이곳에서 청빈하게 살았다. 가난한 문인 안석경(安錫儆)과도 가까이 살았다. 1800년 정약용이 채제공의 아들 채홍원(蔡弘遠)과 함께 법천의 별서에 들렀을 때, 정범조는 식량이 떨어진 지 며칠 되어 비지(碑誌)를 청한 사람이 가져온 종이를 팔아 70전을 얻어 쌀을 사고 생선

**정시한의 사당터** 법천사 동쪽 정시한이 살던 곳인데 지금은 그 터만 남아 있다.

한두 마리를 사서 손님들에게 대접하였다고 하니, 그 청빈한 삶을 짐작할 수 있다. 정범조는 자신이 살던 현계산(玄谿山) 아래 선도동 중턱에 있는 우담(愚潭)을 이렇게 자랑하였다.

현계산이 동쪽에 우뚝 솟아 남북에서 서쪽으로 뻗어내리다가 강을 보고서 멈춘다. 큰 하천이 동에서부터 굼실굼실 흘러와 남쪽의 산과 함께 서쪽에서 강으로 들어간다. 그 가운데 널찍한 땅이 열려 있어 넓고 비옥하여 농사를 짓기에 알맞다. 하천에 임하여 사는 사람들이 60여 집 있는데 나의 초당도 그 가운데 있다. 초당에서 동쪽으로 수백 보 가서 봉우리가 휘감아 돌고 물이 꺾여 흐르는 곳에 널따랗게 골짜기를 형성한 곳이 법천동이다. 곧 신라시대 법천사의 옛터다. 지금도 비석이 남아 있다. 그곳에 고조부의 사당이 있다.

초당에서 남쪽으로 하천을 건너 백여 보 가면 탄천(灘遷)이다. 산세가 깎여 벼랑이 되었는데 탄천을 지나 아래로 내려가면 모두 절벽으로 강 밑바닥까지 뻗어 있다. 큰 바위가 많아 물이 부딪치면 여울이 되어 물결이 크게 소용돌이친다. 절벽을 따라 꺾여 동으로 가면 반 리쯤 되는 곳에 높다랗게 솟아 층층의 바위가 되고 평평해져 조대(釣臺)가 된다. 조대 아래 강물이 고여 소를 형성하는데 곧 우담(愚潭)이다. 고조부께서 일찍이 바위 위에 정자를 짓고 지팡이를 짚고서 왕림하였다. 이 때문에 학자들이 우담선생이라 하였다. 지금은 정자가 폐치되었다. 초당의 서쪽에는 큰 강이 흐르는데 산과 나란히 북으로 달려 서쪽으로 꺾이면 한강이 된다. 오르내리는 배가 느릅나무와 버드나무 너머로 날마다 뚜렷하게 보이며 오리와 갈매기들이 날아서 모이는 모습이 모두 책상 앞에서 보인다. 초당에서 북쪽으로 3리 떨어진 곳에 멀리 하늘에 의지하여 높다란 것이 섬암(蟾巖)이다. 바위절벽이 비가 오고 나면 더욱 파랗게 되어 섬암 곁의 인가가 어리비친다.

나는 짧은 지팡이를 짚고 법천동으로 들어가 석탑으로 올라가서 비문을 읽었다. 탄천을 지나 우담에서 배를 띄우고 우리 할아버지께서 기수(沂水)에서 목욕하고 무우(舞雩)에서 바람을 쐬던 모습을 상상하면서 서성대었다. 나는 작은 배를 서쪽 강에 띄우고 아래로 내려갔다. 섬암을 구경하다가 지겨우면 돌아왔다. 복숭아나무와 버드나무 숲을 지나 사립문으로 들어와서는 울타리 사방에 나무를 심었는데, 철쭉, 진달래, 모란, 작약, 장미, 국화 등이다. 때가 되면 꽃망울을 터뜨려 향기가 코를 찔렀다. 뜰 한켠에는 벽오동, 위성류(渭城柳), 고송(古松), 파초 등이 잎과 가지가 뒤섞여 붙어 있어 푸른빛이 옷에 스밀 듯하다. 남쪽 계단에는 괴석 몇 개를 두었는데 오목하기도 하고 깎아지르기도 하여 금강산을 닮았다.

초당에 올라 방으로 들어가면 책상 위에 요순시절의 고문(古文)이 있고, 벽에는 하도(河圖)와 낙서(洛書), 팔괘(八卦), 그리고 소강절(邵康節)이 우주의 흥망성쇠를 적은 글과 도연명(陶淵明)이 살던 시상(柴桑), 임포(林逋)가 살던 고산(孤山)을 그려놓고 살피면서 즐겼다. 이렇게 사노라니 늙음이 이르는 줄도 알지 못하였다. 이에 그 초당의 편액을 현산유거(玄山幽居)라 하였다.

정범조, 「현산유거기(玄山幽居記)」, 『해좌집(海左集)』

정범조는 고조부 정시한이 처음 정한 법천땅에 현산유거라는 초당을 짓고 맑게 사는 흥을 이렇게 적었다.

법천동에는 세상의 부귀영화와 권세가 이르지 않는다. 유방선의 무덤도 없고 그 아들 유윤겸의 무덤도 보이지 않는다. 정시한의 사당은 물론 그 터에 세운 비석도 찾을 수 없다. 다행히 지금 법천사는 터만 남아 있어 찾는 이가 없다. 이 때문에 이곳에 이르면 허균이나 정범조의 글을 운치 있게 읽을 만하다. 📧

법천사지

히규어 일진왜란 때불타 법찬적역 옛터를 찾아 "난리에 불타 기우 티만 남았고,
무너진 주춧돌은 도끼와 사슴이 뛰노는 길 사이에 흩어져 있다. 비석이히다 있는데,
반쯤 깎인 채 풀숲에 묻혀 있었다"고 증언한 그대로다.

# 조위와 임청대에서의 안분

동쪽 언덕에 올라 휘파람을 불고

맑은 개울에 임하여 시를 짓노라

**임청대비**
임청대는 맑은 물을 마주한다는 뜻이다. 1563년
이정이 임청대의 고사를 적은 비를 세웠다.

## 매화를 사랑한 삶

조위(曺偉, 1454~1503)는 금릉(金陵) 사람으로, 오늘날 행정구역으로 김천시 봉산면 인의리 봉계마을에서 태어났다. 지금 인의리에는 율수재(聿修齋)라는 재실이 들어서 있다. '매계구거(梅溪舊居)'라는 현판이 걸려 있는 초가삼간이다. 조위는 그곳에서 나고 자랐다.

조위는 일찍부터 시명(詩名)이 높았으며, 매형 김종직의 문하로 나아가 학문에 힘썼다. 젊은 시절 부친을 따라 울진과 강릉에서 산 적이 있고, 서모(庶母)를 따라 잠시 개령(開寧)에서 살기도 하였다. 김종직이 고을원으로 있던 함양에서 지내던 때도 있었다.

조위는 18세에 생원시와 진사시, 초시에 모두 장원으로 합격하여 명성을 드날리며 촉망받는 젊은이로 사가독서(賜暇讀書)의 영예를 입었다. 주로 홍문관에서 근무하면서 문한(文翰)의 업무를 보았으며, 뛰어난 문장력을 인정받아 사신을 접대하는 일도 맡아보았다. 출세가도를 달렸던 것이다.

그러나 조위는 누구보다 산수자연을 사랑한 사람이었다. 젊은 시절 개성과 지리산을 유람하는 등 틈만 나면 산천을 찾아 떠나곤 하였다. 그래서 자신의 서울 집도 아름다운 산수로 꾸몄다. 도성의 낙산(駱山)에 있던 조위의 집은 매계동(梅溪洞)으로 일컬어졌다. 훗날 안방준(安邦俊)이 살게 되는 유서깊은 땅이다. 조위는 돌을 모아 집에 계단을 만들고 갖은 꽃나무를 심어 그윽한 흥을 부쳤다.

조위는 불혹의 나이에 호조참판에 올랐지만 오히려 고향 금릉으로 돌아가 살 집을 꾸몄다. 개울가에 초당을 짓고 소나무, 국화, 매화나

무, 대나무 등을 심고, 매계당(梅溪堂)이라는 이름을 붙였다. 매계당
이라는 이름은 뜰에 매화 천 그루를 심었기 때문에 붙인 것이지만 서
울 매계동의 풍류를 옮긴 것이기도 하다. 벗 홍귀달(洪貴達)에게 기문
을 받아 걸어두었다. 홍귀달의 글에 따르면, 조위는 고향집 동북쪽 개
울가에 매계당을 세우고 매일 밤낮으로 생황을 불면서 살았다고 한
다. 그후 벼슬살이를 하느라 전국 각지를 돌아다니면서도 틈만 나면
고향의 매계당을 찾아 천석고황의 병을 치유하고자 하였다.

　이렇게 서울과 금릉의 매계를 오가며 즐기던 중 1498년 무오사화가
일어났다. 동문들이 죽임을 당하고 스승 김종직의 관이 칼로 베어지
고 시신조차 참형을 당하였다. 이때 조위는 성절사(聖節使)로 명나라
에 다녀오는 길이었다. 그는 압록강을 건너자마자 압송되어 의주(義
州)로 유배되었다. 이에 조위는 의주에서 해바라기꽃 정자라는 뜻으
로 규정(葵亭)이라 이름한 작은 초가를 짓고 살았다.

　　내가 용만(龍灣, 의주)에 귀양살이하던 이듬해 여름, 살고 있던 집
　이 좁아서 덥고 답답함을 이길 수 없었다. 이에 뜰에서 높고 트인
　곳을 골라서 정자 몇 칸을 세워 짚으로 이엉을 하였다. 5~6명이 앉
　을 수 있지만, 곁에 민가가 즐비하고 조금의 빈터도 없으며 뜰의 길
　이가 겨우 몇 길 남짓 될 뿐이었다. 그저 해바라기 수십 그루가 있
　어 푸른 줄기와 고운 잎이 훈풍에 일렁거릴 뿐이었다. 이에 이름을
　규정이라 하였다.

조위, 「규정기(葵亭記)」, 『매계집(梅溪集)』

'규(葵)'라는 식물의 정체는 다소 모호하다. 대개 해바라기라고 하는데, 해바라기는 조선 후기에 외국에서 들어왔으므로 접시꽃을 가리키는 듯하다. 어쨌든 '규'의 속성은 해를 따라 도는 것으로 여겨졌으니 해바라기라 부른들 무리가 없을 듯하다. 조위가 해바라기를 집의 상징으로 삼은 이유는 자신의 결백과 충성을 과시하기 위해서였다. 조위는 이어지는 글에서 해바라기가 햇빛을 따라 돌기 때문에 충성심을 가지고 있고, 발을 보호하므로 지혜를 가지고 있다고 하면서, 신하는 충성으로써 임금을 섬겨 정성을 다하고 지혜로 사물을 변별하여 시비에 의혹이 없어야 한다고 하였다. 해바라기가 발을 보호한다는 말은 유래가 있다. 중국 고대에 성맹자(聲孟子)라는 사람이 간통을

**매계구거(梅溪舊居)** 매계 조위의 옛집이라는 뜻이다. 세 칸의 초가로 율수재(聿修齋)라 부른다.

하였는데 이를 본 포장자(鮑莊子)가 윗사람에게 고하였다. 포장자는 나중에 성맹자의 참소를 받아 발이 잘리는 형벌을 받았는데 이를 두고 공자(孔子)는 해바라기가 해를 가려 제 발을 보호한다고 하면서 입조심을 하지 못한 포장자를 나무란 바 있다. 곧 조위는 뜰에 해바라기를 심어 임금에 대한 충성의 뜻을 밝힘과 동시에 함부로 입을 놀리지 않겠다고 선언한 것이다. 이 때문만은 아니겠지만 아무튼 조위는 연산군 6년(1500) 따뜻한 남쪽나라 순천으로 유배지를 옮기게 되었다.

## 임청대에서의 안분과 울분

순천으로 유배된 이듬해인 연산군 7년(1501), 조위는 이곳에 임청대(臨淸臺)를 꾸몄다. 임청대는 순천시 옥천동에 있었는데 지금은 비각만 남아 있다. 조위는 계족산(鷄足山)에서 흘러나온 옥천(玉川)의 물가에 바위를 쌓아 임청대라 하고 기문을 지어 다음과 같이 자랑하였다.

승평(昇平, 순천의 옛이름)에는 동계(東溪)와 서계(西溪)가 있다. 동계는 계족산에서 흘러나온다. 여러 골짜기의 물이 나뉘어 두 가닥이 되는데, 남쪽으로 흘러 북원산(北圓山) 아래 이르러 합쳐져 동으로 꺾여 성 동쪽 1리에 이르러 서계와 합쳐진다. 흰 모래에 푸른 바위가 있는데 물은 매우 맑게 찰랑거린다. 가을이 되면 은빛 물고기와 붉은빛 게가 수북한데, 관아에서 이를 잡아다 이득을 취한다. 서계는 난봉산(鸞鳳山) 북쪽에서 나오는데 시우동(時雨洞)을 경유하여 굽이굽이 돌아 흐른다. 동으로 성 남쪽을 에워싸고 흘러나와 연자교(燕子橋) 아래에서 동계로 흘러든다. 그 이름은 옥천(玉川)이다. 여울물이 급하게 치달린다. 우묵한 바위와 괴상하게 생긴 돌이 많고 물살이 매우 사납다.

연자교를 경유하여 서쪽으로 강가를 따라 인가가 늘어서 있다. 대울타리를 세운 초가가 좌우에 즐비하다. 관음방(觀音坊)에서 100보쯤 올라가면 물이 더욱 맑고 돌은 더욱 기이해진다. 늙은 나무가 해를 가리는데 물가는 넓어서 수십 명이 앉을 수 있다. 한적하고 맑아서 한여름이라 하더라도 더위를 느끼지 못한다. 나는 승평에 도착한 뒤 임시로 서문 바깥에 살았는데, 우리집과 매우 가까웠으므로 매일 고을의 여러 사람들과 자주 들르곤 하였다. 이 때문에 바위를 쌓아 대를 만들고 그 이름을 임청대라 하였다.

주인인 심종류(沈從柳), 양우평(梁禹平), 한인수(韓麟壽) 등 세 노인, 그리고 교관(校官) 장자강(張自綱) 등과 약조하여 진솔회(眞率會)를 만들었다. 모임이 있는 날은 들밥과 산나물, 술 한 병을 죽 늘어놓고 개울의 고기를 잡아서 탕과 회를 만들어 먹을 뿐이었다. 규정을 어긴 이는 벌을 주었다. 밥을 먹은 후 술은 몇 순배만 마셨다. 술을 마실 때 잔을 주고받는 일은 하지 않았는데 간솔하고 검소하게 하는 것이 준비하기 쉽기 때문이었다. 어쩌다 바둑도 두고 이야기도 하다가 날이 저물면 흩어졌다. 어떤 때에는 지팡이를 짚고 달빛 아래 거닐다가 돌아오곤 하였다. 이렇게 2년을 보내니 어떤 이가 말하였다.

"자네는 도연명의 「귀거래사」에 나오는 말을 취하여 이 대에 이

름을 붙였는데, 시골 노인네들을 이끌고 이곳에서 기분 좋게 유유
자적할 뿐 시를 지어 마음껏 회포를 푸는 일은 한번도 하지 않네
그려. 이는 그 이름을 헛되게 하는 것이요, 이 대를 외롭게 하는 것
이 아니겠나?"

내가 이렇게 대답하였다.

"흘러가는 것은 이 물과 같다고 공자께서 탄식하셨고, 물을 볼 때
에는 여울을 보아야 한다는 맹자의 가르침이 있소. 성현이 물가에
임하여 물을 보는 데에는 참으로 뜻을 둔 곳이 있다네. 도연명이 전
원으로 돌아가고자 한 이유는 천명을 알고 즐기려는 것이었지, 높
은 곳에 올라 시를 짓기 위해서만은 아닐세. 내가 이제 산천과 풍토
가 아름다운 승평에 사는데(이 대목에 빠진 글자가 있어 의미가 통하게
보충하였다), 매일 몇 사람과 함께 이곳에서 조용히 지내면서 물을
움켜 낯을 씻기도 하고 바위에 걸터앉아 발을 씻기도 하였네. 맑은
물결에 임하여 물장난을 치며 놀고, 시원한 물에 얼굴을 비춰보고
남은 머리카락을 헤아린다오. 그렇게 문득 하루를 보내노라면 나이
가 드는 것도 알지 못한다네. 어찌 꼭 시를 읊조리고 성률을 맞춘
다음에야 즐겁다고 하겠는가? 예전 유종원(柳宗元)이 영릉(零陵)에
살 때 산수를 매우 싫어하였기에 개울 이름을 우계(愚溪)라 하였고
산을 수산(囚山)이라 하여 모두 나쁜 이름을 붙였으니 애당초 천명
을 알았던 것은 아니라네. 소동파가 황강(黃岡)에 유배되어 있을 때
는 무창산(武昌山)과 한계산(寒溪山)을 두루 살피고 두 편의 「적벽
부(赤壁賦)」를 지어 고금에 필적할 데 없는 뛰어난 작품을 남겼지

만, 끝내 세상을 등지고 신선을 사모한다는 뜻이 있음은 면치 못하였소. 또 천명을 알았다고 말하기에도 부족하오. 오직 군자는 근심하지도 두려워하지도 않는다고 한 『논어』의 뜻을 배워서 지극히 크고 지극히 강한 호연지기(浩然之氣)를 기른 다음에야, 곤궁한 처지를 당하더라도 지조를 바꾸지 않게 될 것일세. 이러면 천명을 안다고 말할 수 있겠지. 나는 도연명을 사모하고 공자와 맹자를 배우는 사람으로 여기에 뜻을 둔 지 오래라네. 그렇다면 내가 이 대에서 즐기는 것은 천명을 알기 때문이라고 할 수 있지 않겠는가?"

아, 절로 이 고을이 있고 절로 이 산천이 있지만, 지도나 읍지에 그 빼어남을 싣지 못함이 한스럽다. 장간공(張簡公) 장일(張逸)과 문절공(文節公) 주열(朱悅)이 일찍이 이 고을의 원님이 되었지만 이곳을 다니면서 한번 돌아본 적이 있는지는 모르겠다. 예전에는 드러나지 못하다가 이제 드러나게 되었고, 명현에게는 대우를 받지 못하다가 우리들에게 대우를 받게 되었으니 그 또한 이 개울의 행운이 아니겠는가?

임술년(1502) 8월 하순 매계노수(梅溪老叟)가 적다.

조위, 「임청대기(臨淸臺記)」, 『매계집』

임청이라는 말은 도연명이 지은 「귀거래사」의 "동쪽 언덕에 올라 휘파람을 불고, 맑은 개울에 임하여 시를 짓노라(登東皐以舒嘯 臨淸流而賦詩)"라는 구절에서 따온 것이다. 그러니 임청대는 시를 짓는 공간이라 하겠다. 그러나 조위는 이곳에서 시를 짓지 않았다. 그 때문에 어떤 벗은 '임청'이라 해놓고 시를 짓지 않는다면 이름에 어울리지 않는다고 한 것이다. 이에 대해 조위는 맑은 물가에 임하여 대를 만든 것은 천명을 알기 위해서라 하였다. 그래서 공자처럼 발분망식(發憤忘食)하면서 이치를 깨닫는 것으로 즐거움을 삼아 근심을 잊고서 늙음이 이르는 것조차 알지 못한 채 살 것이라 하였다. 또 『논어』에서 이른 '불우불구(不憂不懼)', 곧 평소 마음에 부끄러움이 없어 두려움이 없는 군자가 되고, 『맹자』에서 이른 호연지기를 기르면서 살겠노라 하였다.

조위는 임청대를 지은 뒤 세사를 끊고 학문에 전념하다가 연산군 9년(1503) 50세의 나이로 이승을 떴다. 스스로 천명을 알았다고 은근히

**매계선생문집** 조위의 아우 조신이 간행한 조위의 문집이 있었으나 온전한 것은 전하지 않는다. 1718년 김유가 금릉군수로 와서 목판으로 다시 간행하였다. 매계(梅溪)는 매화가 핀 개울이라는 뜻이다.

자부하고 또 그렇게 살고자 하였으나 가슴속의 응어리는 풀리지 않았다. 이것이 병이 되어 적소에서 생을 마친 것이다.

## 임청대의 새 주인 김굉필

조위의 영구는 고향집이 바라다보이는 금릉의 마암산(馬巖山) 동쪽 봉우리에 묻혔다. 오늘날 대항면 세송리다. 그러나 그의 불행은 이것으로 그치지 않았다. 이듬해 갑자사화가 일어나자 가산이 적몰되고 급기야 부관참시를 당하였다. 전하는 설화에 따르면 그의 죽음에 얽힌 사연은 더욱 복잡하다. 사화가 일어났을 때 점을 쳤더니 "천 겹의 파도에서 몸을 솟구쳐나오니, 응당 바위에서 세 밤을 묵어야 하리라(千層浪翻身出 也須巖下宿三宵)"하였다. 그 말대로 조위의 시신은 무덤에 들어가기 전 사흘 동안 방치되는 수난을 겪었다.

주인을 잃은 임청대는 한 갑자도 지나지 않아 황폐해졌다. 조위는 이름까지 적어가며 임청대의 주인임을 명시하였지만, 그가 지은 「임청대기」는 세인들에게 김굉필(金宏弼)의 것으로 오인되었다. 김굉필 역시 순천으로 유배되어 조위와 함께 지내면서 학문을 강론하였기 때문이다. 김굉필의 손자 김립(金立)이 순천에 이웃한 곡성(谷城)의 현감으로 있었는데 어떤 사람이 김굉필이 지었다고 하는 「임청대기」를 바쳤다. 김립은 이를 김굉필의 것이라 여기고 명종 18년(1563) 순천부사로 와 있던 이정(李楨)에게 보였다. 이정은 여러 사람들과 이곳을 방문하여 늙은이들에게 임청대의 고사를 전해 듣고 임청대의 주인이 조위임을 알게 되었다. 이정이 이곳에 이르렀을 때는 이미 아무런 자취

**임청대 비각** 임청대 비를 보호하기 위해 비각을 세웠다. 뒤편은 이정이 세운 경현당을 나중에 바꾼 옥천서원이다.

도 없고 그저 늙은 나무만 있었다.

퇴락한 작은 둔대가 바로 임청대
나무로 둘러싸인 찬 강에 햇살이 비치네.
고적을 찾아 배회하며 탄식하고서
유지를 보수하여 깊은 정을 부치노라.
小臺頹沒是臨淸　樹擁寒江漏日明
訪古徘徊堪歎息　爲修遺址託深情

이정, 「승평에 도착하여 임청대를 찾아가다(到昇平訪臨淸臺甲子)」,
『구암집(龜巖集)』

이정은 조위의 넋을 기리고자 황폐해진 임청대를 보수하고 경현당 (景賢堂)이라는 작은 집을 지었다. 작은 석비(石碑)를 세워서 경현당의 편액을 새기고 비석에 기문을 써넣어 이러한 사실을 기록하였다. 그리고 이듬해 바위에 '임청대(臨淸臺)'라 글씨를 새겼다. 그 글씨는 이황(李滉)의 것이었는데 고을의 유생 정소(鄭沼)가 임모하였다. 호남의 명유 기대승(奇大升)이 「경현당기(景賢堂記)」(『高峯集』)를 지어 이러한 사실을 밝혔다.

그러나 경현당은 조위를 위한 것이 아니라 김굉필을 위한 것이 되고 말았다. 명종 20년(1565) 이정은 경현당을 잘 보존하려면 서원을 건립하여야 한다는 고을 선비들의 청원을 받아들여 김굉필을 모시는 옥천서원(玉川書院)을 지었다. 가운데 당을 옥천정사(玉川精舍)라 하고 곁의 두 건물을 지도재(志道齋)와 의인재(依仁齋)라고 하였다. 모두 이황이 이름을 짓고 글씨를 쓴 것이다. 호남의 명유 기대승이 그 경과를 다음과 같이 기록하였다.

가정(嘉靖) 계해년(명종 18, 1563)에 구암(龜巖) 이정(李楨) 공이 외직으로 나와 승평부(昇平府)를 맡았는데, 한훤당(寒暄堂) 김선생이 이 지방에 유배되었다가 별세하였다 하여, 슬피 선생을 추모하였다. 마침 임청대의 기문 한 편을 얻고는, 선생이 지으신 것이라고 생각하였다. 부임한 뒤에 이른바 임청대 옛터를 찾아서 승평부 사람들에게 전해 듣고 매계(梅溪) 조공이 지은 것임을 알게 되었다. 이공은 마침내 그 옛터에다가 당(堂) 3칸을 짓고 경현당이라 이름하였다. 내가 일찍이 이 일에 참여하였다 하여 나로 하여금 이 사실을 기록하게 하고, 퇴계(退溪) 이선생에게 편지를 올려서 허락을 받았다. 아울러 편액을 써줄 것을 요청하여 퇴계선생께서 쓰셨다. 이 사실은 『경현록(景賢錄)』과 기문에 나와 있다.

이듬해 을축년(1565)에 선비들은 이공을 뵙고 "만일 다시 정사를 세워서 이것을 잘 수호하게 한다면, 경현당은 이로 말미암아 의지함이 있게 되어서 오래도록 실추되지 않을 것이다" 하였다. 이공은 이를 승낙하고는 경현당 오른쪽을 터로 정하였다. 그러나 경현당이 민가에 소속되었으므로 관에서 토지를 대신 주고 구입하였다. 이에 공정을 헤아려서 일을 시작하자, 기꺼이 달려와 일하는 자들이 많아서 5개월 만에 완성되었다. 그 제도는 중앙은 당(堂)이고, 양익(兩翼)은 서(序)이며, 좌우에는 재(齋)가 있고, 부엌과 창고가 그 뒤에 있었다. 당의 편액을 옥천정사라 하였고, 재는 지도재·의인재라 하였는데 이것은 모두 퇴계선생이 명명하고 손수 쓰신 것이었다.

낙성하는 날에 이공은 선비들을 거느리고 공자의 신위를 경현당에 진설하였다. 또 한훤당 선생과 매계 조공의 신위를 모신 뒤 술잔을 올리고 고유(告由)하였다. 고유가 끝나자, 다른 신위는 거두고 마침내 한훤선생의 위패(位牌)를 당의 왼쪽 한 칸에 봉안하여 당을 사당으로 만들어서 조두(俎豆)의 의식(儀式)을 정하였다. 매년 중춘(仲春)과 중추(仲秋)의 중정일(中丁日)에 제사를 지내도록 하였다. 이공은 또 여러 제자들을 정사에 모이게 하고는 이들을 위하여 물자를 저축하고 서적과 노비를 마련하는 일에 대해서도 힘쓰지 않은 것이 없었으며, 도(道)를 창명(彰明)하고 어진 이를 바라는 뜻에 대해서 특히 관심을 두었다.

다음해에 이공이 자친상(慈親喪)을 당하여 떠나가자, 부령(扶寧) 사또 김계(金啓)가 와서 이를 주관하였다. 서원의 제도를 둘러보니, 신위가 한쪽에 있어서 만족스럽지 못하므로, 사람을 보내어 이공에게 질정한 다음, 다시 신위를 당 한가운데에 봉안하니, 의식이 이미 잘 갖추어졌고 조리가 또한 구비되었다.

융경(隆慶) 무진년(선조 1, 1568) 여름에 선비들은 "정사를 건립하면서 위에 보고하지 않았기 때문에 국가의 은전(恩典)이 다른 서원과 같이 내려지지 않는다" 하여 마침내 상소를 올려서 사액(賜額)을 내려줄 것을 요청하였다. 성상께서 윤허하여 옥천서원이라는 편액을 내리고 아울러 사서(四書)를 반포해 주니, 유생들은 다투어 권면하지 않은 이가 없었다. 그 뒤에 목사가 되어 부임한 자들도 또한 마음을 두어 조처하지 않은 이가 없었으므로, 서원의 모든 일이 더욱 완벽하게 마련되어 유감이 없게 되었다.

기대승, 「옥천서원기(玉川書院記)」, 『고봉집』

순천시 옥천동에 있는 옥천서원은 대원군 때 서원철폐령으로 훼철되었다가 일제강점기에 다시 세워진 것이다. 그곳의 위패에는 김굉필의 이름은 있으되, 조위의 이름은 보이지 않는다. 다만 이정이 임청대에 세운 비석은 500년이 지난 세월에도 남아 있다. 그 이면에 조위의 글이 실려 있으니 그 넋이 외롭지 않을 것이다. 🏳

# 옥 천 서 원

1565년 조위와 김굉필을 제향하기 위하여 세운 서원이다.

대원군 때 훼철되었는데 1928년 다시 세워졌다.

# 진도 금골산의
# 석굴과 이주

소금 넣어 죽 먹으니 배불러 편안한데

따스한 송엽차 한잔 맛이 더욱 좋아라

**금골산 상굴** 진도의 금골산 정상 부근의 절벽에 있다. 이주는 이 굴에서
승려처럼 살았다.

## 유배를 떠나며

연산군 4년(1498) 무오사화가 일어나자 당시 서른한 살이던 이주(李胄, 1468~1504)는 김종직(金宗直)의 문도로 붕당을 결성하여 국정을 비판하고 시사를 비방했다는 혐의로 곤장을 100대나 맞고 진도로 유배되었다.

이주는 안동 사람이다. 철성이씨(鐵城李氏, 固城李氏라고도 한다)는 원래 한족(漢族)이었으나 고려 덕종(德宗) 때 귀화한 이래 영남을 대표하는 사족으로 성장하였다. 여말선초의 이암(李嵓), 이강(李岡), 이원(李原) 3대가 모두 명망이 높았다. 특히 이 집안은 조선 초기에 안동권씨 권근(權近), 서산유씨 유방선(柳方善) 등의 가문과 통혼하여 위세가 대단하였다. 직집현전사(直集賢殿事)를 지낸 이원은 권근의 사위이자 유방선의 장인이다. 이원의 조부 이증(李增)은 다섯 아들을 두었는데, 이주는 장자 이평(李泙)의 아들이며 『청파극담(靑坡劇談)』을 지은 이륙(李陸)은 그의 종조부다. 이주의 숙부 이락(李洛)의 후손이 임시정부의 국무령(國務領)을 지낸 이상룡(李相龍)이며, 조선 초에 건립된 임청각(臨淸閣)이 오늘날까지 건재하니, 이 집안의 위세를 짐작할 수 있다.

가문의 명성에 걸맞게 이주는 예문관 검열(檢閱)이라는 문한(文翰)의 직임을 맡으면서 벼슬을 시작하였고, 당시 사대부라면 누구나 선망해 마지않는 사가독서(賜暇讀書)에 선발되는 영예도 입었다. 그러나 젊은 이주는 언관(言官)으로서 지나칠 정도로 강직한 발언을 서슴지 않았다. 연산군이 "이주 등은 분명히 나를 용렬한 임금이라 여겨 나의 신하가 되려 하지 않는구나"라는 전교를 내릴 정도였다. 이주는 자신의 의견이 받아들여지지 않자 벼슬에 뜻을 잃고 산수를 찾아다녔다. 정여창(鄭汝昌), 김굉필(金宏弼) 등 13인과 함께 금강산을 유람한 것도 이 때문이었다.

금강산을 유람하고 돌아온 지 얼마 되지 않아 연산군 4년(1498) 5월 무오사화가 일어났다. 7월, 이주는 김종직의 문도라는 죄목으로 체포되었다. 설상가상으로 그가 연산군에게 올린 상소문에서 "성종은 나의 임금"이라 한 대목이 있는데, 이 말에 연산군을 임금으로 인정하지 않는다는 뜻이 들어 있다는 죄목도 추가되었다. 이때 이주는 이종준(李宗準)의 은행정(銀杏亭)에서 바둑을 두고 있었는데, 그를 체포하러 군졸들이 오는데도 태연자약하였다. 마치 이러한 일이 일어날 것

**벽파나루** 이주는 서울을 떠나면서 "한강물이 나와 함께 바다로 들어가니, 흘러흘러 벽파나루에 닿을 수 있겠지"라 하였다.

을 예견한 것처럼. 이주는 곤장을 맞고 천애원지(天涯遠地) 진도로 유배의 길을 떠나게 되었다.

진도로 떠나기 전, 이주는 벽에다 "임금에게는 충(忠)을 잃고 어버이에게는 효(孝)를 잃어 인륜을 저버렸으니 바닷가 도깨비에게 몸을 던지겠노라"라고 글을 썼다. 그리고 살꽂이다리에서 지인들과 헤어지면서 이렇게 시를 썼다.

전교의 푸른 풀은 자리를 깔아놓은 듯
저자도 바위틈의 꽃은 늦봄이라 지는구나.
한강물이 나와 함께 바다로 들어가니
흘러흘러 벽파나루에 닿을 수 있겠지.
箭郊芳草綠鋪茵　楮子巖花落晩春
漢水與人俱入海　可能流到碧波津

이주, 「전교에서 헤어지면서 주다(箭郊贈別)」, 『망헌유고(忘軒遺稿)』

이주는 도성문을 나서 중랑천을 따라 살꽂이다리가 있는 곳에서 친지들과 이별하고 배에 올랐다. 흘러가는 한강물을 따라 뱃길로 서해로 나가 다시 진도로 향했다.

## 유배지에서의 삶과 금골산

이주는 진도에서 6년의 세월을 보냈다. 유배지에서 상심의 나날을 보내던 그는 병이 들어 한 달이나 앓다가 일어났다. 그나마 대궐에서 피리를 불던 탁월한 악공 이계강(李繼江)이 마침 진도로 유배되어 왔기에 가끔 달밤이면 그의 피리소리를 들을 수 있었다. 더욱 위안이 된 것은 고을원 이세진(李世珍)이 보내준 희아(姬兒)였다.

> 눈앞에 있는 천금의 값어치 술뿐이오
> 산중의 귀한 것은 육관음이구나.
> 온 계곡 달빛 비치는 절간의 밤
> 정녕 하늘 끝 못다 한 마음을 위로하네.
> 眼底千金惟是酒　山中貴物肉觀音
> 一谿蘿月禪窓夜　政慰天涯未了心

이주, 「세진이 밤에 술을 들려 희아를 보내 위로하기에 장난삼아 써서 사례한다<br>(世珍夜遣姬兒持酒致慰書以謝)」, 『망헌유고』

돌아갈 수 없는 절해고도에서 할 수 있는 일이란 그저 술이나 마시며 소일하는 것뿐이었고, 가장 좋은 벗은 잠동무로 온 육관음(肉觀音) 희아였다. 그러나 희아 역시 늘 함께 있는 것은 아니었으니, 찾아오는 벗도 거의 없이 절방에서 거처하던 그가 만나는 이라고는 스님밖에 없었다.

> 종소리가 달을 울리며 가을 구름에 떨어지더니
> 추적추적 산에 비 내리는데 그대 보이지 않네.
> 문 닫힌 소금 굽는 집에는 아직 불빛이 남아 있어

깊은 밤에도 시내 너머에서 말소리 들려오네.

鍾聲敲月落秋雲　山雨術術不見君

鹽井閉門猶有火　隔溪人語夜深聞

이주, 「그리운 사람에게(寄贈)」, 『망헌유고』

『국조시산(國朝詩刪)』에는 이 작품의 제목을 '기승(寄僧)'이라 하여 승려에게 준 것으로 되어 있다. 개울 너머에서 도란도란 말소리가 들려오지만 자신은 이야기를 나눌 사람조차 없다. 덕택에 한적한 맛을 주는 아름다운 시를 지을 수 있었다.

우수수 지는 낙엽 소리 차마 듣지 못하여
절방의 문을 열고 아침햇살 들이노라.
소금 넣어 죽 먹으니 배불러 편안한데
따스한 송엽차 한잔 맛이 더욱 좋아라.

木葉蕭蕭不耐聞　贊房排戶納朝暾

和鹽喫粥多安飽　更好松茶一味溫

이주, 「즉흥적으로 짓다(卽事)」, 『망헌유고』

연산군 8년(1502) 9월, 왕세자 책봉을 기념하여 대사면이 내려졌다. 이주는 자신도 풀려날 것이라 기대하였지만, 무오사화에 귀양간 사람들은 사면에 포함되지 않았다. 이에 이주는 자포자기한 심정으로 금골산으로 들어갔다. 세사를 완전히 끊고자 하였던 것이다.

금골산 해원사

진도의 금골산에 있는 절인데 이주의 「금골산록」에도 등장한다.
이주가 기거하던 상굴은 절 뒤편 벼랑에 있다.

이주는 「금골산록(金骨山錄)」에서 이렇게 말하였다.

　군자가 이 세상에 태어나면 반드시 충과 효로 스스로를 기약하는
법. 지금 나의 죄악이 심하여 성스러운 조정으로부터 버림을 받았
구나. 신하가 되고자 하나 임금께 충성을 다할 수 없고, 자식이 되고
자 하나 어버이에게 효도를 다할 수 없구나. 형제와 벗과 처자가 있
건만 형제와 벗과 처자와의 즐거움을 얻을 수가 없구나. 나는 사람
이 아니로다.

이주, 「금골산록」, 『망헌유고』

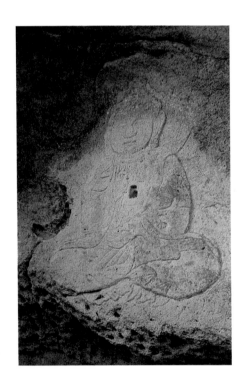

**마애여래좌상**
이주의 「금골산록」에 금골산
동굴의 북쪽 벼랑에 깎아 만든
미륵불이 있다고 한 바로
그것이다.

결국 사람이기를 포기한 이주는 산사람이 되고자 금골산으로 들어 갔다. 그는 「금골산록」에서 500년 전 금골산의 모습을 다음과 같이 묘사하였다.

금골산은 진도군 관아 서쪽 20리에 있다. 가운데 산이 우뚝 솟아 있으며 사방이 모두 바위로 되어 있다. 바라보면 마치 옥으로 만든 연꽃 같다. 서북쪽으로 바다까지 산맥이 구불구불 뻗어, 남으로 2리 쯤 가면 간재(艮岾)고, 다시 동으로 2리를 가면 용장(龍莊)이다. 금골 산은 벽파도(碧波渡)에 이르러 끝나며 산 주위는 약 30여 리다. 그 아래 큰 사찰의 옛터가 있는데 해원사(海院寺)다. 9층석탑이 있고, 탑 서쪽에 버려진 우물이 있다. 그 위에 굴이 셋 있는데, 가장 아래에 있는 것이 서굴(西窟)이다. 서굴은 산 서쪽 기슭에 있다. 어느 때 창 건되었는지 알 수 없지만, 근래 승려 일행(一行)이 향나무 불상과 십 육나한(十六羅漢)을 만들어 굴속에 안치하였다. 굴 옆에는 예닐곱 개 정도의 기둥이 있는 오래된 절이 있어 승려들이 살고 있다.

가장 높은 곳에 위치한 것이 상굴(上窟)이다. 상굴은 가운데 산의 정상 동쪽 기울어진 벼랑에 있는데 헤아릴 수 없을 정도로 높다. 원 숭이처럼 잽싸다 해도 지나갈 수 없을 정도다. 동쪽에서부터는 손 으로 잡거나 발을 붙여 갈 수 있는 방도가 없다. 서굴에서부터 동으 로 올라가면 길이 매우 험하다. 절벽을 타고 바위를 끼고서 조금씩 앞으로 1리쯤 가면 바위봉우리가 우뚝 솟아 있다. 날아서라도 이곳 을 지나갈 수 없어, 바위를 포개어 13층으로 층계를 만들었다. 아래를 내려다보면 바닥이 보이지 않아 심장과 눈이 모두 어찔할 정도다. 여기서 올라가면 바로 정상이다. 정상에서 동으로 방향을 틀어 내려가면 30보쯤 되는 곳에 바위 윗부분을 뚫어 오목하게 만들어 발을 붙여 오르내리게 해놓은 12개의 오목한 바위가 있다.

여기서 아래로 10여 보 내려가면 상굴이다. 또 그 북쪽 바위에서 몇 보를 가면 벼랑꼭대기에 구멍을 뚫어 허공에 시렁을 얹어놓았다. 동쪽으로 곧바로 내려와 8~9보 가면 동굴(東窟)이다. 앞쪽에 몇 칸의 부엌이 있는데 모두 비바람에 무너져 있다. 굴의 북쪽 벼랑에는 깎아 만든 미륵불(彌勒佛)이 있다. 절간에서는 예전 군수 유호지(柳好池)가 창건한 것이라 전한다.

이 산은 예부터 신이한 영험이 많았다. 매년 빛을 뿜어 신이함을 드러내었으며, 역병이나 염병, 장마나 가뭄 등 기도할 일이 있으면 반드시 효험이 있었다. 그런데 이 미륵불을 깎아 만든 이후로는 이 산에서 다시는 빛이 뿜어나오는 일이 없어졌다. 저 유호지는 분명 외도(外道)의 김동(金同)과 같은 무리이거나 산을 억누르는 귀물일 것이다. 그의 말이 허망하고 요사스럽지만 들어볼 만은 하다.

이주, 「금골산록」, 『망헌유고』

이주는 동자 한 명에게 술통을 들려 서굴로 가서 하루를 묵은 다음 승려 언옹(彦顒)과 지순(智純)을 데리고 곧바로 상굴로 올라갔다. 상굴은 불당과 부엌을 합쳐 2칸인데, 비어 있은 지 오래되어 낙엽이 문을 막고 흙먼지가 방에 가득하였다. 산에서 부는 바람이 여기에 부딪치

**금골산** 이주가 사면이 모두 돌로 되어 있어 멀리서 바라보면 옥으로 만든 연꽃 같다고 한 산이다.

고 바다안개가 끼며, 흙비와 장기(瘴氣)가 가득하여 거처할 수가 없었다. 이에 먼지와 모래를 치우고 창과 벽을 새로 칠하였다. 나무를 베어 아궁이에 불을 때고, 문을 열어 공기가 통하게 하였다.

이곳에서 이주는 아예 승려처럼 살았다. 낮에는 밥 한 사발을 먹고 아침과 저녁은 차 한 사발로 때웠다. 아침이면 시원한 샘물로 양치질을 하고 저녁이면 학을 벗삼아 지냈다. 새벽에 닭이 우는 소리를 듣고서야 날이 새었음을 알았고, 조수를 보고 계절을 짐작하였다. 원래 상굴에는 닭이 없었고, 마을이 멀어 닭 울음소리가 들리지 않았는데 동네 아이 하나가 잘 우는 닭을 묶어 조롱에 담아 보내주었다. 이주는 묶인 발을 풀어주고는 스산한 비바람이 칠 때에는 울지 말라고 당부

하였다. 그 소리가 비감을 돋우기에 충분하였기 때문이다. 이주의 대
표작으로 평가되는 다음 작품도 이때의 것이다.


음산한 바람 불고 비는 추적추적 내리는데
바다 기운이 산속의 깊은 석굴까지 이르네.
이 밤 덧없는 인생 흰머리만 남았기에
등불 켜고 때때로 초년의 마음을 돌아본다.
陰風慘慘雨淋淋　海氣連山石竇深
此夜浮生餘白首　點燈時復顧初心

이주,「밤에 앉아서(夜坐)」,『망헌유고』


　　이주는 조정에서 벼슬할 때 연산군이 재(齋)를 올리려 하자 아주 강
경하게 불교를 비판하였다. 그랬음에도 여기서는 승려처럼 살았다.
지난날 자신의 모습이 주마등처럼 머리를 스쳤으리라.
　　이주는 상굴에 살면서 오게(五偈)를 지어 지순으로 하여금 매일 밤
나누어 창하도록 하고 누워서 이를 들었다. 오게는 푸른 솔[靑松], 지
는 잎[落葉], 조수[潮], 흰 구름[白雲], 대나무[竹]를 두고 지은 글이다. 게
(偈)라 하였으니, 이 역시 승려로 자처한 것이다.
　　어느 날 사또 이세진이 막걸리를 가지고 와서 그를 위로하고는, 상
굴이 너무 위태하니 승려들과 꼭 함께 있고 싶다면 서굴로 옮기라고
하였다. 벗들도 그가 상굴에 산다는 소식을 듣고는 편지를 보내어 군
자의 태도가 아니라 하였고, 서울에서 어사로 내려온 손여림(孫汝霖)

도 심하게 꾸짖었다. 이주의 처신은 유자(儒者)의 그것이 아니었기 때문이다. 이에 이주는 하산을 결심하였다. 그리고는 자신이 이곳에 살았던 자취를 남기기 위하여 「금골산록」을 지어 서굴에 두었다.

## 유배객의 섬 진도

6년간의 진도 생활을 마친 이주는 연산군 10년(1504) 4월 제주도로 이배되었다. 이때 수찬(修撰)으로 있던 아우가 따라왔는데, 그에게 보낸 시가 마지막 작품이 되었다.

떠나는 배를 애써 멈추고 지난날을 통곡하니
밝디밝은 저 해는 우리 형제 마음 비추리라.
정령위를 시켜 바다를 메울 수만 있다면
탐라섬까지 걸어서 갈 수 있으련만.
強停鳴櫓痛平生　白日昭昭照弟兄
若敎精衛能塡海　一塊耽羅可步行

이주, 「제주로 이배될 때 배가 떠나려 하는데 아우가 따라왔기에 멀리서 시 한 수를 지어서 영결한다(移配濟州時將發船舍弟逍及之遙詠一詩以訣)」, 『망헌유고』

제목에서 '영결(永訣)'이라 하였으니 자신의 최후가 멀지 않았음을 예견한 것이리라. 그러나 제주에서 나오지 못하고 죽을 것이라는 예상과 달리, 이주는 갑자사화가 절정에 달한 5월 다시 서울로 압송되었다. 이주는 22일 군기시(軍器寺) 앞에서 백관이 보는 가운데 효수형

을 당하였다. 대간청(臺諫廳)을 대궐 안에 짓자고 한 죄가 추가되었
다. 재산은 적몰되고 부친과 아들도 참형을 당하였으며 딸들은 노비
가 되었다. 그가 처형당하던 날은 대낮인데도 어둑해지더니 비가 퍼
부었고 거센 바람이 동남쪽에서 불어와 나무를 뽑고 기와를 날리는
이변이 일어났다. 그럼에도 연산군은 조위와 함께 연좌된 조지서(趙
之瑞), 한훈(韓訓), 홍식(洪湜), 이세좌(李世佐), 이극균(李克均) 등이
살던 집을 헐어 물에 잠기게 하고 돌을 세워 그 죄명을 새기도록 하
였다.

　그러나 연산군이 쫓겨나고 중종이 즉위하자 이주의 충절은 높이
평가되었다. 중종은 그를 이조참의에 추증하고 어필로 정려(旌閭)를

**명호서원** 안동의 남선면 정상동에 있는데 이원과 이주를 제향한다. 원래 청도군 매전면
온막리 자매산 아래에 있던 명계서원을 옮긴 것이라 한다.

써서 내렸다. 훗날 이주는 아우 이육(李育)이 은거하던 청도(淸道)의 명계서원(明溪書院)에 배향되었는데, 헌종 3년(1837) 명계서원이 명호서원(明湖書院)으로 개칭하고 안동으로 옮겨짐으로써 비록 신위나마 자신이 태어난 안동으로 돌아오게 되었다.

진도는 유배객의 섬이다. 이주와 함께 무오사화에 화를 입은 홍언필(洪彦弼) 역시 이곳으로 유배왔고, 기묘사화 때에는 김정(金淨)이 이곳에 왔다가 죽음의 장소 제주도로 향하였다. 사화를 일으켰던 김안로(金安老) 역시 최후에는 이곳으로 유배되었다가 사약을 받았다. 유배지 진도의 이름을 가장 떨친 사람은 을사사화의 희생자 노수신(盧守愼)이다. 노수신은 1545년 을사사화에 순천으로 유배되었다가 진도로 들어와 무려 19년을 보내었다. 서른셋에 진도로 들어가 쉰셋에 진도에서 나온 그는, 주자(朱子)의 "내 책을 내가 읽으니 병이 소생할 듯하다(我讀我書如病得蘇)"라는 글에서 따와 유배지의 집을 소재(蘇齋)라 하고 살았다.

조선 후기에도 진도에는 사화에 희생된 유배객이 이어졌으니 우리 문화사에 걸출한 인물만 들어도 이경여(李敬輿)가 이곳에 유배된 적이 있고 기사환국 때는 김수항(金壽恒)이, 신축옥사 때에는 조태채(趙泰采)가 이곳으로 유배와 이곳에서 사사되었다. 사정이 이러하니 진도에는 유배객의 원한이 꽤나 쌓였으리라. 그렇지만 영원한 자연은 인간사의 영욕에는 관심이 없어, 수많은 유배객이 눈물어린 눈으로 서 있었던 벽파나루의 파도는 그때나 지금이나 다름이 없다. 🔲

## 금 골 산  5 층 석 탑

이주의 「금골산록」에는 해원사에 9층석탑이 있다고 했는데 지금은 5층석탑이 남아 있다.
뒤쪽이 험악한 금골산이다.

# 유배의 땅 거제의
# 소요동과 이행

늘상 거친 술을 마셔대 강한 창자도

하루에 아홉 번 뒤틀리네

**고자고개**

과중한 부역에 시달리던 백성이 이 고개를 넘다
성기를 잘라 고자가 되었다는 전설이 있다. 이행이
그 이름을 고절령으로 바꾸었다. 이행의 적거지가
그 아래 있었다.

## 곤장과 유배 그리고 술

이행(李荇, 1478~1534)은 자가 택지(擇之), 호가 용재(容齋)이며, 본관은 덕수(德水)다. 판의금부사의 벼슬을 지낸 이의무(李宜茂)의 아들로, 모친은 성석용(成石瑢)의 증손이다. 이 집안은 고려 때부터 대대로 높은 벼슬을 지냈다. 이행은 연산군 때 벼슬을 시작하여 홍문관에서 수찬(修撰)과 교리(校理), 부응교(副應敎) 등을 지냈으며, 사간원 헌납(獻納) 등의 벼슬을 하였다.

연산군 10년(1504) 4월 사헌부 응교로 있던 이행은 폐비 윤씨의 시호 추숭을 반대했다 하여 권달수(權達手) 등과 함께 하옥되어 곤장 60대를 맞고 충주로 유배되었다.

충주에 도착한 이행은 곧 양식이 떨어졌다. 당시 가뭄이 심하였던 데다 갑자기 서리가 내려 그나마 버티고 있던 곡식이 모두 죽어버려 기근이 극심했다. 곡가는 뛰는데 의지할 곳조차 없는 이행은 곤궁에 빠졌다. 밤이면 잠을 이루지 못하고 뒤척이기 일쑤였다. 그런 이행을 보고 시골의 노파가 막걸리를 담아 주었다. 이행은 억지로 마시고 술에 취하여 세사를 잊고자 하였다. 그러나 남산 아래 두고 온 집에 대한 그리움과 부모와 처자에 대한 근심만은 떨칠 수 없었다.

그렇게라도 무사히 여름을 보내는가 했는데 6월 15일 가장 절친하였던 벗 박은(朴誾)이 군기시(軍器寺) 앞에서 백관(百官)이 바라보는 가운데 효수당하였다. 그는 "거짓된 충성으로 스스로 편안하였고, 신진으로서 장관을 모욕하였다"는 죄목을 목을 건 채 죽었다. 충주에 유배되어 있던 이행은 박은과 절친하였다는 이유로 한양으로 소환되어 다시 장 200대를 맞아야 했다. 그러나 이것이 끝이 아니었다. 9월 들어 이전의 일이 다시 논의되면서 임금을 능멸하였다는 죄목으로 또 장 100대를 맞았다. 이때 이행은 폐비 시호 추숭을 가장 먼저 반대한 이라 하여 극형에 처해질 참이었으나, 벗 권달수가 창의한 사람은 이행이 아니라 자신이라 주장하고 나섰다. 그리하여 권달수가 이행을 살리고 대신 참형을 당하였고, 최숙생(崔淑生) 역시 곤장을 맞고 먼 곳에 유배되었다.

혹독하게 추운 12월 겨울, 이행은 서울을 떠나 다시 유배길에 올랐다. 12월 그믐날 잠시 의령(宜寧)의 고향집에 들러 박은이 죽은 뒤 꺾었던 붓을 다시 들어 신세를 한탄하는 시를 써서 벽에 붙이고 함안(咸安)으로 향하였다. 1505년 1월에 유배지 함안에 도착하였다. 이행의 신분은 격하되어 노비가 되었다. 사람이 그리웠다. 친하게 지내던 남곤(南袞)이 꿈에 나타나기도 하였다. 이미 이승사람이 아닌 박은과 정희량(鄭希良)에 대한 그리움도 간절하였다.

서울에 있는 가족들에게 편지를 썼다. 아이들을 생각하니 애간장이 탔다. 공부를 하라고 하고 싶지만 자신처럼 될까 두려워 그렇게 말하지도 못하였다. 자신의 입에 들어갈 곡식을 부모가 대어야 했으니 송구한 마음에 안절부절못하였다.

다행히 주인을 잘 만나 막걸리를 얻어마시고 취할 수 있었다. 주인은 뜰의 소나무 아래에 대나무 평상도 만들어주었다. 주인은 성이 조씨(趙氏)로 관노(官奴)였는데 잠시도 이행의 곁을 떠나지 않고 돌보아 주었다.

주인집 뜰에 달빛이 고왔지만 이행은 문을 닫아걸고 살았다. 밖에 나가보아도 유리걸식하는 백성들의 모습만 보일 뿐이었다. 『노자(老子)』를 읽으며 마음을 편안히 가지려 하였고, 『초사(楚辭)』를 읽으면서 스스로를 굴원(屈原)에 비하기도 하였다. 그러나 가장 위안이 되는 것은 술이었다.

늘상 거친 술을 마셔대
강한 창자도 하루에 아홉 번 뒤틀리네.
도가 세상에서 버려졌으니
내 행적을 후인이 슬퍼해 줄까?
고운 풀에 돌아갈 마음 생겨나고
떨어지는 매화에 봄 시름을 붙여본다.
백년 강호의 소원 이루었으니
흰머리의 재촉을 받지 않으리.
薄酒時多酌　剛腸日九回
道爲當世棄　迹或後人哀
歸興生芳草　春愁付落梅
百年湖海願　莫受二毛催

이행, 「홀로 술을 마시며 느낌이 있어(獨酌有感)」, 『용재집(容齋集)』

이해 봄 이행은 마구 술을 퍼마시고 마구 시를 써댔다. 우는 개구리 소리를 듣고도 시를 썼고, 방 안으로 뛰어든 쥐를 보고도 시를 썼다.

이 시기에 그가 쓴 시에는 인생의 우수가 깊이 배어 있다. 스물여덟의 젊은 나이였건만, 그의 입에서 나온 시는 모두 늙은이의 비애였다.

가을이 오자 더욱 혹독한 시련이 다가왔다. 8월에 익명의 편지가 대궐로 날아든 사건이 발생하였는데, 이행은 이 때문에 다시 서울로 압송되었다. 자신을 잡으러 온다는 소식을 듣자, 이행은 이번에야말로 죽음을 면할 수 없을 것이라 여기고 삶의 의지를 꺾었다. 막상 체념하니 죽음도 두렵지 않았다. 오히려 태연하게 차원(差員)을 따라 서울로 향하였다. 가는 길에 상주에 들러 권달수의 형 권민수(權敏手)의 적소(謫所)를 찾았다. 권민수는 이행을 데리고 그의 함창(咸昌) 별서로 가서 공건지(公建池, 公俭池)에서 함께 술을 마시며 서로를 위안하였다.

서울로 압송된 이행은 혹독한 신문을 받았다. 곤장 아래 거의 명이 끊어질 지경이 되었다. 다행히 목숨을 건졌지만 연산군 12년(1506) 1월 더욱 먼 곳인 거제도로 이배되었다.

## 유배지에 모인 시인들

1506년 2월 거제도에 도착한 이행은 고절령(高絶嶺) 아래에서 가시나무를 둘러치고 갇혀 살아야 하는 위리안치(圍籬安置)의 형을 받았다. 탱자나무로 가두었을 뿐만 아니라 병졸들이 지키고 서 있기까지 하였다. 이것도 못 미더워 2품의 고관을 진유근리사(鎭幽謹理使)라는 이름으로 파견하여 출입을 감독하게 하였다. 낮에는 나가서 양을 치는 잡역을 하였는데, 가끔은 며칠씩 아예 출입조차 금하기도 하였다.

이런 고단한 삶을 살아야 했으니 절로 탄식이 나올 수밖에 없었다.


가시나무로 사방을 두르니 배 안에 있는 듯한데
탱자나무로 거듭 에워싸 하늘도 보이지 않는구나.
담담하게 앉았노라니 차차 봄낮이 긴 줄 알겠는데
알 수 없는 근심에 바뀌는 풍경을 아쉬워하네.
십년 동안 어려움 많아 공명을 이루지 못하였는데
흰머리에 벗들과 헤어진데다 병까지 안고 사네.
산가지 세며 책 읽은들 종내 어디다 쓰겠는가?
세상의 갈림길에서 망연하기만 한 것을.
茅茨四面僅如船　枳棘重圍不見天
淡坐漸知春晝永　乾愁更惜物華遷
十年多難功名薄　白首離群疾病纏
挾筴讀書終底用　世間岐路劇茫然

이행, 「그냥 시를 짓다(卽事)」, 『용재집』


　　이행과 가장 절친한 벗 박은과 권달수는 불귀의 객이 되었지만, 다
행히도 홍언충·홍언필·최숙생·김세필 등은 거제도와 가까운 유자
도(柚子島)에 유배되었다. 이들 외에도 홍귀달의 아들이자 홍언충의
형제인 홍언승·홍언방·홍언국, 이극균의 당질 이세정·이세홍과 종
손 이수훈·이수간·이수위·이수건·이수공·이수심·이수인·이수성,
그밖에 이려·이맹전 등 역사서에 그들의 행적을 알리지도 못한 많

은 인물들이 이 무렵 거제도에 유배되어 있었다.

당시 간관으로 추천되면 모두들 '불상(不祥)'이라 소리쳤다 할 정도로 많은 간관들이 연산군의 잘못을 논하다 제주도와 거제도, 진도로 나누어 유배되었던 것이다. 역설적이지만 연산군이 아니었다면 이 시기를 대표하는 시인들이 거제도에 모일 수는 없었을 것이니, 거제도로서는 그 덕택에 이들에게 영광스러운 만남의 장소를 제공하게 된 것이다.

이행은 이들 벗과 시와 편지를 주고받으면서 차츰 마음의 여유를 찾았다. 이행은 특히 최숙생, 김세필과 절친하게 지냈다. 최숙생은 거제도 북쪽에 있는 유자도에 유배되어 있었다. 유자도는 거제 북쪽 두 개의 섬으로 이루어진 곳으로, 온통 유자나무로 덮여 있어 이 이름이 붙었다. 이행과 최숙생은 위리안치되어 있었기에 처소를 벗어날 수 없었다. 비교적 행동이 자유로웠던 홍언충, 홍언필, 김세필 등이 가끔 최숙생이 위리안치되어 있던 유자도를 찾았지만 이행은 함께 갈 수 없어 안타까워하였다.

두 사람은 편지와 시로 우정을 확인할 수밖에 없었다. 최숙생은 이행에게 편지를 보내어 치자나무도 심고 대나무도 심었다고 자랑하였다. 그는 유자도에서 아름다운 곳을 찾았다면서 인간세상에는 더 이상 아름다운 곳이 없을 것이라 하였다. 최숙생이 반죽(斑竹)으로 만든 지팡이를 보내주자, 이행은 시로 답을 하였다. 최숙생이 시를 지어 보내면 이행은 홍언충 등의 벗들에게 보이고 다시 화답하는 시를 지었다.

**거제도의 옛 지도** 서원 북쪽에 고절치(고절령)가 보인다. 최숙생이 유배된 유자도는
고현만 깊숙한 곳에 보인다. 〈해동지도〉에 실려 있다.

홍언충은 거제도에서 채마밭 돌보는 일을 하였는데 그 덕택에 나물을 보내줄 수도 있었다. 그는 위리안치되어 처소를 떠나지 못하는 이행의 집을 가끔 찾기도 하였다. 3월 20일, 홍언승·홍언충 형제, 그리고 김세필이 이행의 집을 찾았다. 이들은 이행의 집 부근에 있던 개울가로 나아가 소나무 아래 정자에 올라 술을 마시고 시를 지었다. 5월 2일에도 홍언충과 김세필이 찾아와 개울에서 노닐었으며, 5일에는 이수인 형제가 찾아와 즐거운 한때를 보내었다. 때로는 직접 만나기도 하고 때로는 편지로 왕성하게 시회를 열었다. 한번 지었다 하면 10수 연작으로 지어대었으니, 시와 술이 이들의 안식처였다.

## 유배의 땅 은자의 땅

이행은 벗들과의 우정을 위안으로 삼으면서 차츰 거제도 생활에 적응해 나갔다. 그는 유배의 땅을 차차 은자의 땅으로 바꾸어갔다. 이행은 집 주변에 대나무도 심고 창포도 심고 국화도 심었다. 틈이 나면 좁은 집에서 나와 개울에서 노닐었다. 불이 없어 밤에 책을 읽을 수 없자, 벽에 큰 구멍을 뚫고 종이를 발라 관솔불을 피우고 그 빛에 글을 읽었다.

개울가에 작은 정자를 하나 만들기로 결심하고 홍언필에게 정자를 지을 대나무 재목과 그 앞에 심을 파초를 부탁하였다. 그리고 작은 못을 파서 물고기를 잡아다가 풀어놓았다. 집 바로 앞에 앵두나무 가지가 너무 우거져 시야를 가리기에 가지를 쳤다.

이행은 이해 7월 드디어 자신의 거처 일대를 유배지가 아닌 은거지

**명진리 개울** 이행이 소요동이라 이름한 곳으로 추정된다. 개울을 백운계라 하고 그 위쪽의 폭포를 운문폭포라 하였다.

로 바꾸었다. 그리고 「소요동기(逍遙洞記)」를 지어 은자의 땅을 이렇게 자랑하였다.

　병인년(중종 1, 1506) 나는 거제도로 유배되어 고절령(高絶嶺) 아래 숨어살았다. 고을 사람들은 화자현(火者峴)이라 부르는데, 내가 이제 이렇게 이름붙였다. 또는 고절령(高節嶺)이라고도 한다.
　계룡산(鷄龍山)이 그 오른편으로 뻗어 있고 망현(莽峴)이 그 왼편을 둘러싸고 있다. 증산(甑山)이 앞을 가리고 울창하게 서 있는데 좀 다르게 둘러 있어서 바라보면 뻗어나가지 못하여, 그 때문에 기운이 막혀 있다.

고절령

고자고개를 고절령이라 이름을 바꾸고 은거의 땅으로 삼았다.

배회하다가 고절령을 돌아보니 구름에 잠기고 노을에 덮여 있었다. 마치 매우 기이한 것이 있는 듯하였다. 앞으로 3~4보 가면 작은 개울이 나오고 개울을 거슬러 7, 80보 가면 골짜기가 나온다. 으슥하고 깊은데 숲이 둘러쳐 있고 맑은 물이 흘러나온다. 눈으로 보면 파랗고 귀로 들으면 찰랑거려 모두 빼어나다. 기괴한 바위와 나무는 이끼가 벗겨진 채 서 있는데, 푸른 깃을 한 새와 긴 꼬리를 가진 새들이 서로 마음껏 지저권다. 속세의 더러움을 버리고 육신의 굴레를 벗어나 세상 바깥에서 노니는 듯 시원하다.

내가 산과 물에 뜻을 둔 지 거의 10년이 되었지만 뜻을 이루지 못하다가 마침내 곤궁함에 빠지게 되었으니, 이제 이곳을 만나게 된 것이 참으로 다행이다. 예전에는 이름이 없었으나 이제 그 골짜기에 이름을 붙여 소요동(逍遙洞)이라 하고, 개울은 백운계(白雲溪)라 하였다. 늙은 소나무가 북쪽 벼랑에 기대어 서 있는데 비스듬히 남쪽으로 개울을 잘라 그늘을 드리우고 있어 누군가가 그렇게 만들어놓은 듯하다. 이에 정자를 만들고 이름을 세한정(歲寒亭)이라 하였다. 바위틈으로 샘물이 맑고도 시원하게 흘러내리는데 그 이름을 성심천(醒心泉)이라 하였다. 이 물을 끌어들여 작은 못을 만들었다. 그 너비가 몇 길 되고 깊이는 발등이 빠질 정도다. 푸른 부들로 덮여 있어 향긋하다. 작은 물고기를 풀어서 자유롭게 즐기게 하였다. 대나무 두세 그루를 심어두니, 꼿꼿하게 자라 그 그림자가 물빛에 일렁거려 사랑할 만하다. 그 못 이름을 군자지(君子池)라 하고 그 아래 다시 정자를 지어 차군정(此君亭)이라 하였다.

개울의 근원을 따라 올라가면 점점 더 새로워지며 기이한 모습을 드러내는데 그 형상을 형용하기 어렵다. 푸른 절벽이 서 있는데 매달린 물줄기가 곧바로 분수처럼 뿜어나와 옥이 부서지는 소리를 낸다. 마치 하늘에서 떨어지는 듯하여 그 이름을 운문폭(雲門瀑)이라 하였다. 물이 우묵한 곳으로 들어가는데 바닥은 넓은 바위로 되어 있다. 모래나 흙이 끼어 있지 않아 물이 영롱하게 맑다. 마치 하늘이 만들어놓은 듯하여 그 이름을 신청담(神淸潭)이라 하였다. 깎은 듯한 벼랑이 병풍을 늘어세운 듯하고, 넓적한 바위가 잔치에 쓰는 자리를 깔아놓은 듯하다. 기대기도 하고 앉기도 하고 눕기도 할 수 있다. 좌우에 단풍나무, 철쭉꽃, 족두리풀이 많다. 고목이 듬성듬성 서 있는데 오래된 넝쿨이 구불구불 휘감고 있어 뱀이 똬리를 튼 듯하다. 녹음이 펼쳐져 있어 햇살이 내리쬐지 않는다. 마른가지로 쓸어내면 쉴 만한 곳이 되기에 이름을 지족정(知足亭)이라 하였다.

볼 만한 것은 이것이 끝이다. 여기서부터는 내가 끝까지 가보고 싶지 않았다.

이행, 「소요동기」, 『용재집』


이행은 유배의 땅을 은자의 땅으로 삼았다. 이행이 살던 곳은 거제 관아에서 남쪽으로 10리쯤 떨어진 고절령 아래다. 원래 이 산은 고자 고개[火者峴]라 불렸다. 예전에 고을에 역(役)을 맡은 백성이 있어 이 고개를 오갔는데, 역이 과중하고 길이 험하여 마침내 자신의 성기를 잘라버렸기에 이러한 이름이 붙었다. 거제면 동산(東山)에서 명진(明

珍) 서쪽을 지나 계룡산을 넘어 용산(龍山)과 고현(古縣)으로 통하는 큰 고개가 있는데 고자산치(姑子山峙)라 한다. 곧 이행이 이른 고자고개다.

이행은 이 이름이 비루하다 하면서 자신의 절조를 드러내기 위해 고절령이라 바꾸었다. 또 골짜기 이름을 소요동이라 하여 은자가 거니는 곳으로 삼았다. 개울을 백운계라 하여 청운(靑雲)이 아닌 백운(白雲)의 삶을 지향하였다. 세한정, 성심천, 군자지, 차군정, 운문폭, 신청담, 지족정 등 그가 붙인 이름은 모두 절조가 드높은 은자의 삶을 드러낸 것이다. 하루라도 대나무가 없어서는 아니 된다고 한 왕희지(王羲之)의 멋을 배워, 군자지에 대나무를 심어두고 차군정에 올라 차군(此君), 즉 대나무를 즐겼다. 자신의 집은 보진당(保眞堂)이라 하였다. 그리고 「명산수설(名山水說)」을 지어 이 모든 것에 이름을 붙인 까닭을 밝혔다.

이행은 소요동, 백운계, 세한정, 성심정, 군자지, 차군정, 운문폭, 신청담, 지족정, 보진당을 십경(十景)이라 하여 일일이 시를 붙이고 또 최숙생에게 차운하는 시를 청하였다. 훗날 이행은 『신증동국여지승람』을 편찬할 때 이때 지은 최숙생의 시를 수록하여 자신이 살다 간 자취를 세상에 전하고자 하였다.

그 뒤로 이행은 벗들을 소요동으로 불러 자주 시회를 열었다. 7월 15일, 21일, 26일, 30일 연이어 시회를 열고 술과 시를 즐겼다. 특히 26일에는 홍언승, 홍언방, 김세필, 그리고 거제의 유생인 이악(李鶚)과 함께 구천장(九川場)으로 놀러 나가 한 연씩 시를 짓는 연구(聯句)

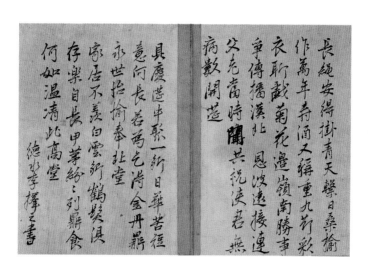

長縄安得掛青天攀日桑楡
作萬年壽酒又稱重九節彩
衣斯戱菊花邊嶺南勝事
車傳播漢北 恩波遠接連
父老當時闌其祝使君無
病數開莚

具慶邊中聚一新日華苦徑
意何長吾乞涓金丹鼎
永世招愉奉北堂
家居不義白雲新鶴髮淇
存樂目長甲紛紛列鼎食
何如溫淸此高堂
徳水李澤之書

**이행의 글씨** 1519년 유배에서 풀려나 다시 벼슬하던 시절, 이현보가 안동에서 양로연을 열었을 때 이행이 쓴 시. 이현보의 종가에 소장된 「애일당구경첩(愛日堂具慶帖)」에 실려 있다.

를 써서 바위틈에 숨겨두기도 하였다.

8월이 되어서도 무더위는 가시지 않았다. 병이 난 이행은 한참을 고생하였다. 병으로 쇠약해져서였을까? 이행은 벗들이 그리웠다. 최숙생, 홍언충, 홍언필, 김세필 등은 가까이 있었지만, 이미 죽고 없는 정희량·박은·김인로(金仁老)·이영지(李寧之)·성계문(成季文)·안선지(安善之), 그밖에 양덕(陽德)에 유배되어 있던 남곤, 상주에 유배되어 있던 권민수 등 다른 벗들이 보고 싶었다. 이행은 그리운 열 명의 벗을 위하여 시를 지었다.

## 다시 유배지에서 끝난 인생

1506년 9월 2일 중종반정이 성공하자 연산군은 교동도로 유배되었다. 그러나 이행은 이러한 사실을 모르고 있었다. 9월 6일 김세필 등과 함께 주봉(主峰)에 올라 바다를 보고 연구(聯句)를 지었지만 그 시는 비감으로 가득하다. 이행은 국화도 피지 않은 중양절을 홀로 쓸쓸하게 보내었다.

이보다 앞서 익명서(匿名書) 투서사건으로 인해 이행은 다시 갇혀 죽을 만큼 곤장을 맞았다. 다행히 그가 서울로 압송될 무렵 중종반정이 일어나 죽을 고비를 넘기고 드디어 9월 10일 유배에서 풀려나게 되었다. 유배지를 떠나 의령의 고향집에 도착한 이행은 갑자사화 이후의 행적을 적어 집의 벽에 붙였다.

이행은 9월 20일 홍문관 교리로 조정에 복귀하였다. 그로부터 30여 년간 이행은 조정에서 청요직을 두루 역임하였다. 사림의 맹장으로 거제도 등 유배지에서 곤궁한 나날을 보내었기에, 조정에 돌아온 이행은 권력을 놓지 않으려 무척 노력하였다.

그는 남곤과 편을 이루어 조광조를 공박하여 사림의 적이 되었고, 실각하여 유배되어 있던 김안로를 벗으로 여겨 그를 조정으로 끌어들였지만 1532년 그로 인하여 도리어 평안도 함종(咸從)으로 유배되었다. 그리고 두 해 동안 유배지에서 병으로 고생하다가 생을 마쳤다. 병 때문에 수염이 많이 빠졌는데, 그 때문에 시신을 바꿔치기했다는 의혹을 받아 재상을 지냈으면서도 사체를 검안당하는 치욕을 당하기까지 하였다.

그가 반대하였던 사림이 정국을 장악한 까닭에, 현전(現傳)하는 그에 대한 평가는 매우 부정적이다. 그러나 이행이 가장 절친했던 벗 박은과 함께 16세기 초반을 빛낸 가장 뛰어난 시인이었다는 사실은 아무도 부정하지 못할 것이다. 📑

# 거 제 도

조선시대 거제도는 대표적인 유배지였다. 지금은 다리로 쉽게 건너다닐 수 있지만,

당시 거제도는 다시 돌아가기 어려운 절망의 땅이었다.

# 온성의 위리안치와 기준

위를 보아도 하늘이 없고

아래를 보아도 땅이 보이지 않았다

어두컴컴해서 아무것도 보이지 않았다

**남북관도(南北關圖)** 한반도 최북단에 온성이 있다. 이 먼 곳으로
기준이 유배왔다.

## 최고의 유배형 위리안치

위리안치(圍籬安置)는 탱자나무로 울타리를 치고 중죄인을 엄중히 가두는 형벌이다. 위리안치의 형은 중국에서 시행된 예가 확인되지 않으니 우리나라에서 비롯된 형벌로 보인다. 그 첫 사례가 연산군 11년 이행(李荇)을 거제도에 유배 보낼 때 보인다. 그 전해에 있었던 갑자사화에 연루된 이행을 거제도에 유배 보내어 위리안치를 하였던 것이다.

연산군 때 위리안치의 형벌은 매우 엄격하게 시행되었다. 연산군 12년 1월 4일 실록의 기사에 따르면 "잡인을 금하고 데리고 간 노자(奴子)는 나이와 얼굴 모습을 패(牌)에 새겨두었다가 출입할 때에 상고하게 하라. 그리고 가선대부(嘉善大夫) 이상으로 일도 잘 알고 봉공(奉公)도 잘할 사람으로 진유근리사(鎭幽謹理使)를 삼아서 나누어 보내어 항상 머무르면서 검찰하게 하라" 하였다.

연산군은 귀양간 사람들이 원한을 품고 일을 일으킬까 염려하여 모두 절도(絶島)에 유배시켜 고역(苦役)을 치르게 하고, 2품 당상관을 진유근리사라 칭하여 보내되 각기 종사관 1명씩을 거느리고 가서 구류당한 죄수들을 얽매어 자유를 제한하였던 것이다.

중종 때에도 위리안치의 형이 시행되었는데, 공교롭게도 그 첫번째 희생자는 위리안치의 형벌을 만든 연산군 자신이었다. 연산군은 자신이 만든 제도에 의하여 교동도에 위리안치되었던 것이다. 그리고 기묘사화가 일어나자 김정(金淨)과 기준(奇遵)이 위리안치의 형벌을 당하였다.

중종 29년 1월 28일의 실록 기사에 따르면, 재상일 경우는 부처(付處)라 칭하고 군령을 범한 경우는 충군(充軍)이라 하는데, 두 경우가 아닐 때에는 적당히 안치(安置)라 하였다. 그리고 안치에 두 종류가 있는데 사죄(死罪) 다음의 중죄를 범한 경우 위리안치를 시행하였다.

## 기구한 삶

기준(奇遵, 1492~1521)은 본관이 행주(幸州), 호가 복재(服齋) 혹은 덕양(德陽)이다. 홍문관 응교를 지낸 기찬(奇禶)의 아들로 1492년 2월 23일 서울에서 태어났다. 17세에 조광조의 문하에 들었고, 22세에 사마시에 올랐으며, 24세에 문과에 급제하여 홍문관에 근무하다가 사가독서(賜暇讀書)에 선발되었다. 27세에 신광한(申光漢)·김정국(金正國)·김식(金湜)·김구(金絿) 등과 함께 『성리대전(性理大典)』을 진강할 관료로 뽑혔으니, 장래가 촉망되는 엘리트였음을 알 수 있다.

기준은 주로 홍문관과 사헌부 등에 근무하면서 간관으로서의 직무를 충실하게 수행하였다. 그는 위험을 무릅쓰고 김정, 박상 등과 함께 폐비 신씨(申氏)의 복위를 청하였다. 그러다가 대제학에 오르기 전 반드시 거쳐야 하는 자리인 홍문관 응교로 있던 1519년 기묘사화를 만나게 된다. 기준은 홍문관에서 입직(入直)을 하다가 바로 구속되었다. 처음에는 조광조, 김정, 김구, 김식, 윤자임(尹自任), 박세희(朴世熹), 박훈(朴薰) 등 7인만이 죄인으로 몰렸지만, 중종이 조광조에 의해 발탁된 기준도 처벌해야 한다 하여 이른바 기묘팔현(己卯八賢)의 한 사람이 되었다.

**기묘팔현전에 실린 기준의 전기** 기준은 기묘팔현의 한 사람이다. 응교는 유배가기 전
홍문관에 근무할 때의 벼슬이다. 꿈에서 본 것을 시로 적었는데 유배지의 모습이 똑같았다는 등의
내용이 적혀 있다.

 

기준은 처음에 아산(牙山)으로 유배되었다. 1519년 11월 말부터 이
듬해 초까지 아산에 있다가 온성으로 이배되어 위리안치를 당하였
다. 기준은 홍문관에서 근무할 때 당직을 하다가 꿈에 나라 바깥으로
여행을 하였다. 조각배를 타고 해안을 따라가다가 한 봉우리에 오르
니 동남쪽으로 푸른 바다가 아득하고 서북쪽으로 구름 낀 산이 허공
에 수북하였다. 석양이 고갯마루에 비끼고 시골집들이 해안에 있었
다. 멀리서 바라보니 성곽이 안개 낀 숲에 가려져 있었다. 이리저리
배회하면서 쓸쓸한 감상에 젖었다. 중간에 길을 물으니 길주(吉州)라
하였다. 꿈에서 깨어나니 땀이 홍건하였다. 기준은 꿈에서 본 것을 시
로 적었다.

이역(異域)의 강산은 고향과 같은데

하늘 끝에서 눈물지으며 외로운 산에 기대었네.

파도소리 적막한데 관문은 닫혀 있고

나뭇잎 스산한데 성곽은 비어 있네.

들길은 시든 풀밭에서 가느다랗게 갈라지고

인가는 석양빛에 빼곡하게 담겨 있다.

만릿길 떠난 배 돌아올 삿대도 없는데

푸른 바다 아득하여 소식조차 그쳤어라.

異域江山故國同　天涯垂淚倚孤峯

潮聲寂寞河關閉　木葉蕭條城郭空

野路細分秋草裏　人家多住夕陽中

征帆萬里無回棹　碧海茫茫信不通

기준, 「꿈을 적다(記夢)」, 『덕양유고(德陽遺稿)』


　기준은 이 시를 지은 지 몇 달 지나지 않아 온성으로 유배되었다. 온성으로 가는 도중에 길주에 들렀는데 그곳의 풍광이 꿈에서 본 것과 완전히 똑같았다. 처음 온성에 위리안치되었을 때에는 비교적 자유롭게 지낼 수 있었다. 몰래 적소를 떠나 모친을 만나고 돌아온 적도 있었다. 다음은 위리안치 초기의 대표작이다.


멀리 떠돌다 거친 변방에 이르러

좋은 모임에서 봄을 아쉬워하노라.

밤은 오랑캐땅의 달 아래 고요하고
봄은 오래된 변새의 꽃에 깊구나.
긴 강을 누가 술로 만들어주랴
애절한 노래가 가락을 이루지 못하네.
구름 낀 하늘 너머로 바라보니
희미한 별빛이 새벽 은하수에 잠기네.

遠遊臨野戍　高會惜年華

夜靜胡天月　春深古塞花

長江誰作酒　哀唱不成歌

望望雲空外　殘星沒曉河

기준, 「강가에서(江上)」, 『덕양유고』

**두만강** 온성은 남쪽만 제외하고 굽이도는 두만강에 싸여 있다. 산으로
둘러싸이고 강물로 둘러싸였으니 천혜의 감옥이라 할 만하다. 기준은 두만강을
술로 바꿔 마시고 싶다고 하였다.

기준이 온성으로 이배된 직후인 1520년 봄 두만강에 있는 군영(軍營)에서 어떤 장교가 베풀어준 연회에서 지은 것이다. 강개함은 있지만 아직 죽음의 그림자는 드리워지지 않았다.

1521년 4월 15일 김식이 유배지에서 도망하는 사건이 일어났다. 도피생활을 하던 김식은 결국 자결하였고, 기준은 4월 27일 서울로 압송되었다. 다행히 기준은 김정과 함께 잠시 적소를 이탈한 적이 있었지만 효성 때문이라 하여 장 100대를 맞고 다시 온성으로 돌아오게 되었다.

그러나 이 사건이 발단이 되어 중종은 1519년 도사(都事)로 하여금 위리의 정황을 살펴서 보고하게 하였다. 그러자 감독을 맡은 온성부에서 겁을 먹고 가혹하게 울타리를 만들었다. 새로 만들어진 위리의 모습을 기준은 이렇게 담담하게 적고 있다.

정덕(正德) 경진년(1520) 여름 내가 큰 죄를 입었는데 특별히 성상께서 은혜를 베풀어 형벌을 감해 함경도 온성부에 정배하고 울타리를 쳐서 가두어 사람들과 통하지 않도록 하였다. 안치된 사람이 많기에 제도를 달리하여 중죄임을 보인 것이다.

조정에서 죄인이 임의로 출입하여 처소에 가만히 있지 않을까 우려하여 여러 도의 감사로 하여금 불시에 사찰하여 보고를 올리도록 하였다. 다만 온성은 서울에서 가장 멀기 때문에 겨울 12월에 도사가 와서 검열을 받게 되었다. 울타리의 높낮이, 집의 크기 등을 매우 자세하게 따져서 두루 다 기록하였다. 떠날 때 부사와 의논하였다.

"지난번 폐조(연산군을 가리킨다) 때에 법망이 지극히 엄하여 죄인들을 심하게 통제하였기에 죄인들이 손발을 둘 곳이 없었소. 그렇다고 너그러이 해서 엄하게 하지 않으면 해당 고을이 죄를 입게 되오. 지금 조정에서 따로 관원으로 하여금 감찰하게 하니, 그 뜻은 지극히 곤궁하게 만들어 편안하지 못하게 하고자 한 것이겠지요. 수령으로서 이러한 뜻을 받들지 않는다면 수령의 허물이 되겠지요. 이번에 가두는 것은, 울타리가 비록 높고 견고하지만 그다지 엄하지는 않고 집이 비록 비가 새지만 좁지는 않으니, 관아에 허물과 책임이 이르지 않겠소? 옛것을 고쳐 새롭게 하고 엉성한 것을 바꾸어 엄밀하게 하여 후일을 기다리는 것이 낫겠지요."

이에 성 아래의 오랑캐들을 모아서 큰 기둥과 긴 서까래 재목을 자르고, 고을의 수레를 내어서 가시덤불을 실어왔다. 멀고 가까운 곳에서 서로 연락을 취하고 부르는 소리가 들리더니, 가시덤불이 거리마다 넘쳐나서 산처럼 쌓였다.

관아 동북쪽 귀퉁이에 작은 집을 골라 마구간을 치우고 담장을 제거한 다음, 땅에 금을 그어 그 방위를 정확하게 하였다. 높은 기둥을 땅에 박고 두터운 울타리를 둘러쳤으며 가시나무를 여럿 쌓았다. 안팎으로 이빨이 서로 얽히도록 하니, 견고하여 머리카락조차 움직일 수 없고 빽빽하여 침도 꽂을 수 없었다. 둘레는 50척이요, 높이는 무려 4~5길이나 되었다. 울타리에서 지붕의 처마까지는 겨우 몇 척몇 치 남짓이었고, 집 위쪽으로 나온 것이 3분의 2가 넘었다. 이 때문에 햇빛이 들어오지 않고, 하늘을 보노라면 우물 안에 있는 듯하였다. 백주대낮이라도 황혼 같았다.

울타리 남쪽에 작은 구멍이 있다. 음식을 넣어주는 통로인데 바깥에는 사방에 작은 천막을 쳐서 수직하는 곳으로 삼는다. 제도의 엄밀함이 두루 다하여 모자람이 없다. 전번의 위리안치보다 너덧 배 이상이다. 멀리서 바라보면 빽빽하여 하나의 숲으로 뒤덮인 험한 산 같다. 그 안에 사람이 살 것이라고는 더더욱 생각할 수 없다. 어찌 시쳇말로 생무덤이라 하는 것이 아니겠는가?

집의 제도는 남쪽 사람들이 다듬이질하는 방을 닮았는데 그보다는 조금 크다. 그 땅은 우묵하게 물이 고여 있고 그 재목은 비뚤비뚤한데, 갈라진 나뭇가지로 얽고 어지러운 새끼로 매어놓았으며 더러운 흙을 바르고 거친 쑥을 입혔다. 방에는 겹문도 없고 문에는 문지방도 없다. 창과 벽과 문과 뜰에 기물을 펼쳐놓았다. 되도록 초라하게 해놓았으니, 사람이 감히 처할 수 있는 곳은 정말 아니다.

공사를 마치고 나서 옮겨서 수감되었다. 실로 그달 보름날이었다. 처음에는 황천 아래로 들어가는 것 같았다. 위를 보아도 하늘이 없고 아래를 보아도 땅이 보이지 않았다. 어두컴컴해서 아무것도 보이지 않았다. 답답하고 막혀서 숨을 쉬려 해도 공기가 통하지 않았다. 구속되어 있음이 차꼬를 차고 있는 것보다 심하고 어둑하기가 구덩이보다 심하였다.

심신이 정상 상태를 유지할 수 없었다. 스스로 생각해 보니, 목숨이 꼭 조석에 달려 있을 것 같았다. 온갖 생각을 다 포기하여 접어두고 오직 죽을 날만 기다렸다. 그러나 굶주림과 추위가 핍박하니,

점차 먹고 마셔서 여생을 이어나갈 생각이 났다. 지금까지 이렇게 고달프게 살고 있다.

기준, 「위리기(圍籬記)」, 『덕양유고』

1521년 6월에 쓴 글이다. 기준은 이어지는 글에서 위리안치에 대하여 역사적인 고찰을 하였다. 주관(周官)의 사환(司圜)이라는 벼슬아치가 죄를 범한 백성을 가두어 교화를 시키는데, 능히 고치는 자는 중죄도 3년이면 풀어주고, 고치지 않아 가둔 곳에서 도망가면 죽인 예를 들었다.

또 『주역』 감괘(坎卦)의 상육(上六)을 풀이한 "포승줄로 묶고 가시덤불에 두고 3년이 지나도록 벗어나지 못하니 흉하다"라 한 것과 곤괘(困卦)의 상육에서 "넝쿨풀과 위태한 곳에 곤궁을 당하는 것이니 '움직이면 후회한다'고 여기고 후회함이 있으면 멀리 가는 것이 길하다"고 한 것을 또 다른 근거로 들었다.

## 위리에서 키운 노루와 물고기

가시덤불 울타리 안에서 유폐된 삶을 살아야 했던 기준은 다른 사람과의 접촉이 금지되었다. 어떤 이가 벗으로 삼으라며 노루를 하나 보내주었다. 이 노루는 집에서 키우던 개와 장난을 치고 놀았는데, 이웃집 개를 보고 평소 어울리던 개와 같이 여겨 장난을 걸다가 물려 죽은 일이 있었다.

기준은 이 일을 두고 다음과 같은 기문을 지었다.

탱 자 숲

위리안치는 가시나무로 울타리를 쳐서 출입을 제한하는 형벌이다.
천극(栫棘), 형극(荊棘)이라는 말이 모두 가시나무라는 뜻이다.

나는 온성에 갇혀 있어 사람들과 통할 수가 없었다. 어떤 사람이 기르던 노루를 보내주었다. 외로운 처지를 불쌍히 여겨 "적막한 속의 벗으로 삼으라는 것이지, 애완용의 진귀한 것은 아니니 사양하지 말게나" 하였다. 뿔이 우뚝 솟아나 있고 용모가 우뚝 높아 보였다. 어금니는 있지만 물어뜯을 줄 몰랐고 뿔이 있지만 받을 줄을 몰랐다. 정말로 짐승 중에 무해한 것이었다. 처음에는 그다지 친하지 않았으나, 곡식을 주고 손으로 쓰다듬어 주었더니 점점 길이 들었다. 매일 가까이 지내니 내 기거하는 것을 반드시 살펴보고 신발을 신고 나서면 따라다니면서, 마치 주인을 그리워하는 듯하였다.

그러나 안개 낀 아침이나 달뜬 저녁에 바람이 슬프고 처량하면 배회하고 머뭇거리면서 슬프게 그리움에 사무치는 울음소리를 내니 마치 그 무리를 사모하는 듯하였다. 그 낯빛이 안쓰러워 마치 아름다운 산 빼어난 물을 생각하는 듯하였다. 들판에서 살아야 할 짐승으로 사람에게 잡혀 있는 것을 차마 참지 못하여 숲에다 놓아서 그 뜻을 이루게 하려 하다가, 사람을 오래 가까이한지라 사냥꾼들에게 잡힐까 겁이 나서 잡아두고 내가 사육하였다. 외모가 초췌하고 마음이 쓸쓸하여 점점 뛰어노는 모습이 보이지 않았다.

이때 개와 장난을 치는데 개 또한 놀라지 않아 서로 꾀와 뿔의 재능을 다투어 승부를 겨루는 것으로 즐거움을 삼았다. 이같이 한 것이 여러 번이었다. 어느 날 저녁 이웃집 개를 만나 장난으로 집안의 개에게 하던 것처럼 하였더니 개가 놀라서 가만히 서서 흘겨보면서 머뭇거리다가 낚아채 깨물어 그 다리를 부러뜨려 죽이고 말았다.

무릇 개는 성질이 본디 차고 물기를 잘한다. 토끼와 여우, 사슴을 좋아하는데, 함께 장난을 치는 것은 힘으로 제압하지 못해서도 아니고 이빨이 날카롭지 않아서도 아니다. 그런데도 노루는 여러 번 부닥쳐보고도 위태한 줄 몰랐고, 이웃집 개는 집안에서 길들여지지 않았는데도 노루가 조심하지 않고 대들다가 마침내 그 명줄을 다치게 한 것이다. 그 어리석음이 또한 심하지 않은가?

아, 세상의 군자들이 함께하는 바에 신중하지 못하여 폐부를 드러내어 보이다가 마침내 함정에 빠진 자도 무수하다. 이는 인간과 동물이 달라도 지혜는 같다. 이 때문에 기록한다.

기준, 「노루를 키운 이야기(畜獐說)」, 『덕양유고』

기준은 자신이 키우던 노루가 겁도 없이 개와 놀다 물려 죽은 일을 보고 자신의 처신을 돌아보았다. 정의를 위해 나선 지난날의 행적이 그 노루와 닮았음을 깨달았다. 기준은 어둡고 답답한 가시덤불 속에서 세상의 이치를 보았다.

기준은 이웃 아이에게서 살아 있는 물고기 몇 마리를 얻었다. 그리고 이를 질동이에 넣고 물을 부어 키웠다. 그리고 자신의 처지를 생각하고는 말을 알아들을 리 없는 물고기에게 말을 건네었다.

오랑캐는 작은 물고기를 잡아다 성 바깥에서 팔아 이익을 취한다. 이웃 아이가 잘 아는 곳에 가서 구걸하여 반찬으로 하고 그중 살아 있는 놈 5~6마리를 골라서 나에게 주었다. 나는 차마 볶아 죽이는 짓을 하지 못하여 흙항아리에 담아두고 물을 부어주었다. 물이 가득하자 물고기들이 움직이지 않고 떠올랐다 잠겼다 하면서 그 부력을 따를 뿐이었다. 아이 종놈이 죽은 것으로 여겨 남에게 주려 하였다. 내가 멈추게 하고 살펴보니, 조금 있다가 입을 열고 물을 뿜고 지느러미를 흔들어 흙탕물을 뿌렸다. 잠겨 있던 놈은 몸을 떨쳐 나오고 떠 있던 놈은 꼬리를 흔들며 물 속으로 들어갔다. 나란히 나아갔다 입을 벌름거리면서 모여들었다. 파닥파닥하면서 장난을 치고 유유하게 헤엄쳤다. 한 말 정도의 작은 물에 힘든 줄도 모르고 그곳을 편안하게 여기는 듯하였다.

나는 생각하였다. 하늘이 사물에게 생명을 고루 내렸기에 크고 작은 구분 없이 모두 천명을 완수하려 한다. 천명을 완수하여 멈춤이 없고, 이루어진 다음 쓰이게 된다면 곧 천지의 마땅함이요 어진 이의 마음이라 하겠다. 나는 너를 살려 무엇인가를 이루려고 하거나, 너를 길러 쓰임이 있도록 하고자 한 것은 아니요, 그저 목전의 느낌 때문이니, 경각의 목숨을 끊는 물과 불의 고통에서 온전하게 해주고자 하였을 따름이다. 어찌 그 성품을 완수하게 한 것이라 하겠는가? (중략)

교룡이 처소를 잃으면 개미 같은 미미한 곤충도 공격을 하지 않음이 없는 법, 하물며 너의 고기를 먹고서 그 배를 불리고 그 몸을 살찌게 하는 자야 말할 것이 있겠는가? 고기야, 고기야, 사는 것은 운명이요, 죽는 것은 운명이다. 내가 취한 바이니 누구를 원망하겠는가?

## 위리에서의 최후

기준의 불행은 여기에서 그치지 않았다. 중종 17년(1522), 안처겸 (安處謙)이 남곤과 심정을 제거하려 하였다는 송사련(宋祀連)의 고변에 연루되어 김정과 함께 기준은 적소를 무단이탈한 망명률(亡命律)에 적용되어 교형(絞刑)에 처해졌다. 기준은 10월 28일 어린 아들에게 충효에 힘쓰라는 편지를 쓰고 목욕재계한 다음 죽음을 맞았다. 다음은 죽음을 앞두고 지었다는 작품이다.

해는 져서 하늘은 먹물을 뿌린 듯
산은 깊어 골짜기는 구름이 깔린 듯.
임금과 신하의 천년의 뜻이
서글퍼라, 외로운 무덤으로 남았네.
日落天如墨　山深谷似雲
君臣千載意　惆悵一孤墳

기준, 「스스로의 죽음을 애도하며(自挽)」, 『복재집』

이 작품은 『기묘록(己卯錄)』과 『대동시선(大東詩選)』에서는 김식이 화를 피해 거창으로 도망쳤다가 스스로 목숨을 끊기 전에 지은 절명시(絶命詩)로 되어 있으나 허균은 자신의 형 허봉(許篈)이 온성에서 얻어온 것이라 하였으므로, 1578년 허봉이 어사(御史)로 함경도를 순찰할 때 찾은 기준의 시라 하겠다. 🔳

# 4. 강학과 절조의 공간

매화꽃이 핀 악양정

# 하동 악양정에 깃든 정여창의 절조

높다란 고개 위에 옥 하나를 이고 있고

드넓은 수면에 달 하나가 돋아나네

**악양정** 정여창이 하동의 악양에 살 때 지은 정자인데, 근래 중수하였다.

# 죽어서 빛난 이름

정여창(鄭汝昌, 1450~1504)은 조선오현(朝鮮五賢), 혹은 동국십팔현 (東國十八賢)의 한 사람으로 일컬어진다. 정여창은 함양의 덕곡리 개 평촌에서 함길도병마우후(咸吉道兵馬虞侯)를 지낸 정육을(鄭六乙)의 아들로 태어났다. 여덟 살 때 부친을 따라 의주로 갔는데, 당시 중국 에서 사신으로 온 장녕(張寧)이 그를 보고 집안을 창성하게 하라는 뜻 에서 '여창(汝昌)'이라는 이름을 지어주었다고 한다. 자는 백욱(伯勖) 이다. 일두(一蠹)라는 호는 정이천(程伊川)이 스스로를 낮추어 "천지간 의 한 좀벌레(天地間一蠹)"라 한 말에서 딴 것이다. 졸음겹다는 유유자 적의 뜻을 지닌 수옹(睡翁)이라는 호를 쓰기도 했다.

정여창은 무오사화에 연좌되어 유배지에서 죽었고 그의 저술은 전 하는 것이 별로 없다. 벼슬이라고 해야 고작 소격서 참봉(參奉), 예문 관 검열(檢閱), 시강원 설서(說書), 안의현감(安義縣監)을 지냈을 뿐이 다. 나라에서 그의 실기(實記)를 두 차례 간행하였지만 정여창 자신의 저술은 몇 편에 불과하거니와 그 내용도 대단한 것이 없다. 행적이 자 세하지 않고 또 특필할 만한 것도 없다. 17세 때 부친이 이시애(李施 愛)에게 살해당하자 전장에서 부친의 시신을 찾아 장사를 지냈다는 것과 모친의 상을 당하여 지극정성으로 시묘살이를 하였다는 정도에 불과하다. 집안의 재력이 비교적 넉넉하여 함양의 백성들 중에 곡식 을 꾸어간 이가 많았는데 모친이 죽은 후 그 문권(文券)을 모두 불살 라 원한이 없도록 하였다는 일화에서 그의 관대한 인품을 엿볼 수 있 는 정도다.

명성을 만드는 것은 시대와 사건이다. 정여창의 이름이 드날리게 된 것은 무오사화 때문이다. 스승 김종직, 동문의 벗 김굉필(金宏弼), 김일손(金馹孫), 남효온(南孝溫), 주계군(朱溪君) 이심원(李深源), 무풍부정(茂豊副正) 이총(李摠) 등 정여창과 가장 친했던 사람들이 사화에 희생되었는데, 16세기 이후 사림이 정계와 학계의 중심으로 떠오르면서 정여창 또한 이들과 함께 적극 현창되었던 것이다.

정여창은 중종 12년(1517) 우의정에 추증되었고 선조 8년(1575)에 문헌공(文獻公)이라는 시호를 받았으며 광해군 2년(1610)에 문묘에 종사되었다. 정여창의 연고지에는 그의 위패를 모신 서원들이 다투어 세워졌다. 명종 7년(1552)에 강익(姜翼) 등이 그의 고향인 함양에 세운 남계서원(灆溪書院)은 우리나라에서 두번째로 세워진 서원이기도 하다. 그후 선조 15년 임훈(林薰)이 안의에 세운 용문서원(龍門書院), 선조 16년 김성일(金誠一)이 나주에 세운 경현서원(景賢書院), 선조 19년 강대수(姜大遂)가 합천 야로에 세운 이연서원(伊淵書院), 광해군 2년 아산에 세운 인산서원(仁山書院), 광해군 8년 정경세(鄭經世)가 상주에 세운 도남서원(道南書院), 효종 10년 거창 산제동에 세운 도산서원(道山書院), 숙종 10년 종성에 세운 종산서원(鍾山書院), 숙종 25년 하동에 세운 영계서원(永溪書院) 등 도처에 그의 신위가 모셔졌다. 서울 회현동에 있던 그의 집은 훗날 다른 사람의 소유가 되었는데, 그럼에도 사람들은 그곳을 정여창의 옛 집터라고 기억하였다. 주인이 역모에 몰려 적몰당하자 정여창의 후손에게 돌려주어야 한다는 상소가 올라갔을 정도다.

**남계서원** 정여창을 제향하기 위하여 1552년 우리나라에서 두번째로 세워진 서원이다. 대원군이 서원철폐령을 내렸을 때에도 무사하였다. 남계(灆溪)는 맑은 개울이라는 뜻으로, 함양으로 흐르는 동천(東川)의 하류 이름이다.

## 악양정에서의 삶

소설 「토지」의 배경 무대가 되었던 하동의 평사리로 들어가는 초입, 섬진강가에 악양정(岳陽亭)이 버티고 서 있다. 오늘날 하동군 화개면 덕은리의 덕은사 경내로, 이곳은 16세기 학술사에서 『소학(小學)』의 위상을 한껏 높인 일두 정여창이 강학하던 곳이다.

정여창의 집은 원래 오늘날 경남 함양군 지곡면 개평마을에 있었다. 정여창이 세상을 떠난 지 100여 년 후에 그의 집이 중건된 이래 오늘날까지 그 종손이 문헌세가(文獻世家), 충효절의(忠孝節義), 백세청풍(白世淸風) 등의 글씨를 붙인 사랑채에 살고 있다. 이곳은 TV드라

**정여창의 옛집** 함양의 지곡 개평마을에 있다. 무오사화가 일어난 사유를 하늘에
물어보아도 하늘이 답을 하지 않는다는 내용의 칠언절구가 벽에 적혀 있다.


마 〈토지〉를 촬영한 곳으로 관광명소가 되었지만, 사실 정여창이 조
선시대 선비의 표상이 된 인연은 하동의 악양정에 있다.

정여창은 성종 14년(1483) 진사시에 합격하였지만 벼슬길이 열리지
않자 지리산에 들어가 3년간 독서를 하였다. 그후 모친상을 당하여 3
년간 시묘살이를 하고 섬진강가로 나와 악양정을 세우고 살았다.

성종 20년(1489) 4월 김일손이 찾아왔다. 김일손은 성종 11년 김종
직의 문하에 들어가면서 깊은 사귐을 맺게 된 벗이다. 함께 지리산을
유람하고 4월 27일 산을 나서면서 정여창은 김일손에게 "솔과 대는
둘 다 좋지만 솔이 대만 못하고 바람과 달은 둘 다 맑지만 바람은 중
천에 그림자를 드리운 달의 기이함만 같지 못하지요. 산과 물은 모두

어진 이와 지혜로운 이가 좋아하는 바이지만, 산은 공자가 강물을 보고 탄식한 것만 같지 못하오. 내일 날이 밝으면 그대와 함께 길을 떠나 악양으로 나가서 큰 강물에 일렁거리는 물결을 구경하고 싶소이다" 하였다. 이튿날 이들은 나란히 섬진강으로 나가 시를 지었다.

산들바람에 부들풀은 하늘하늘
4월 화개에 보리가 벌써 익었네.
두류산 천만 굽이를 다 보고 나서
외로운 배를 타고 다시 큰 강으로 내려간다.
風蒲泛泛弄輕柔　四月花開麥已秋
看盡頭流千萬疊　孤舟又下大江流

정여창, 「악양에서(岳陽)」, 『일두유고(一蠹遺稿)』

　지금 전하는 정여창의 시는 이것이 유일하다. 그러나 이 한 편에 정여창의 호방함이 유감없이 발휘되고 있다. 이 시에 차운한 김일손의 작품 역시 이들의 높은 정신세계를 잘 보여주고 있다.

드넓은 맑은 강물 노 젓는 소리도 여린데
소매 가득 맑은 바람에 오히려 가을인 듯.
고개 돌려 진면목을 다시 보려 하지만
구름 속 지나쳐온 두류산이 흔적 없구나.
滄波萬頃檣聲柔　滿袖淸風却似秋

산들바람에 부들풀은 하늘하늘 4월 화개에 보리가 벌써 익었네

두류산 천만 굽이를 다 보고 나서 배 한 척에 다시 큰 강으로 내려간다

섬 진 강

**回首更看眞面好 雲間無跡過頭流**

김일손, 「정백욱과 함께 두류산을 유람하고 돌아가면서 악양호에 배를 띄우다
(與鄭伯勖汝昌同遊頭流歸泛岳陽湖)」, 『탁영집(濯纓集)』

정여창은 섬진강 물길을 따라 진주로 갔다. 동문의 벗 강혼(姜渾)이
주서(注書)의 벼슬을 하다가 그만두고 진주에 내려와 있었기 때문이
다. 진주에서 강혼과 함께 시문을 논하고 밀양으로 가서 스승 김종직
을 뵈었다. 이때 김종직은 형조판서를 사직하고 고향땅 선산에 물러
나 있었다. 보름 동안 스승과 함께 지내다가 오늘날 자계서원(紫溪書
院)이 있는 운계(雲溪)로 돌아와 며칠 더 김일손과 함께 지내다가 헤어
졌다.

성종 21년(1490) 정여창은 학행(學行)으로 추천되어 악양정을 떠나
서울로 올라가게 되었다. 그러나 악양정으로 돌아가고 싶은 마음에
동료들에게 자주 악양정에 대한 이야기를 하였다. 유호인은 그 자랑
을 듣고 이렇게 글을 지어주었다.

악양정은 진주의 악양현에 있다. 정백욱(鄭伯勖)이 사는 곳이다.
백욱은 젊어서부터 얽매임이 없어 천석고황(泉石膏肓)의 병이 있었
다. 일찍이 이곳에 별서를 짓고 정자를 만들어 그 이름을 악양정이
라 하였다. 매일 배불리 먹고 시를 읊조리며 스스로 즐겼다. 행실이
좋다고 알려져 하루아침에 부름을 받아 소격서 참봉이 되었다. 정
군은 자기 수염을 뽑는 것처럼 쉽게 과거를 보아 급제하였다. 홍문

관에서는 그를 직필(直筆)로 칭송하였고 서연(書筵)에서 결원(闕員)이 생기자 설서(說書)에 보임하였다. 매일 춘궁(春宮)을 모시면서 보필한 공이 지대하였다. 내가 우연히 문학(文學)의 일을 맡아보아 황공하게 옆자리에 앉게 되었다.

어느 날 저녁 함께 시강원에 들어갔는데 시강하는 여가에 자세하게 담론을 나누었다. 이 때문에 이른바 악양정이라는 곳의 일을 알게 되었다. 그 산천의 빼어남과 풍경의 아름다움이 앉은 자리에서 또렷하게 드러났다. 나는 이 이야기를 들으며 지겨운 줄 몰랐다. 다만 정군이 병으로 벼슬살이를 좋아하지 않아 돌아가고 싶지만 차마 떠나지 못하는 마음이 있어, 두보(杜甫)의 「복거(卜居)」 시에 차운하여 시를 짓고 간곡하게 화답을 구하였다.

이에 사양하지 못하고 그 운을 따라 비슷하게 지어보았으니 한번 보고 활짝 웃어주기를 바란다.


한 가닥 하늘 끝으로 돌아가고픈 마음
악양에는 어딘들 맑지 않은 곳 있으랴.
또렷한 산수는 흥만 실어오는데
아득한 관복은 시름을 불러일으키네.
두보 놀던 숲속의 못은 봄햇살이 따스하고
왕유 살던 망천의 가랑비는 저녁산에 뿌리네.
서연에서 매번 은총이 더욱 깊기에
달빛 가득한 정자를 저버리고 있구나.

一掬歸心天盡頭　岳陽無處不淸幽

雲泉歷歷偏供興　軒冕悠悠惹起愁

杜曲林塘春日暖　輞川煙雨暮山浮

書筵每被催三接　辜負亭前月滿舟

유호인, 「악양정(岳陽亭)」, 『일두집(一蠹集)』

유호인은 정여창을 두보와 왕유에 비하였다. 사림의 영수로서 정
여창을 떠받든 후대 사람들과는 거리가 있다. 그러나 정여창의 맑은
기상을 높게 본 점은 다르지 않다.

## 글과 그림 속의 악양정

정여창은 성종 25년(1494) 안의현감이 되어 내려왔다. 이때 합천의
야로(冶爐)에 살고 있던 동문의 벗 김굉필과 더불어 거창의 가조(加祚)
에 있는 산제동(山際洞)을 유람하였다. 그후 연산군 4년(1498) 6월 김
일손이 찾아와 함께 함양의 청계정사(靑溪精舍)에 머물렀다. 남계
(灆溪)의 산수를 사랑한 김일손이 정여창과 함께 지낼 요량으로 사람
을 시켜 미리 정사를 지어두었던 것이다. 정여창은 정사의 이름을
'청계'라 써주었다.

그러나 그 한적함은 사화로 산산조각이 났다. 7월 5일 김일손이 사
초 문제로 체포되어 압송되었고 자신은 7월 27일 함경도 종성으로 유
배되었다. 이듬해 4월 1일 적소에서 생을 마치고 고향인 함양 승안동
(昇安洞)에 묻혔다. 처참한 사화를 눈으로 보지는 않았지만 자신의 관

을 가르는 부관참시의 형벌은 피하지 못하였다.

정여창의 이름은 그가 죽은 뒤에 더욱 높아졌지만 그가 학문을 익히던 악양정은 황폐해져 갔다. 사람이 가면 그가 살던 자취도 사라지는 것이 세상의 이치이건만, 그럼에도 사람들의 기억에서 사라지지 않는 것은 생전에 닦은 덕행의 힘이다. 지리산을 찾은 이들은 화개의 도탄(陶灘)에 이르러 정여창의 집터를 찾고 그의 높은 덕을 추모하였다. 성여신(成汝信)은 정여창의 학문과 덕망을 칭송한 시에서 "정선생은 유림의 종장이라, 만년에 그윽한 땅 개울 서편의 땅을 골라 사셨지(鄭先生是儒林匠 晚卜幽貞溪水西)"라고 하였다.

성여신이 악양정을 찾은 때로부터 그리 멀지 않은 시기에 이산해(李山海)의 손자 이무(李袤)는 정여창과 악양정을 그림으로 남기려 하였다. 생전에 정여창은 악양정의 풍광을 사랑하여 그림으로 그리려 하였지만 뜻을 이루지 못하였다. 이를 안타깝게 여긴 이무는 유호인의 악양정 시와 그 서문을 들고 신익성(申翊聖)을 찾아가 화개도(花開圖)를 그려달라고 청하였다. 이에 당대 최고의 화가 이징(李澄)이 흰 비단에 악양정의 모습을 그리게 된 것이다. 이징은 한번도 지리산을 본 적이 없었지만, 순전히 유호인의 서문에 따라 지리산과 섬진강을 그려내었다. 여기에 신익성은 정여창의 시와 유호인의 시문을 나란히 쓰고 다시 발문을 적었다. 이 그림이 보물로 지정된 〈화개현구장도(花開縣舊莊圖)〉다.

다시 세월이 흘러 악양정은 터만 남게 되었다. 오직 매화나무와 대나무가 남아 악양정 터임을 알려주고 있을 뿐이었다. 그럼에도 뜻이

**화개의 옛 모습** 뒤로 지리산이 솟아 있고 앞으로 섬진강이 흐른다. 그 중간에 악양정이 보인다. 1623년 이징이 그린 〈화개현구장도〉로 국립중앙박물관에 소장되어 있다.

있는 선비들은 악양정을 찾아 정여창의 정신을 기렸다. 1891년 정재규(鄭載奎)는 이곳에 벗과 후학들을 데리고 왔다. '소학동자'의 뜻을 잇는다는 의미에서 소학강회(小學講會)를 마련하고 각기 『소학』 1장씩을 읽고 술 한잔씩을 마셨다. 그리고 함께 자리한 김풍오(金豊五)라는 사람이 정여창의 「악양(岳陽)」 시를 먼저 노래로 부르고 김일손의 「소학시(小學詩)」로 마쳤다. 이러한 경과를 정재규가 「악양정회유기(岳陽亭會遊記)」(『老栢軒集』)로 남겼다. 악양정이 허물어진 지 400년 가까운 세월이 흘렀음을 모두들 안타까워하였다. 그리하여 1899년 악양정이 다시 세워지고 최익현(崔益鉉)이 여기에 기문을 붙였다. 강렬한 최익현의 기문은 다음과 같다.

악양정은 문헌공 일두 정선생이 도학을 강론하던 곳으로 두류산 남쪽 섬진강 위에 있다. 선생이 그 산이 높고 물이 맑은 것을 좋아하여 천령(天嶺, 함양의 옛이름)에서부터 와서 살게 되었다. 그러나 무오사화가 일어나고 나서 풀이 무성해지고 잡목이 묵어 황폐해진 지 이미 300년이 되었다. 비록 그럴지만 "악양정의 옛터에 매화와 대나무는 아직 남아 있다(岳陽遺址 梅竹猶存)"라 한 임금님(철종을 가리킨다)의 글이 옥책(玉冊)에 빛나고 "십 층 고개 위에 옥 하나를 이고 있고, 넓은 수면에 달 하나가 돋아나네(十層峯頭冠一玉 千頃水面生日月)"라고 남명(南冥) 조식(曺植) 선생이 두류록(頭流錄)에서 한 말은 장차 천년 동안 전해지리니, 또한 종내 매몰하려 해도 되지 않을 것이다.

고을의 선비 중에 문학으로 이름을 얻은 수십 인이 유적이 오래 묵은 것을 개탄하고 소학강계(小學講契)를 설립하여 비바람을 가릴 수 있도록 만들 것을 계획하였지만, 힘이 부족하여 한탄한 지 오래 되었다. 지금 성상 기해년(고종 3, 1899) 봄, 고을의 의논이 일제히 나와서 비로소 중건하게 되었다. 방백과 군수들도 힘을 보태어 공사를 마쳤다. 정자는 세 칸인데 강당을 소학당(小學堂)이라 하고, 좌우의 협실은 왼편을 주양재(做樣齋), 오른편을 사도재(思道齋)라 각기 이름하였으며, 문은 경신문(敬信門)이라 하였다. 선생의 학문은 한결같이 주자(朱子)에게서 온 것으로 한훤당 문경공 김굉필 선생과 더불어 소학을 창도하여 우리나라 도학 연원의 첫대목을 열었다. 이 때문에 봄가을 모여 강학을 할 때 주자를 주향(主享)으로 하고, 한훤당과 일두 선생을 배향(配享)하였으므로 석채(釋菜)의 예를 행함에 주자의 창주정사(滄洲精舍)의 의례를 따랐다.

아, 저 정자라는 것은 한갓 떠다니는 균사(菌絲)와 같은 것일 뿐이니, 끝내 생겼다가 사라지는 일이 이어질 것은 이치상 반드시 그러하겠지만, 오직 선생의 도만이 산처럼 높고 물처럼 흘러 시종일관할 것이요, 백성들이 따를 인륜이 되고 또 영원히 추락함이 없게 될 것이다. 게다가 지금 정자 안의 여러 서생들이 이미 학문에 뜻을 두고 원근의 동지들과 더불어 강학의 규정을 정하고 이에 일로매진하여 나태하지 않은 자세로 반드시 『소학』을 읽어 선생의 도를 밝힐 것이며, 매번 성정(性情)을 함양하는 여가에 "두류산 천만 굽이를 다 보고 나서, 외로운 배를 타고 다시 큰 강으로 내려간다"는 구절을 음미할 것이다. 그렇다면 선생이 증점(曾點)처럼 무우(舞雩)에서 시원한 바람을 쐬고 목욕을 하고 돌아오겠다고 한 기상이 여기에 남아 있을 것이니, 산은 더욱 높고 물은 맑아질 것이다. 여러 서생들은 이에 힘써라. 내 귀를 기울여 공손히 기다리리니. 이에 글을 청한 사람들에게 기쁜 마음으로 이렇게 이야기를 하노라.

최익현, 「악양정중건기(岳陽亭重建記)」, 『일두집』

최익현은 악양정은 허물어져도 정여창의 정신은 영원할 것이라 하였다. 그러나 오늘날 악양정은 남아 있지만 정여창의 정신을 기억하는 사람은 많지 않다. 3칸이던 건물이 한 칸 늘어나 4칸이 되었고 또 중수를 거쳐 100년이 지난 오늘날까지 건재하고 있으니 다행이지만, 산은 더욱 높고 물은 더욱 맑아질 것이라 한 말과는 달리 후손들에 의하여 산은 점점 낮아지고 물은 점점 흐려지고 있다. 🗟

# 용인 사은정과
# 조광조의 꿈

임금님 사랑하기를 아버지 사랑하듯 하고

나랏일 근심을 집안일처럼 근심하였노라

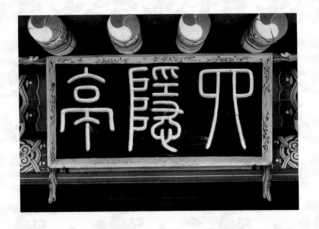

**사은정** 낚시하고 나물캐고 땔감하고 밭가는 네 가지 일로 은거하는
집이라는 뜻이다. 조광조 등 네 명의 은자가 사는 집이라는 의미도 있다.

## 남곤과의 호인연 악인연

중종 14년(1519) 12월, 조광조(趙光祖, 1482~1519)가 유배지 능성(綾城)에서 사약을 마셨다. 조광조는 서울에서 태어나 17세 되던 무오년(1498)에 김굉필(金宏弼)의 문하에 들어갔다. 김굉필은 김종직의 제자로 무오사화에 죄를 입어 이때 희천(熙川)에 있었다. 조광조의 부친이 인근의 어천(魚川)에서 찰방(察訪) 벼슬을 하고 있었던 까닭에, 김굉필의 명성을 들은 조광조가 희천으로 찾아간 것이었다. 그러나 몇 년 지나지 않아 1504년 순천으로 이배되어 있던 스승 김굉필이 갑자사화에 걸려 사약을 받게 된다. 그로부터 15년 후, 그 제자 조광조 역시 스승처럼 유배지에서 사약을 받았다.

조광조가 관직에 있었던 기간은 불과 몇 년 되지 않는다. 34세가 되어서야 성균관의 추천을 받아 종이를 만드는 관서인 조지서(造紙署)의 종6품 벼슬인 사지(司紙)에 임명되었다. 선영이 있던 용인과 개성의 여러 산사, 지평(砥平)의 용문사 등지에서 크게 학업을 이룬 것이 높이 평가받았기 때문이다. 그러나 조광조는 이런 식으로 벼슬길에 나가는 것을 내심 창피하게 여겼다. 그래서 그해 알성시(謁聖試)에 응시하여 당당히 급제하였다. 그리고 성균관과 사헌부, 사간원 등에서 간관의 일을 맡아보았다. 홍문관, 승정원 등 몇 군데 관청에서 벼슬을 하다가 1518년 37세로 간관의 수장인 대사헌이 되었다.

조광조는 그동안 희생된 김굉필을 위시하여 무오사화에 희생된 이심원(李深源)을 신원하고 고려의 유신 정몽주를 문묘(文廟)에 배향하는 일에 힘을 쏟았다. 또 소격서(昭格署)를 폐지하고 현량과(賢良科)를 실시하자는 등의 요구를 관철시켰다. 그는 현량과를 통해 김식, 박상, 김정, 이자, 김구, 기준 등을 선발하여 이들을 성균관이나 사간원, 사헌부 등 요직에 앉혔다. 그리고 다시 훈구파를 몰아내기 위하여 정국공신(靖國功臣)을 개정할 것을 청하였다. 이어 훈구파의 거두 남곤의 죄를 묻는 등 훈구파를 적극 공격하였다. 그러나 이황이 지적한 대로, 학문에 바탕을 두지 못한 개혁은 실패로 돌아갈 수밖에 없었다.

1519년 11월 15일 이른바 기묘사화가 일어났다. 조광조의 왕도정치에 혐의를 느낀 중종이 홍경주(洪景舟)와 모의하여 남곤을 비밀리에 불러 조광조, 김정 등의 사림들을 몰아내려 한 것이다. 남곤은 나뭇잎에 꿀로 '주초위왕(走肖爲王)' 네 글자를 쓰고서 나뭇잎의 감즙(甘汁)을 먹는 벌레를 놓아 갉아먹게 하였다. 주(走)와 초(肖)를 합치면 조(趙)가 되니 주초위왕은 곧 '조씨가 왕이 된다'는 뜻이다. 남곤의 집이 백악산 아래 경복궁 뒤 대은암에 있었는데, 그곳에서 벌레가 갉아먹은 나뭇잎을 물에 띄워 대궐 안의 어구(御溝)에 흘려보내었다. 이를 중종에게 보이고 조광조가 반역의 뜻을 품고 있다고 고변(告變)하여 화를 조성하였다는 야사가 전한다. 이날 밤 조광조·김정 등이 체포된 후, 남곤은 조광조의 죄안(罪案)을 만드는 일을 맡아하였으며, 11월 21일에는 의정부에서 조광조의 죄를 논핵하는 글을 기초하였다.

그러나 남곤이 처음부터 조광조 일파를 적대시한 것은 아니었다. 남곤은 조광조의 뛰어난 재주를 아껴 그의 글을 장원으로 뽑았고 6품에서 바로 4품으로 승진시키도록 주선하기도 하였다. 폐비 신씨(愼氏)의 복위를 주장하다 탄핵을 받은 박상과 김정, 그리고 이에 연루된 조광조를 관대하게 처리하도록 청한 사람도 남곤이다. '주초위왕'의 이야기도 훗날의 역사에 기록된 것이니 사실이라 믿기도 어렵다.

남곤이 좋지 않게 본 것은 심학(心學)이었으며 경학(經學)을 중시하는 태도 자체를 부정한 것은 아니었다. 남곤 역시 김종직의 제자로서 누구 못지않게 『소학(小學)』의 중요성을 강조하였다. 그는 중종 13년(1518) 6월 24일 『소학언해(小學諺解)』를 편찬하는 일의 주역을 담당하였으며, 『여씨향약(呂氏鄕約)』의 편찬에도 깊이 관여하였다.

그러나 남곤은 젊은이들이 자신을 공박해 오는 것을 참지 못하였다. 신진사류인 김정은 중국에 사신으로 다녀온 남곤이 국사에 힘을 기울이지 않는다고 파직을 청하였으며, 1519년 1월 1일 조광조는 인신공격에 가까울 정도로 남곤을 모욕하였다. 엎친 데 덮친 격으로 남곤이 조광조 등에게 교류를 청하였는데도 응하지 않자, 유감을 품고서 조광조 등을 죽이려는 마음을 품게 된 것이라고도 한다. 젊은 사람에게 여러 차례 곤욕을 치르자 더 이상 참을 수 없었던 것이다. 원래 남곤은 조광조에게 우호적이었다. 다만 조광조 등이 나이가 적어서 세상을 잘 알지 못한 채 옛 도(道)를 행할 수 있다고 지나치게 쉽게 생각하여 그랬을 뿐, 간사한 마음을 가져 나라의 정사를 그르친 것은 아니라고 여겼다. 남곤은 조광조가 죽음에 이르자 매우 슬퍼하였으며, 사약을 받기 전까지 조광조를 죽음에서 구하려고 최후의 노력을 경주한 바 있다.

## 사군자와 사은정

조광조의 집안인 한양조씨(漢陽趙氏)는 여말선초에 명문가로 성장하였다. 6대조와 5대조 조인벽(趙仁璧), 조온(趙溫)은 공신의 반열에 올랐다. 그러나 그 뒤로 조광조에 이르기까지의 3대는 그리 현달하지 못하였다. 개국공신이었던 조온의 대에 와서 한양 근처에 전장을 마련한 것으로 추정된다. 숙부 조원기(趙元紀)의 무덤이 수락산 아래 노원리(蘆原里)에 있었으므로 그곳에도 전장이 있었겠지만, 조광조 직계의 선영은 용인에 있었다. 지금 심곡서원이 있는 용인 수지의 상현(上峴) 인근이다.

조광조는 연산군 6년(1500) 부친이 죽자 이곳으로 돌아와 상을 치렀으며 1502년 상복을 벗은 후에도 그 아래에 초가 몇 칸을 짓고 살았다. 못을 파고 계단을 만들었으며, 연꽃과 잣나무를 심어 쉴 곳으로 만들고 학문에 전념하였다. 사람들은 지나치게 인사(人事)를 끊고 사는 그를 보고 미쳤다고까지 하였다. 1511년에는 모친상을 당하여 다시 선영 아래에서 3년을 살았다.

이 무렵 조광조는 용인에서 평생을 보내려고 생각하였던 듯하다. 더구나 용인에는 친한 벗이 많이 살고 있었다. 조광보(趙廣輔), 조광좌(趙廣佐) 등의 집안 형제들도 인근에 살고 있었다. 중종 11년(1514) 조광조와 가장 절친하였던 이자(李耔)도 물러나 살 곳을 미리 장만하였다. 그의 선영이 용인의 기곡(器谷) 양지리(陽智里)에 있었기에 그곳에 사암(思庵)을 짓고 여생을 보내고자 하였다. 이들은 서울에서도 매일 만났거니와, 용인에 내려와서도 함께 노닐었다. 이때 만든 것이 사

**두암** 사은정 아래의 개울가에 있는 바위. 이 개울에서 조광조는 벗들과 천렵을 하였다.


은정(四隱亭)이다. 이자의 연보에 따르면 사은정을 만든 것은 1514년
10월로 되어 있다. 기묘사화가 일어난 뒤인 1520년 3월 29일, 이자는
조항(趙沆)에게 보낸 편지에서 사은정에서의 지난날을 다음과 같이
회상하였다.


　나와 효직(孝直, 조광조의 자)은 자네 부친 형제와 의리상 형제와
같았기에 실로 도계(道契)를 맺었다네. 효직과 나의 선신은 용인에
있었고 중익(仲翼, 조광보의 자) 형제의 천장 역시 용인에 있었지. 서
울에서도 어느 날인들 모이지 않은 적이 없었고 시골로 내려와서는
두암(斗巖)에서 천렵을 하고 심곡(深谷)에서 화전을 부쳐 먹었으며,
방동(方洞)에서 꽃구경을 하였다네. 그때 실로 한가한 틈이 있었던

사 은 정

조광조와 이자 등은 이곳에서 지내면서 천렵을 하고 화전을 부쳐 먹고 꽃구경을 하였다.

사은정 건물은 18세기 말에 세워져 여러 번 보수되었다.

것은 아니었지만 서로 유익한 우정을 닦는 데 힘을 다 기울였다네.

(중략)

　중익과 효직, 계량(季良, 조광좌의 자), 그리고 나는 한 칸의 작은 집을 두암 위에 짓고, 이곳에서 낚시하고 이곳에서 나물을 캐고 이곳에서 땔감을 하고 이곳에서 밭을 갈기로 약조를 하였지. 이 네 가지를 즐기고자 하였기에 그 정자의 이름을 사은정이라 한 것일세. 중익은 스스로 주인이 되어 여기서 일생을 마치고자 하였지.

이자, 「조수재에게 답하다(答趙秀才)」, 『음애집(陰崖集)』

## 달구지에 실려 돌아온 고향

　중종 14년(1519) 12월 15일, 조광조는 능성에서 사약을 받고 죽었다. 도사 유엄(柳渰)이 자진(自盡)하라는 왕명을 받들고 오자, 조광조는 북쪽을 향하여 두 번 절을 한 뒤 무릎을 꿇고 교지를 받았다. 임금의 안부를 묻고 정승들과 판서, 대간, 승지 등의 성명을 차례로 물은 다음 집안에 보낼 편지를 썼다. 목욕을 하고 옷을 깨끗이 갈아입은 후 자리에 바르게 앉아 이렇게 말하였다.

　임금님 사랑하기를 아버지 사랑하듯 하고
　나랏일 근심을 집안일처럼 근심하였노라.
愛君如愛父　憂國若憂家

　밝은 해여, 이 땅에 임하여

나의 충심을 환하게 비추라.

白日臨下土 昭昭照丹衷


　그리고 약사발을 들었다. 그러나 목숨이 끊어지지 않아 나졸들이
목을 조르려 하였다. 조광조가 독주를 한번 더 청하여 마시고 눕자,
모든 구멍에서 피가 솟구쳐 나왔다. 마침내 조광조는 숨을 거두었다.
이날 눈이 한 자 남짓 내리고 바람도 사납게 불었다. 사람들은 추위를
견디지 못하였으나, 교리로 있다가 파직되어 인근에 와 있던 양팽손
(梁彭孫)은 그의 임종을 보고 종일 통곡한 다음 몸소 염습하였다. 장사
를 마치자 세 개의 흰 무지개가 어렸다. 남쪽과 북쪽에 하나씩, 그리
고 남북에 걸쳐 무지개가 걸렸다. 쌍무지개인지라 마치 관복의 띠를
드리운 듯하였다. 조광조의 연보에 이렇게 장엄하게 기록되어 있다.

　이듬해 봄, 영구를 달구지에 실어 용인의 심곡으로 옮겼다. 박상은
이를 두고 다음과 같이 애도하였다.


　　전날 무등산 앞에서 손을 잡았더니

　　이제 달구지로 초라하게 고향에 돌아가네.

　　앞으로 저승에서 만나게 되면

　　인간세상 부질없는 시비는 말하지 마세.

　　無等山前曾把手 牛車草草故鄉歸

　　他年地下相逢處 莫說人間謾是非

박상, 「효직의 상을 당하여(逢孝直喪)」, 『눌재집(訥齋集)』

**조광조의 묘** 무덤 앞의 비석에는 노수신(盧守愼)이 짓고 이산해(李山海)가 쓴 비문이
새겨져 있다.

『눌재집』에는 위와 같이 되어 있지만, 판본에 따라서는 첫번째 구
절이 "예전 사헌부에서 붉은 관복 입은 일 말하지 말라(不謂南臺舊紫
衣)"로 된 곳도 있다. 조광조가 무등산 아래 능성으로 귀양왔을 때 서
로의 불우한 처지를 위로하였더니, 이제 초라하게 그 시신이 달구지
에 실려 고향으로 돌아간다고 하였다.

## 죽은 뒤의 영광과 심곡서원

개혁을 부르짖던 젊은 학자 조광조는 그렇게 죽어갔다. 그의 주검을
몸소 염습했던 양팽손은 상여가 떠난 지 얼마 되지 않은 여름날, 남몰
래 능주의 중조산(中條山) 아래 사당을 세웠다. 이보다 앞서 김세필(金

世弼)이 중국에 사신 갔다 돌아와서 조광조의 신원을 청하였다가 국문을 받아 유배된 일이 있었다. 그 뒤로 그의 신원을 위해 노력하는 이가 아무도 없었으니, 양팽손이 홀로 조광조의 넋을 달래었던 것이다.

조광조는 그로부터 상당한 세월이 흐른 후에야 신원될 수 있었다. 중종 36년(1541) 김안국(金安國)이 조광조의 직첩(職牒)을 돌려줄 것을 청하였으나 중종은 이를 허락하지 않았다. 다시 4년의 세월이 흐른 후 인종이 즉위하면서 사림의 청을 받아들여 관작을 회복시켜 주었다. 고려 말에서부터 조선 초기로 이어지는 도통(道統)에 정몽주, 길재(吉再), 김숙자(金叔滋), 김종직, 김굉필 다음으로 조광조를 두게 된 것이 바로 이 무렵의 일이다.

명종 12년(1557) 원래의 위치에서 서쪽으로 100보쯤 떨어진 곳으로 묘를 옮기고 부인을 합장하였다. 1568년 선조가 즉위하면서 영의정에 추증되는 영예를 입었다. 또 선조 3년(1570)에는 문정공(文正公)의 시호를 받는데, 도덕(道德)과 박문(博聞), 정도(正道)로 사람들을 감복시켰다는 의미다. 다시 그 이듬해 능주에 죽수서원(竹樹書院)이 건립되었다. 양팽손이 지었던 사당의 현판을 옮겨 걸고 양팽손의 위패도 함께 모셨다. 그후 광해군 5년(1613)에 서원을 중수하였는데 이때의 기문은 조찬한(趙纘韓)이 지었다. 또 서원 서쪽 기슭에 둔대가 있어, 감사로 있던 박승종(朴承宗)이 천일대(天日臺)라 이름붙이고 기문을 지은 바 있다. 오늘날 이곳에는 정암 조선생 적려유허추모비(靜菴趙先生謫廬遺墟追慕碑)가 서 있는데, 송시열의 솜씨로 제작된 글이 새겨져 있다.

**적려유허추모비** 1667년 조광조가 유배된 능주에 세워진 추모비로, 앞면의 글씨는
송준길이 썼고 뒷면의 기문은 송시열이 지었다.

도봉산 아래 영국사(寧國寺) 터에도 그를 기리는 서원이 세워졌다.
조광조가 젊은 시절 이곳의 산수를 좋아하여 자주 노닐었기 때문이
다. 이 서원은 선조 6년(1573) 남언경(南彦經)이 창건하였는데, 17세기
전반기에는 위항인(委巷人)이지만 예학(禮學)에 뛰어났던 유희경(劉希
慶)이 이곳으로 거처를 옮겨 조광조의 위패를 모셨다. 선조 9년(1576)
에는 김굉필을 모셨던 희천에 양현사(兩賢祠)가 세워졌다.

이와 더불어 선조대에 사림에서 조광조를 문묘에 종향해 줄 것을
지속적으로 청하였으나 뜻을 이루지 못하다가, 광해군 2년(1610) 9월
4일 드디어 김굉필·정여창·이언적·이황과 함께 문묘에 종향되었다.
조광조의 고향인 용인에 서원이 건립된 것은 이 무렵의 일이다. 조광

조의 연보에는 선조 38년(1605) 심곡서원(深谷書院)이 건립된 것으로 되어 있지만 자세한 경과가 밝혀져 있지 않으므로 그 규모는 초라하였을 것이다. 여러 사람들이 심곡서원에 사액을 청한 끝에 효종이 즉위한 1649년 사액이 이루어지면서 온전한 서원으로 중창된 것으로 보인다. 중건된 건물에는 김상헌(金尙憲)이 지은 상량문(上樑文)을 내걸었다. 그러나 이때까지도 서원에는 강당이 없어 교육기능을 제대로 하지 못하다가, 효종 9년(1658) 강당이 완성되었고 송시열이 지은 기문을 그 벽에 걸었다.

이후 조광조가 김식과 함께 은거하고자 하였던 양근(楊根)에도 미원서원(迷源書院)이 건립되었거니와, 전국 도처의 서원에 그의 위패가 모셔졌다. 그중 해주의 소현서원(紹賢書院), 나주의 경현서원(景賢書院), 여산의 죽림서원(竹林書院), 영흥의 흥현서원(興賢書院) 등이 널리 알려진 곳이다.

## 다시 세워진 사은정

살아생전 조광조가 이자 등과 함께 강학하고자 하였던 장소인 용인의 사은정은 그가 죽은 뒤 조용히 사라졌다. 그로부터 300여 년의 세월이 지난 18세기 말엽, 그 뜻을 기리고자 하는 후손들의 노력에 의하여 사은정이 중창되었다. 조광조의 9대손인 조국인(趙國仁), 이자의 후손 이두인(李斗演), 조광좌의 후손 조홍술(趙弘述) 등이 힘을 합쳐 사은정을 새로 만들게 된 것이다. 그리고 이를 기념하여 정범조(丁範祖)와 민종현(閔鍾顯)이 지은 기문을 내걸게 되었다.

다음은 문장으로 이름이 높은 정범조의 기문이다.

사은정은 문정공 정암 조선생이 강학하던 곳이다. 정자는 구성(駒城) 관아의 남쪽 취봉산(翠鳳山)과 보개산(寶盖山) 사이에 있다. 깎아지른 절벽과 층층바위에 맑은 물이 굽이도는 빼어남이 있다. 정자의 이름을 사은이라 한 것은 밭을 갈면서 은거하고 나물을 캐면서 은거하며 낚시를 하면서 은거하고 노닐면서 은거한다는 뜻이다. 선생이 은거하면서 즐긴 것들이다.

중종께서 등극하시자 자상하게 현자를 구하였다. 정신을 가다듬고 분발하여 좋은 나라를 만들어 큰일을 이루고자 하는 뜻이 있었다. 선생이 곧은 도리와 바른 학문으로 성상의 부름을 받아 원대한 계획을 나날이 찬양하였다. 하은주(夏殷周) 삼대를 회복하는 일을 자신의 임무로 삼았으니, 어느 겨를에 사은정에서 즐길 여가가 있었겠는가? 그러나 자고로 성현은 출처에 정해짐이 없고 때에 따라 처신하였으니, 의리에 적합하면 그뿐이었다. 이 때문에 이윤(伊尹)은 재상의 중임을 맡았으면서도 고향으로 돌아가고자 하였고 주공(周公)은 가까운 숙부이면서도 농사에 대해 밝혔다. 선생이 비록 몸은 조정에 있고 뜻은 경세제민(經世濟民)에 있었지만 먼 곳으로 물러날 뜻이 있어 하루라도 고향을 잊은 적이 없었다. 세월이 흘러가고 치란이 교체되어 여러 간악한 무리들이 엿보아 놀라운 일들이 벌어져 목숨이 경각에 달렸지만, 선생은 높은 식견과 밝은 지혜로 몸을 거두고 돌아가 여생을 마칠 것을 기다리지 않은 채 임금이 알

**조광조 묘지 앞의 소나무** 그리 오래되지 않은 소나무지만 조광조의 무덤 곁에서 자란 것이라 풍상을 겪은 자태가 고고하다.

아픔에 감격하여 종묘사직을 돌아보면서 머뭇머뭇 차마 떠나지 못하다가 북문의 화가 일어나게 되었던 것이다.

선생은 도의로 사귄 벗 세 사람이 있었으니 음애 이자, 종인(宗人) 방은 조광보와 회곡 조광좌 형제 두 분이다. 선생은 휴식하는 여가에 세 군자들과 더불어 사은정에서 경전의 뜻을 밝히며 매우 즐겁게 살았다. 선생이 화를 당한 후 회곡이 힘써 사류들을 구하고자 하였으나 그 또한 화를 당하게 되었다. 슬프도다. 은거하면서 아랫자리에 있는 것은 군자가 원하는 바가 아니나, 아침에 현달한 자리에 올랐다가 구렁에 굴러 떨어지는 것이 어찌 은거하면서 몸을 보호하는 것만 하겠는가? 이 때문에 『주역』에 "천지가 가리어 막히면 현자

**심곡서원** 1650년 조광조를 제향하기 위해 설립한 서원으로, 대원군이 서원철폐령을 내렸을 때에도 무사하였다. 심곡은 용인에 있는 그의 고향땅 이름이다.

가 숨는다"고 하였고 또 "세상에 은둔하여 고민이 없다"고 한 것이다. 선생께서 여유 있게 삶을 마쳐 은거하는 즐거움을 이루지 못하고서 도리어 화를 입어 세상사람들이 슬퍼하게 된 것은 어찌 세상의 운수 때문이 아니겠는가?

선생이 돌아가시고 이미 300여 년이 지났으니 정자 또한 따라서 황폐해졌다. 선생의 9세손 국인(國仁)이 세월이 오래 경과한 것을 슬퍼하고 선조의 터전이 영원히 사라져 버리는 것을 안타까워하여, 몇몇 군자의 자손들과 함께 의논하고 중창하기로 하였다. 정자가 완성되자 나에게 기문을 청하였다.

무릇 벼슬길에 나아가서는 임금과 백성에게 은택을 베풀어 세상의 도를 바꾸고, 향리로 물러나서는 책을 읽고 학문을 강론하여 근심을 잊는 것, 이 두 가지가 선생의 뜻이었으나 이루지 못하고 돌아가셨으니 남은 한이 있다 하겠다. 선생의 자손된 자들은 덕을 따르고 가르침을 준수하여 집에서나 나라에서나 각기 그 의로움을 다하여 선생이 마치지 못한 뜻을 이어나는 것 또한 선생이 자손들에게 바라는 것이리라. 힘쓸지어다. 삼가 이러한 말을 써서 사은정의 기문으로 삼노라.

정범조, 「사은정기(四隱亭記)」, 『해좌집(海左集)』

이러한 뜻으로 세운 사은정은 지금 기흥읍 지곡리에 있다. 본래 정면 3칸, 측면 2칸이며, 전면의 팔작지붕에 한식 골기와를 얹었다고 하지만, 지금의 모습에서 옛 자취를 헤아리기는 쉽지 않다. ▤

# 달천 강물 위에 띄운 이자의 집

단출한 초가집에 성긴 울타리 어른어른

푸른 절벽 병풍 삼고 강을 못 삼았다네

**팔봉서원** 이자를 제향하기 위하여 그 집터에 세운 서원으로, 그 앞에 여덟 개의 봉우리가 펼쳐져 있어 붙인 이름이다. 봉우리가 칼처럼 생겼다 하여 검암서원이라고도 하고, 앞개울 이름을 따서 계탄서원이라고도 한다.

## 젊은 날의 부귀영화와 우정

이자(李耔, 1480~1533)는 고려를 대표하는 문인 이곡(李穀), 이색(李穡), 이종학(李種學)의 후손이며, 대사간을 지낸 이예견(李禮堅)의 아들로 서울에서 태어났다. 명문의 후손임은 두말할 것도 없거니와 외가 쪽으로는 서거정(徐居正)과 연결되며, 비록 소원하게 지냈지만 중종 때의 권신 김안로(金安老)와는 동서가 된다. 이자는 자신의 집안 내력에 대해 이렇게 적은 바 있다.

몽옹(夢翁)은 본래 한산(漢山) 사람이다. 가정(稼亭) 문효공(文孝公), 목은(牧隱) 문정공(文靖公)으로부터 모두 문장과 덕행으로 조정에 이름이 나고 국가의 귀감이 되었다. 첨서공(簽書公) 휘(諱) 종학(種學)은 선조(先朝)에 절의를 다하여 조선이 개국될 때 목숨을 바쳤다. 양도공(良度公) 휘 숙무(叔畝)는 다섯 도의 관찰사를 역임해서 형조판서가 되었는데, 밝은 심리(審理)로 원통함이 없었다. 지돈녕부사(知敦寧府事)로 마쳤는데 임종에 자손에게 경계하기를, "나이 칠순이 지나고 벼슬이 2품에 올랐으니 죽은들 무엇이 한스러우랴. 다만 자손이 많은데 굶주림과 추위를 면치 못할까 두렵구나" 하였다. 중외(中外)에 명성을 드날렸지만 집에는 재물이 없었다. 조부(祖父) 참판(參判)의 휘는 형증(亨增)이시다. 몸을 세워 청렴하여 빈한을 편안히 여겼으며, 홍주목사(洪州牧使)가 되어 물건 하나를 남에게 줄 것이 없었으니, 지금에 이르기까지 사람들이 이 말을 전하고 있다. 이분이 선부군(先府君)을 낳으셨다. 선부군께서는 나신 지 한 달이 못 되어 어머니를 여의시고 할머니 조씨(趙氏)가 갑자기 돌아가시자 전조(前朝) 왕씨(王氏) 순녕군(順寧君) 부인 조씨에게 양육되었다. 부지런히 글을 읽어 과거에 합격하시고 조정에 선 지 40여 년 동안 계신 곳마다 청렴하고 삼가는 것으로 이름이 났으며, 자제들을 가르치는 데는 검칙하는 것 이외에 달리 좋아하는 것이 없었다.

이자, 「스스로에 대하여(自敍)」, 『음애집(陰崖集)』

이자는 어린 시절 부친을 따라 풍기·삼척 등 지방을 돌아다녔는데, 이때에는 주로 부친으로부터 학업을 닦았다. 14세에 삼척 두타산 중대사(中臺寺)에서 『송사(宋史)』를 읽다가 느낌이 있어 만언소(萬言疏)를 지어 조정에 바치려 하였으나 부친의 만류로 그만두었다고 하니, 그 재주를 짐작할 수 있다. 이듬해 주계군(朱溪君) 이심원(李深源)에게 나아가 학문을 배웠다. 주계군은 태종의 현손으로 김굉필의 문인이었으니 신진사류에 속한다고 하겠다.

22세 때 사마시에 합격하였으나 부친을 따라 다시 안동으로 내려가 있다가 25세에 문과에 장원급제하면서 사헌부 감찰로 벼슬을 시작하였다. 재주를 인정받아 1504년 서장관(書狀官)으로 중국에 다녀왔는데, 중국에 있을 때 갑자사화가 일어나 그의 부친이 경상도 용궁(龍宮)에 유배되었다가 다시 성주(星州)로 이배되었고, 스승 주계군도 김굉필과 함께 사사되었다. 그 자신은 화를 입지 않아 이조좌랑으로 승진하였지만 스스로 외직을 청하여 의성군수로 나갔다가 중종반정을

**음애동의 고택** 이자의 고향집으로 용인의 지곡리에 있다. 이자는 이곳에서 조광조와
함께 은거할 꿈을 꾸었다

맞이하였다.

이후 홍문관 수찬에 임명된 이래 홍문관에서 응교, 부교리, 교리 등
핵심적인 문한(文翰)의 자리에 있었다. 또 사가독서에 선발되어 호당
(湖堂)에 드는 영예도 입었다. 그후 직제학과 부제학을 지냈으며 도승
지, 대사헌, 한성부 판윤, 형조판서, 오위도총부 도총관, 우참찬 등 청
요직을 두루 지냈다.

그러나 1519년 11월 15일 기묘사화가 일어나자 이러한 영화는 모
두 물거품이 되었다. 1519년 12월 조광조와 조광좌는 사형을 당하였
고, 사은정의 주인 구실을 하던 조광보도 낙담하여 낙향해 버렸다. 이
자는 다행히 삭탈관직에 그쳤다. 이자는 선영이 있던 용인의 기곡 양

지리(陽智里)로 물러났다. 이보다 앞서 이자는 중종 11년(1514) 물러나 살 곳을 미리 장만해 두었다. 이자는 부친의 묘 남쪽 산기슭의 양지바른 곳에 사암(思庵)을 짓고 여기서 여생을 보내고자 하였다. 아울러 이자는 조광조·조광보·조광좌 등과 함께 용인 두암(斗巖) 아래쪽, 선산 골짜기에 사은정(四隱亭)을 지었다. 이자는 이들과 의형제를 맺었다. 이자와 조광조의 선영이 모두 용인에 있는데다가 나머지 두 사람의 전장도 용인에 있었기에 절친하게 된 것이다. 서울에서도 이들은 만나지 않은 날이 없었고, 용인에 내려와서도 함께 놀았다. 꽃구경도 하고 쑥을 태워 그 연기를 쐬는 놀이도 하였다. 네 사람이 낚시도 하고 나물도 뜯고 나무도 하며 밭갈이도 하면서 숨어산다는 뜻에서 사은정이라 한 것이다.

**음애계곡** 음애의 작은 개울. 음애동(陰崖洞)이라 쓴 이자의 글씨가 바위에 새겨져 있다.

## 음성의 음애로 물러나서

벼슬에서 쫓겨난 이자는 더 이상 용인에 머물러 있을 수가 없었다. 용인에는 먹고살 논밭이 없었기 때문이다. 처음에는 조그만 별업이 있던 경상도 용궁(龍宮) 땅으로 물러나려 하였다. 용궁은 그의 부친이 벼슬하였던 곳으로, 이자는 중종 10년(1515) 용궁의 대죽리(大竹里)에서 잠시 살기도 하였다. 용궁과 가까운 봉화에는 평생의 동지 권벌(權橃)이 살고 있었으며, 또 그의 장인인 채수(蔡壽)도 용궁 인근의 함창(咸昌)으로 물러나 있었다. 그러나 그곳은 선영에서 너무 멀리 떨어져 있었다.

이에 이자는 음성의 음애동(陰崖洞)으로 물러나게 되었다. 오늘날 음성군 소이면 비산리 방죽마을 안쪽이다. 이자는 음애동에 살았기에 자신의 호를 음애라 하였다. 그는 이때의 삶을 이렇게 적고 있다.

물러나 음애에 살면서 인사를 끊고 문을 닫고 잘못을 살폈다. 샘을 뚫어 못에 대고 풀을 베어 정자를 지었다. 휘파람 불고 시를 읊어 회포를 풀었다. 때로 술을 얻으면 실컷 마시고 10여 일씩 일어나지 않았다. 오랫동안 양치질과 빗질을 하지 않아 때가 손톱에 가득하였다. 자빠지고 쓰러져 정신이 희미한데 빈터에 오락가락하여 마치 꿈속에서 헛소리하는 것과 같고 혹 글자를 꾸며내서 시구를 만들어도 다시 놀랄 만한 말이 나오지 않고, 근심이 쌓여 습관이 되었다.

이자, 「스스에 대하여(自敍)」, 『음애집』

**탁영선탑(濯纓仙榻)** 갓끈을 씻는 신선의 평상이라는 의미로, 이자의 뜻을 드러낸 것이다. 음애계곡의 바위에 새겨져 있다.

이자는 음애동에 조그만 집을 짓고 인사를 끊고 산수자연을 벗하여 살았다. 집 동쪽의 돌틈에는 샘물이 솟아나 맑은 개울을 이루었다. 개울 좌우에 바위가 구불구불 깎은 듯이 서 있어 골짜기의 문이 되었다. 이자는 이를 탁영선탑(濯纓仙榻)이라 이름하였다. '음애동(陰崖洞)'과 함께 '탁영선탑'이라 새긴 글씨가 오늘날 비산리 음애동 계곡에 남아 있다.

이자는 이곳에서 학자들을 이끌고 소요하면서 시주(詩酒)로 소일하였다. 지나친 음주로 병이 나자 벗 권벌이 술을 조심하라고 편지를 보냈을 정도였다. 그러나 술을 마시지 않고는 배기지 못하였을 것이다. 선산(善山)으로 유배갔던 김식(金湜)은 거창 산골짜기로 들어가 목을 매어 죽었고, 제주도로 유배갔던 김정(金淨)은 사사되었으며, 조광좌는 곤장을 견디지 못하고 죽었기 때문이다.

음성에 내려온 지 5년 만인 중종 20년(1525) 이자는 살던 집을 고쳐 과정(瓜亭)이라 하였다. 집 동북쪽 빈터에 손수 오이를 키우며 살았기에 이 이름을 붙인 것이다. 과정은 배나무에 기대어 얽은 보잘것없는 집이었다. 동쪽에는 소나무 언덕이 있고, 그 아래에 돌샘이 있었다. 연못을 파고 물을 끌어들여 물고기 백여 마리를 풀어놓았다. 남쪽으로는 넓은 들이 펼쳐져 있어 농부들이 일하는 광경과 지나가는 나그네들의 모습이 보였다. 서쪽은 첩첩 멧부리가 이어지고 단풍숲이 아름다웠다. 그는 4년을 더 이곳에서 살았다.

## 토계로 옮긴 집 몽암

이자는 중종 24년(1529) 5월 그믐 충주 달천(獺川) 상류 토계(兎溪)로 집을 옮겼다. 오늘날 충주시 이류면 토계리다. 토계는 검암(劍巖)이라고도 하는데 8개의 봉우리가 늘어서 있고 깎은 듯한 바위가 칼처럼 솟아 있었다. 이곳의 그윽함을 사랑하여 마침내 집을 정한 것이다. 이 무렵 그의 집은 매우 빈한하였다. 하루는 일어나 창을 열었는데 간밤의 구름이 물가에 흩어지고 아침햇살이 화단에 비치자 즐겁다 즐겁다 노래를 하였다. 그러자 종놈이 "소금이 없으니 즐겁다, 간장이 없으니 즐겁다"라고 비꼬았다. 스스로 지은 묘지에서는 이때의 삶을 이렇게 적었다.

다시 깊은 곳으로 들어갈 생각으로 토계로 옮겨갔다. 사람의 자취가 끊어지고 마을 연기가 지극히 적은데, 산은 높고 내는 깊어 종일토록 어정거리면서 물새와 들짐승과 더불어 욕심을 잊고 왕래하였다. 소탈하고 촌스러운 성격에 마음속으로 기대한 것과 우연히 합하였다. 이탄수(李灘叟, 이연경)가 사는 곳과 멀지 않아서 맑은 바람 밝은 달을 만나면 문득 배 한 척으로 서로 오갔다. 돌에 앉아 시를 읊고 높이 신선의 발자취를 사모하며, 맑은 냇물에서 달을 낚기도 하며, 또 단풍 산에서 물고기를 잡으니, 흥이 또한 적지 않았다. 매양 스스로 다행히 여겨 이렇게 말하였다.

"30세 전에는 임금에게 사랑을 받아 영광스럽게 출입하다가, 40세 후에는 전원에서 한가하게 살게 되어 음식을 내 맘대로 하였더니, 이제 다시 궁벽하고 경치 좋은 곳을 얻어서 주인이 되었다. 어찌 천지간의 한 가지 좋은 일이 아니겠느냐. 옛일을 돌이켜 생각하니, 동배(同輩)들은 죽어 거의 없어지고 남은 것이 겨우 두어 사람뿐이다. 게다가 세상과 비뚤어지게 살아가니 더욱 괴상한 일이로다."

이자, 「스스로에 대하여(自敍)」, 『음애집』

이자는 토계를 사랑하여 몽암(夢庵)을 지었다. 그리고 호도 몽옹(夢翁)이라 고쳤다. 어린 시절 강원도관찰사였던 부친을 따라가서 본 관동의 여러 절경과, 중년에 사신으로 북경에 가서 본 광경들을 마음에 담아 토계의 아름다운 풍광 속에서 꿈처럼 살겠다는 뜻이었다. 이자는 몽암에서의 생활을 이렇게 노래하였다.

단출한 초가집에 성긴 울타리 어른어른
푸른 절벽 병풍 삼고 강을 못 삼았다네.
책상에는 시서, 술병에는 술이 있으니
음애의 생활을 모두 옮겨놓았다네.
茅齋楚楚暎疎籬　翠壁爲屛江作池
案有詩書瓶有酒　陰崖活計已全移

이자, 「몽암에서 조용히 살면서(夢庵幽居)」, 『음애집』

이자는 곤경 속에서도 책을 놓지 않았다. 그는 일찍이 중종 앞에서 『성리대전(性理大全)』을 강의하였고, 『주자어류고해(朱子語類考解)』에 발문을 썼으며, 『당감(唐鑑)』을 본떠 『송사(宋史)』를 대상으로 『사평(史評)』을 저술한 바도 있다.

이름 높은 학자였던 이자가 토계로 물러나 살자 인근의 선비들이 몰려들었다. 이자는 용탄(龍灘)에 살던 이연경(李延慶), 지비천(知非川)에 살던 김세필(金世弼), 그밖에 이약빙(李若氷), 허초(許礎) 등과 어울려 가마와 배를 타고 오가면서 강학하였다. 훗날 그의 행장을 쓰게 되는 이연경의 사위 노수신(盧守愼)도 찾아와 강학한 적이 있다. 이자는 스스로의 생애를 돌아보고 자신의 행장을 직접 지었으며, 30세 때부터 써오던 일기를 들추어보고 발문을 짓기도 하였다.

학자들과 어울려 강학을 하자니 몽암은 너무 좁았다. 이에 중종 26년(1531) 이자는 못쓰는 배를 구하여 토계에 띄우고 그곳에 거처하였다. 다음은 그가 이 배의 갑판에 붙인 글이다.

검 암

산 앞뒤로 강이 흐르는데 바위산이 칼처럼 얇고 높게 솟아 있다.

산 뒤쪽의 마을에 팔봉서원이 있다.

모년 모월 모일 집안 식구들을 이끌고 몽암에 우거하였다. 몽암은 좁아서 들어갈 수가 없기에 고을에서 못쓰는 배를 빌려다가 나무를 가로질러 시렁을 만들고 그 위에 짚을 덮어 편안히 쉴 곳으로 만들었다. 짚방석을 깔고 앉고 네모난 돌을 베개 삼아 베었다. 바람이 불면 옷깃을 열고 달이 뜨면 달그림자를 즐겼다. 배가 고프면 여종을 불러 밥을 가져오게 하고, 이곳저곳 왕래할 때에는 새우를 가리키며 내 벗이라 하였다. 배를 띄우고 닻을 풀어 떠가는 대로 맡겨 두고, 낚싯대를 던져도 미끼를 물었는지 보는 것도 잊었다. 아득하고 멍하니 꿈속에서 얻은 생각으로 혹 시구를 지어 작은 돌에 썼다가 문득 강물에 던져버렸다. 사람 만나기를 기뻐하지 않았기에 사람이 오는 일도 드물었다. 눈앞의 아이놈들 손에 끌려 이리저리 오가면서도 그만두지 않았고 때때로 그저 웃을 뿐이었다. 매번 스스로를 돌아보고 이렇게 생각하였다.

"내가 천하를 두루 다녔는데 웅장하고 기이한 볼거리가 적지 않았지만 어찌 늘그막에 표표히 떠다니면서 이처럼 그윽한 곳을 얻어 여생을 보낼 것이라 생각이나 하였겠는가? 관복이 영화로운 것이 아니요, 도롱이가 부끄러운 것이 아니다. 넓은 집에 촘촘하게 짠 담요를 깔고 큰 술잔과 투호 그릇이 뒤섞이고 벗들과 실컷 먹어 배부르고 취하는 것은 즐거움이 있겠지만 내 성정이 그곳에 있지는 아니하다. 맑은 강 흰 바위를 마음껏 오가면 몸과 마음이 맑아져 기심(機心)을 잊게 된다. 내 신세를 생각해 보면 낭패하여 이곳에 이르렀지만 하늘이 나의 수명을 연장시켜 주었으니 그저 팽개치고 잊을 뿐이다. 세월이 흘러 이곳에서 3년을 보내는 동안 머리와 이빨도 빠져버리고 마음과 기운도 쇠잔해졌다. 천지를 살펴보아도 외로이 의지할 데가 없다. 성품이 본디 편벽되어 제대로 처신하지 못했다. 일찍부터 산림에 자취를 묻고 살려 하였으나 스스로 물러나지 못하였는데, 우연히 은총을 입어 이렇게 조용한 곳에서 여생을 마칠 수 있게 되었으니 평소의 지극한 소원을 이룬 것이 아니겠는가?'

이 때문에 배의 갑판에 써서 기록한다.

이자, 「배의 갑판에 붙인 기문(船板記)」, 『음애집』

이자는 젊은 시절 문학을 좋아하지 않았다. 그러나 늘그막 토계에서 살 때에는 문학에 힘을 쏟았다. 다만 정신이 억눌리고 기운이 약해져서 옛사람의 글을 읽는데도 책을 펴놓고 서너 번 보아도 문득 다시 까마득하고 조금만 있으면 졸음이 왔다. 졸음에서 깨어나면 원림(園林)을 산보하고 꽃도 심고 풀도 가꾸다가 싫증이 나면 또 자리에 가서 앉았다. 전에 보던 책을 익히려 하면 일찍이 보지 못했던 것 같았다. 마음을 다잡고 시간을 보내도 마침내 아무런 힘을 얻지 못한다고 스스로 한탄하였다. 시에 있어서도 눈은 높았지만 솜씨는 서툴러서 두어 구절을 얻어도 뜻에 차지 않는 곳이 있어 노여움이 따른다고 하였다. 그렇지만 후손들이 자신의 시를 보고 자신의 정황을 알게 한다고 하였다. 그 말대로 이자의 시는 당대 최고의 솜씨로 칭송받지는 못하였지만, 이때의 시문은 오늘날에도 그의 삶을 그려보기에 부족함이 없다.

**이자의 묘** 용인시 기흥읍 지곡리에 있다. 이자의 부모와 형의 무덤이 나란하다.

## 죽은 후의 영광

중종 28년(1533) 이자는 신광한(申光漢)과 김세필의 집이 있던 달천 하류에 있는 개산(介山)으로 나들이가기도 하고, 또 자신의 집에서 권 벌의 방문을 받기도 하였으나, 이때에는 이미 병세가 깊어졌다. 12월 에 절필의 글 「몽암관화유문(夢庵觀化遺文)」을 써서 자손들에게 유계 를 남겼다. 이 글에서 이자는 제사를 간소하게 지내라고 간곡하게 당 부하였다. 그리고는 15일 몽암에서 눈을 감았다. 이듬해 봄 고향인 용 인으로 돌아가 묻혔다. 오늘의 용인시 기흥읍 지곡리에 부친과 아들, 형의 산소가 나란히 있다.

이자는 그로부터 4년 후 신원되었고, 선조 때에는 문의(文懿)라는 시호도 받았다. 몽암의 옛터에는 그를 제향하기 위한 팔봉서원(八峯

書院)이 건립되었다. 처음에는 계탄서원(溪灘書院)이라 하였다가 다시 검암서원(劍庵書院)이라고도 하였는데 팔봉서원으로 사액을 받았다. 선조인 이곡 등을 배향하는 한산(韓山)의 문헌서원(文獻書院)에도 배향되었다.

이자는 후손복이 없었다. 원래 딸 셋과 추(秋)라는 이름의 아들이 있었으나 효성이 지나쳐 이자가 죽자 병을 얻어 일찍 죽었다. 이추는 독자 배(培)를 두었는데 그 역시 후사를 보지 못하여 제사를 받들 사람이 없었다. 이에 나라에서 특별히 후손을 이어주었다. 또 광국원종일등공신(光國原從一等功臣)의 녹권을 내렸고, 사화에 휘말리지 않았으면 당연히 그의 차지가 되었을 대제학의 벼슬도 추증하였다. 🖹

# 김안국과 은일의
# 공간 이호

은일정에 손님이 자주 찾아오니

막걸리 권하고 담소를 즐기노라

**기천서원** 김안국을 제향하기 위해 16세기에 세워진 서원인데, 근년에
복원되었다. 기천(沂川)은 공자의 제자 증점(曾點)이 기수(沂水)에서
목욕하겠다는 말에서 따온 것으로 선비의 맑은 풍류를 상징한다.

# 이천 주촌의 은일정

김안국(金安國, 1478~1543)의 자는 국경(國卿), 호는 모재(慕齋), 본 관은 의성이다. 조광조, 기준, 김정, 김식 등과 함께 김굉필의 문인이 며, 1503년 문과에 급제하여 벼슬길에 나갔다. 김안국은 문학적 자질 이 뛰어나 주로 홍문관에서 문한(文翰)의 임무를 맡았고, 1511년에는 이행(李荇), 김안로(金安老), 소세양(蘇世讓), 정사룡(鄭士龍) 등과 사가 독서를 받았으니 엘리트 코스를 밟았다고 할 수 있다. 1506년에는 중 국 사신 서목길(徐穆吉)을 맞이하는 종사관(從事官)으로 활약하였고, 1512년 일본에서 붕중(弸中) 등이 사신으로 왔을 때에는 선위사(宣慰 使)가 되었다. 그는 이때 붕중에게 깊은 인상을 남겨 국경을 넘어선 사 귐을 맺었고 붕중이 돌아간 후 일본의 군현·지명·관제를 베낀 첩자 (帖子) 1책을 지었다. 그 뒤로도 일본 사승(使僧)들의 접대에 선위사로 활약하였으니, 한일간 외교에 기여한 바가 매우 크다. 대사간, 공조판 서, 경상도관찰사 등 중임을 두루 맡다가, 1519년 전라도관찰사로 있 던 중 기묘사화가 일어나 파직되면서 산림처사로 돌아갔다.

1519년 11월 기묘사화가 일어나자 조광조를 비롯한 많은 개혁적인 인사들이 사사(賜死)되었지만, 김안국은 사약을 받지도 먼 곳으로 유 배당하지도 않고 그저 파직에 그쳤다. 기묘사화가 일어난 후 남곤의 후임으로 대제학을 뽑았는데 김안국은 최숙생(崔淑生), 유운(柳雲)과 함께 죄안(罪案)에 들어 있다는 이유로 추천에서 배제되었다. 결국 남 곤의 당여인 이행이 대제학에 제수되었으니 이 또한 불행이라 하겠지 만, 조광조의 우익(羽翼)으로 지목되었음에도 유배조차 가지 않은 것

**주어천** 상두산 기슭으로 흐르는 주어천 개울가 주촌에 김안국이 은일당을 짓고 살았다.

은 다행이라 하겠다.

　김안국이 이천의 주촌(注村)으로 내려온 것은 이듬해인 1520년 봄이었다. 주촌은 당시에는 경기도 이천에 속했지만 지금은 여주군 금사면 장흥리 상두산(象頭山) 아래 옛 장흥사(長興寺) 터 인근으로 추정된다. 개울 이름이 주어천이고 그 인근에 도곡리가 있는데 주록골이라 부르는 마을 부근인 듯하다. 마흔을 넘긴 나이에 머리까지 허옇게 센 김안국은 자신이 잘못 살았다는 것을 깨닫고 배를 띄워 어디론가 멀리 떠나고자 하였다. 그리하여 남한강 물이 바라다보이는 주촌에 집을 정한 것이다. 김안국은 선영의 땅을 팔고 아예 모든 가족을 이끌고 이곳으로 들어왔다. 처음에는 이천 부발읍에 있던 효양사(孝養寺)에서 지내다가 주촌에 집을 정하여 살게 되었다. 집 동쪽에는 초가로 된 은일정(恩逸亭)을 지었다. 김안국은 평생 그리던 귀거래의 뜻을 이루어 일민(逸民)으로 살게 된 것을 기뻐하며 절구 네 수를 지었다. 다음은 이즈음 은일정에서 지은 시이다.


　　은일정에 손님이 자주 찾아오니
　　막걸리 권하고 담소를 즐기노라.
　　좋아라 태평시절 전원의 즐거움이여
　　성상은 요임금처럼 억만년 누리소서.
　　恩逸亭中客到頻　濁醪相勸笑談親
　　只誇淸世田園樂　更祝堯齡億萬春

　　　　　　　　김안국, 「은일정에 쓰다(題恩逸亭)」, 『모재집(慕齋集)』

'은일(恩逸)'은 임금의 은혜로 일민이 되어 태평세월을 누린다는 뜻이다. 이후 김안국은 매년 봄을 맞을 때마다 은일정에서 이 시와 동일한 운자(韻字)로 임금의 만수무강을 축수하였다. 처자와 함께 태평세월을 보내는 것이 모두 임금의 은혜라 거듭 청송하였지만, 실은 술과더불어 비분강개의 나날을 보내면서 조정에서 불러줄 날만 기다렸다.

주촌으로 들어온 지 몇 년 후인 1523년, 김안국은 은일정 동쪽 언덕에 다시 초가지붕을 인 작은 정자를 짓고 그 이름을 동고정(東皐亭)이라 하였다. '동고'는 동쪽 언덕을 뜻하는데, 도연명의 「귀거래사」의 "동쪽 언덕[東皐]에서 휘파람을 분다"에서 따온 말이다. 그리고 제생서원(諸生書院)과 아배서원(兒輩書院)을 만들어 학업의 공간으로 삼았다. 김안국이 이곳에서 매일 여러 문생들과 경전의 뜻을 강론하니, 학자들이 나날이 모여들었다. 나물반찬에 풀죽을 먹고 살았지만, 초라한 음식까지도 제자들과 함께 하였다.

그러나 김안국을 싫어하는 사람들은 그가 작당을 한다고 비방하며죄안에 넣으려 하였다. 자칫하면 화를 입을 수 있었기에 김안국을 좋아하던 이들은 그에게 문생들을 내보내도록 권유하였지만, 김안국은개의치 않고 계속 책이나 읽을 뿐이었다. 스스로 호를 주촌산로(注村散老)라 하고, 그렇게 9년의 세월을 보내었다.

비록 쫓겨온 몸이지만 여주부사 양숙(梁淑), 진사 박인량(朴寅亮)과성담령(成聃齡), 최광한(崔光瀚), 엄용순(嚴用順), 유생 정자건(丁子健)과 김기(金器) 등이 가끔 찾아오거나 술도 보내주어 위안이 되었다.벗 이강(李綱)이 벼슬을 그만두고 돌아와 정자를 짓자, 그 이름을 귀

**상두산** 김안국은 상두산 기슭 주어천에 은일정을 짓고 살았다. 은일정은 임금의 은혜로
일민이 되어 태평세월을 누리는 집이라는 뜻이다.


래정(歸來亭)이라 붙여주고 즐거운 한때를 보내었다. 윤언경(尹彦卿)
이라는 사람의 정자에는 소일정(所逸亭)이란 이름을 지어주었다. 문
생인 윤개(尹漑)도 가끔 찾아와 주촌에 묵으면서 이야기를 나누고 시
를 주고받았으며, 박인량·최광한 등과 절친하게 지내며 야외로 나들
이를 하거나 함께 앉아 막걸리를 마시기도 하였다. 특히 김안국은 자
신의 거처에서 20리 떨어진 수출리(水出里)에 살던 성담령과 교분이
깊었는데, 성담령은 김안국의 부친과 동년(同年)의 벗이었다. 김안국
은 법륜사(法輪寺), 신륵사(神勒寺), 도림사(道林寺) 등지를 유람하고
그곳의 승려들과 시를 수창하기도 하였다.
　1525년 봄, 김안국은 가족들을 이끌고 이호를 떠나 서울로 올라갔

다. 뱃길로 가면서 교암(交巖)에 이르러 함림정(涵林亭)에 올라 매화를 감상하고, 두모포(豆毛浦)에 도착하여 친지들과 제자들의 환영을 받았다. 그러나 세사가 여의치 못하여 벼슬길이 열리지 않았다. 부득이 3월 삼짓날 짐을 꾸려 다시 배를 타고 혼자 주촌으로 내려왔다. 법륜사에서 하루를 묵고 집으로 돌아와 꽃그늘 아래에서 박인량, 최광한 등을 만나 통음(痛飮)하였다. 이때 「강월곡(江月曲)」이라는 시조를 잘 부르는 이가 있었다. 김안국은 천석고황(泉石膏肓)의 노래인 「강월곡」을 듣고, 노래가사처럼 살고자 하였다. 「최자징이 술을 가지고 찾아와서 함께 복사꽃 아래에서 술을 마시고 자징의 시에 차운하다(崔子澄持酒來訪共飮桃花下次子澄韻)」(『모재집』)라 제목한 시의 주석에서 「강월곡」을 한시로 번역해 놓았다.

> 만경창파의 초승달 같은 저 달아
> 너나 나나 다 저를 볼 수 있지만,
> 나는 너만 못해 둘 다 보지 못하여
> 밤마다 하릴없이 너와 저를 바라보노라.
> 滄江萬頃如眉月　你得看儂亦見伊
> 儂不似你能兩見　宵宵空望見伊你

　김안국이 서울에 가족을 남겨둔 것은 서울로 돌아가고 싶다는 미련을 완전히 버리지 못하였기 때문이다. 그러나 서울에서 살려던 계획이 완전히 무산되자 그해 10월 9일 다시 서울로 가서 가족들을 이끌고 광나루에서 배에 올랐다. 이때 광나루에 살고 있던 종실(宗室) 학성정(鶴城正)의 전송을 받았다. 후일 그로부터 「광진십영(廣津十詠)」을 지어달라는 청을 받아 시를 지어준 바 있다.

김안국은 월계(月溪)에서 하루를 묵고 달밤에 기탄(岐灘)을 지났다. 도중에 금척원(金尺院)의 상류에서 잠시 쉬었다. 길가에 있는 맑은 못가에 기암괴석이 서 있는데, 단풍이 어리비치고 물고기가 뛰노는 매우 아름다운 곳이었다. 김안국은 하인들을 시켜 돌을 쌓아 대를 만들고 이를 이름하여 은광대(隱光臺)라 하였다. 그리고 시를 지어 은광대를 빛내었다.

주촌에 돌아오자 다시 돌아온 그를 위하여 주촌의 조카들은 국화주를 내었고, 또 여러 문생들은 효양사에서 그를 맞는 잔치를 열어주었다. 김안국은 최광한 등과 더불어 효양사 뒷산에서 유두회(流頭會)를 결성하였다. 정사룡(鄭士龍)·김안정(金安鼎)·김흠조(金欽祖)·강은(姜濦) 등과 신륵사로 달구경을 나서기도 했으며, 가끔 용문산(龍門山)에 오르거나 상원사(上院寺)를 유람하기도 하였다.

## 여주 이호의 범사정

이듬해인 1526년 김안국은 다시 가족을 이끌고 서울로 올라갔다. 빌린 배가 부서져 비가 마구 들이쳐 잠을 이루지 못할 만큼 고생스럽게 서울로 올라갔건만 해를 넘기지 못하고 도로 주촌으로 돌아왔다. 다시 문생들과 어울려 강학하고 여가에 시주를 즐겼다. 두 번의 상경 계획이 실패로 돌아가자 1527년 아예 여주의 이호(梨湖)로 옮겨와 살

생각으로 옛 천녕(川寧) 관아가 있던 남한강변에 새로 집을 지었다. 오늘날 여주군 금사면 이포(梨浦) 인근인데 주촌에서 그리 멀지 않은 곳이다. 이 근처 강물이 넓어지는 곳을 당시에 이호라 하였다.

이듬해 봄 마지막으로 은일정과 동고정 등 그의 거처에 춘첩자(春帖字)를 붙인 뒤, 봄이 가기 전에 이호로 옮겨갔다. 여주 고을원인 김안정의 도움이 컸다. 김안정은 김안국에게 쌀을 비롯한 여러 물품을 보내주고 자주 찾아와 시를 수창하였다. 경기감사 황맹헌(黃孟獻) 등 지인들이 그의 집을 찾아와 즐거운 한때를 보내기도 하였다. 한번은 동년의 벗인 여주군수 김안정, 교수 김사결(金事結), 양근군수 박원겸(朴元謙), 지평군수 이계증(李繼曾), 이윤우(李允耦) 등과 함께 용문산을 유람하였는데, 이때 지은 장편의 기행시 「용문산기유(龍門山紀遊)」는 훗날 와유(臥遊)의 자료로 널리 읽혔다.

이 무렵 김안국은 별서 곁 이호에 작은 정자 범사정(泛槎亭)을 지었다. 매년 춘첩자를 써서 자신의 처소에 붙이던 김안국은, 1529년부터 주촌의 은일정과 서원 외에 범사정에도 시를 붙이게 되었다. 물론 임금의 만수무강을 축원하고 일민으로 살아가는 것을 성은이라 하였으니, 10년째 해마다 중종이 자신을 불러주기를 염원하며 쓴 것이다. 범사정의 기문은 신광한(申光漢)이 썼다. 뗏목을 띄운다[泛槎]는 뜻이 무엇인가? 이에 대하여 신광한은 『논어』에서 이른 "도가 행해지지 않으니 뗏목을 타고 바다에 뜨고자 한다"는 뜻과 함께 장자(莊子)가 이른 무용지물이라는 뜻의 산재(散材)에 대한 설로 그 의미를 설명하였다.

뗏목이라는 물건은 재목으로는 사람에게 쓰이지 못하는 것이니, 비록 장주(莊周)가 이른 쓸데없는 산재(散材)라는 것은 아닐지라도, 재목 중에서는 쓸모없는 것을 이르는 것이겠지요. 장주의 말에 "나무가 자라남에 재목이 되고 싶지는 않지만, 계피를 먹을 수 있기에 껍질이 벗겨지고, 옻칠로 쓸 수 있기 때문에 잘리게 되는 법이다. 가래나무, 오동나무, 고리버들 등 무릇 쓰임이 있는 것은 모두 다치는 것을 면할 수 없다"고 하였지요.

이제 뗏목으로 쓰이는 나무도 처음에는 재목으로 쓰일 수 있는지 여부를 따질 것도 없이 깊은 산 험한 바위틈에 나서 죽어갈 뿐, 위로 기둥이나 들보가 되지도 못하고 아래로 땔감으로도 쓰이지 못하며 거문고나 비파, 관이나 나무술잔으로 만들어지지도 못하겠지요. 그 덕에 오래 살아서 크게 자라났다가 절로 바람과 서리에 꺾여 죽고 난 후, 그 모양이 뗏목처럼 생기고 속이 비어 있다 한들, 파도를 치고 물결을 거스르면서 강과 바다 속으로 뗏목이 되어 떠다니지도 못하겠지요. 그러다가 요행히 사람들을 만나게 되어 배를 대신하게 되는 임무를 맡게 되는 일은 백에 하나도 되지 않겠지요. 그렇다면 뗏목이라는 물건은 재목 중에 다행한 것이라 하겠소. 쓰임이라는 것은 쓰이지 않는 것에서 생겨나는 법이라 하겠지요. 이는 바로 장주가 이른 재목으로 쓰이는 것과 재목으로 쓰이지 않는 사이에 있는 것이라 할 수 있겠소.

이 때문에 공이 자호를 이호산로(梨湖散老)라 하고 이호의 정자를 범사정이라 한 것이겠지요. 아마도 공이 뜻을 취한 것이 여기에 있겠지요. 이호의 물이 넘실거려 하늘과 하나가 될 때가 되면 공은 작은 두건에 간편한 옷을 입고 정자 위에 앉아, 환한 봄날 바람이 잦아들거나 맑은 가을날 달이 밝으면 때때로 이 뗏목을 타고서 부평초나 갈매기와 더불어 떠다니면서 인간세상을 모두 잊고서 재촉하지 않겠지요. 쓰임이 없는 쓰임은 여기에 이르러 더할 것이 없다 하겠소이다.

신광한, 「범사정기(泛槎亭記)」, 『기재집(企齋集)』

김안국은 범사정 동쪽 먼 곳에서 샘물을 끌어다가 처마 밑에 파놓은 작은 연못에 대었다. 물이 맑아 볼 만하였기에 "우연히 먼 데서 샘을 끌어 작은 못을 마련하니, 맑디맑아 흰한 거울처럼 마음을 깨우치네(偶引遙泉開小沼 洞然澄鑑喩心原)"라 노래하였다.

범사정에서는 북쪽으로 용문산, 동쪽으로는 혜목산과 치악산, 백운산, 미륵산, 천등산, 도갑산, 남으로는 보련산과 백족산, 월악산, 오음산, 서쪽으로는 원적산이 보였다. 김안국은 처음 이곳으로 이주하였을 때 산 이름을 알지 못하였는데, 한 승려가 와서 가르쳐주어 하나하나 알게 되었다. 눈이 밝은 옛사람이니 먼 곳의 산도 다 볼 수 있었다.

김안국은 이호의 16가지 아름다운 풍광을 정하여 이호의 풍월주인이 되었다. 다음은 이호십육경(梨湖十六景)이다.

영릉의 상서로운 아지랑이(英陵瑞靄), 나직한 패대숲(貝藪平楚),

치악산에 떠 있는 이내(雉岳浮嵐), 용문산의 겹겹 푸른빛(龍門層翠), 이호의 달밤에 떠 있는 배(梨湖月艇), 어양진(漁楊津)의 안개 낀 나무(楊津煙樹), 비 내리는 교연에서 도롱이를 입은 사람(交淵雨蓑), 눈 내린 장흥사에서 타는 노새(長興雪驢), 반석 낚시터에서의 계회(盤磯禊飮), 파사성(婆娑城)에서의 답청(婆城踏靑), 큰 들판의 김매는 노래(大野耘歌), 두천에서 목동들이 부는 피리소리(豆川牧笛), 남지에서 완상하는 연꽃(南池賞蓮), 북쪽 별서로 찾아가는 매화나무(北墅尋梅), 환탄의 훤한 고기잡이 불빛(丸灘漁火), 입포에 바람 받은 배(笠浦風帆)

영릉(英陵)은 널리 알려진 대로 세종대왕의 능이다. 패수(貝藪)는 팔대숲(八大藪) 혹은 패대숲(貝大藪)이라 불렸는데 여주 관아 북쪽 3리에 있던 숲으로 그 길이는 6~7리에 뻗어 있다. 일찍이 서거정이 이곳에서 지은 시가 전한다. 치악산과 용문산은 여주에서 동쪽과 북쪽으로 바라다보이는 높은 산이다. 어양진은 관아 북쪽 10리에 있던 나루다. 장흥사는 이천의 주촌에 있던 절이고, 파사성은 관아 북쪽 40리 강가에 있던 성으로, 정유재란 직전에 승려들을 동원하여 증축한 바 있는 고성이다. 두천은 당시 두두미천(豆豆尾川)이라고도 하였는데 이천과 여주 사이로 흐르는 강이고, 남지는 관아 남쪽 1리에 있던 순지(蓴池)를 가리키는 것으로 보인다. 입포는 입암(笠巖) 인근의 포구인 듯한데 영릉(寧陵) 동북쪽 기슭에 있으며, 훗날 이정구(李廷龜)가 입암에서 쓴 시가 인구에 회자되었다.

# 이 호

여주 금사면 이포 앞의 강을 예전에는 이호라 하였다. 김안국의 정자 범사정이

강변에 있었으나 지금은 흔적조차 찾을 수 없다.

김안국은 매일 이곳에서 마을사람들과 이야기를 나누고 술을 마셨다. 저녁에 되어도 지겨워하거나 돌아갈 줄 몰랐다. 귀천을 가리지 않고 성심으로 대우하니 늙고 젊은 사람들이 모두 그를 좋아하여 곁에서 즐거워하였다. 옹기를 가지고 한 말들이 정도의 작은 못을 만들었다. 물을 끌어들여 그 안에 담고, 작은 물고기를 풀어놓아 보고 즐겼다. 어느 날 저녁 문인이 옆에 앉아 있는데 한밤이 되어 인적이 끊어지자 물고기가 뛰어올라 소리를 내었다. 김안국은 이렇게 말하였다. "크고 작은 놈은 제각기 다르지만 절로 즐거워하는 것은 같구나. 고요함 속에 움직임이 있으니, 이것이야말로 내가 즐기는 것이다." 물고기가 뛰노는 모습을 본 김안국은 이치를 탐구하는 학자의 자세로 『중용』의 '어약연비(魚躍鳶飛)'를 떠올렸다.

## 이호에서의 삶과 교유

김안국으로 인하여 여주는 16세기의 중요한 문화공간이 되었다. 김안국이 살던 천령 쪽 강변에는 일찍이 고려의 명신 이집(李集)이 세운 봉서정(鳳棲亭)이 있었고, 또 그 인근에는 역시 고려 말의 문장가 김구용(金九用)이 귀양와서 지은 육우당(六友堂)이 있었으며, 관아에서 동쪽으로 3리쯤 떨어진 마암(馬巖)에는 선초의 문인 임원준(任元濬)의 사우당(四友堂)이 있었다. 관아 북쪽 30리 평야지대 물가에 있는 고산에는 고려의 유신 이존오(李存吾)의 사적이 있어 훗날 고산서원(孤山書院)이 들어섰다.

김안국이 여주에 살자 인근에 물러나 있던 벗들이 그의 곁으로 몰

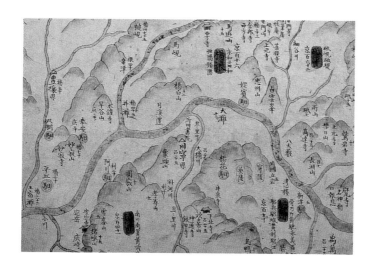

**고지도의 여주 일대** 양수리에서 남한강으로 거슬러가면 기천서원이 보인다. 그 아래쪽 상두산 아래 장흥사가 있었다. 『동여비고(東輿備考)』에 수록되어 있다.


려들었다. 이장곤(李長坤)은 파직된 뒤 여주의 우만에 살면서 우만병수(祐灣病叟)라 자호하였다. 두 사람은 조광조의 당여였기에 매우 절친하였다. 김안국은 이장곤과 문생들을 데리고 신륵사로 가서 한바탕 노닌 뒤 이호에서 뱃놀이를 하였다. 김안국은 우만에 있는 이장곤의 처소에도 여러 번 놀러 갔다. 김안국은 '우만(祐灣)'은 강호에 은거하는 뜻과 맞지 않는다 하여 '우만(雨灣)'으로 고치라고 충고하였으나, 이장곤은 받아들이지 않았다. 이에 다시 '우만(踽灣)'을 권하였지만 역시 받아들이지 않자 또다시 '우만(寓灣)'으로 할 것을 권하니, 그때부터 이렇게 표기하게 되었다.

또 여주 관아에서 남쪽으로 40리 떨어진 원형리(元亨里)에는 신광한이 살았다. 신광한은 1519년 기묘사화에 조광조의 당인으로 지목되어 삼척부사로 폄적되었으며, 1521년 신사무옥으로 관직을 삭탈당하였다. 1523년 모친상을 당하여 고양에서 시묘살이를 하다가 1524년 정월 여주 관아에서 남쪽으로 40리 떨어진 천민천이 흐르는 원형리로 내려와 원형옹(元亨翁)이라 이름하고 일민으로 농사를 짓고 살았다. 훗날 서울의 낙산 아래로 편액을 옮기지만 그의 호가 된 기재(企齋)라는 집이 이곳에 있었다. 신광한은 김안국이 이호에 있을 때 가장 절친하게 지냈으며, 앞에서 말한 이호의 열여섯 가지 풍광을 시로 지어 보냈고 또 범사정의 기문도 지었다.

또 이 무렵 이희보(李希輔)가 김안정을 대신하여 여주군수로 오게되었다. 김안국은 이희보와 이호에 있던 자신의 집이나 장흥사, 신륵사, 청심루(淸心樓) 등지에서 시주를 즐겼다. 문장에 뛰어난 이 세 사람이 어울려 시를 지었으니, 이호는 이들의 아름다운 시편으로 더욱 빛나게 되었다. 이들은 이행, 박상 등 이 시대 최고의 시인들과 편지로 시를 수창하기도 하였다.

또 1531년에는 문하생인 허굉이 양근군수로 왔고, 윤개가 여주로 내려와 비교적 가까운 금사동(金沙洞)에 땅을 구하여 선영으로 삼았다. 김안국은 그와 결사(結社)를 하고,「금사팔영(金沙八詠)」을 지어주었다. 동호에 떠 있는 배 구경(東湖帆檣), 서산의 푸른 안개 구경(西峰嵐翠), 남쪽 개울에 낚싯대를 드리우는 일(南溪垂釣), 북쪽 개울에서 갓끈을 씻는 일(北澗濯纓), 봉암에서의 조망(鳳巖眺望), 용담에서 목욕하고 시를 짓는 일(龍潭浴詠), 연지에서의 밝은 달구경(蓮池明月), 대밭의 맑은 바람(竹塢淸風)이 바로 그것이다.

　명망 높은 문인들이 여주로 몰려들자 조정에서 정권을 잡은 사람들은 이를 불온한 모임이라 여겼다. 윤근수(尹根壽)의 「만록(漫錄)」에 따르면 김안국이 여강에 있을 때 이자(李耔)가 충주의 달천에서, 이장곤이 우만에서 각기 신륵사로 와서 함께 유숙하였는데, 당시 국정을 전횡하던 김안로가 이를 못마땅히 여겨, 내처진 중신들이 한곳에 모여 국사를 논한다고 의심하였다. 그러자 이장곤은 불안을 느껴 창녕(昌寧)의 별업으로 내려가 버렸고, 이자 또한 감히 여주로 오지 못하였다고 한다.

　그럴수록 김안국은 이호의 산수에 빠져들었다. 김안국은 이호의 별서에 건물을 조금씩 늘려갔다. 1534년에는 장호정(藏壺亭)이라는 정자를 하나 더 마련하여 1535년부터의 춘첩자에 장호정이 추가되었다. 장호는 항아리 속의 신선세계에 숨어산다는 뜻이다. 또 이듬해에는 팔이당(八怡堂)이라 이름한 초당을 하나 더 마련하였다. 김안국은 해마다 주촌과 이호의 처소에 춘첩자를 붙였는데 이곳에는 붙이지 않은 것으로 보아 집에서 조금 떨어진 곳에 있었던 것으로 보인다. 대신 팔이당 주변의 아름다운 광경 여덟 곳을 설정하고 주자, 주렴계(周濂溪), 소강절(邵康節), 장자, 장한(張翰), 사령운(謝靈運), 도연명, 이태백의 뜻을 잇고자 하였다. 주자가 회암당(晦庵塘)의 물이 찰랑거리는 모습을 즐긴 반무청감(半畝淸鑑), 도연명이 맑은 물에 빼어난 자태를 자랑하는 연꽃을 읊조린 청련탁자(淸漣擢姿), 소강절이 달밤에 맑은 바람이 불어오는 물결을 노래한 청래수면(淸來水面), 장자가 어량(魚梁)

에 자유롭게 노는 물고기의 즐거움을 말한 호량지락(濠梁知樂), 장한이 가을날 강동에서 순채국을 먹는 즐거움을 말한 강동기흥(江東寄興), 사령운이 서당에서 꿈에서 깨어나 돋아난 봄풀을 노래한 서당영몽(西堂詠夢), 도연명이 율리에서 버들을 심어두고 한적하게 살았던 율리여운(栗里餘韻), 이태백이 채석강에서 술에 취하여 달을 잡는 풍류를 보인 채석유휘(采石遺輝) 등이 바로 그것이다. 유학에 잠심하는 학자로서의 삶과, 풍류를 즐기는 문장가로서의 삶을 나란히 보였다 하겠다.

이후로도 김안국은 그의 문생과 결사를 하여 이호, 장흥사, 신륵사, 효양사, 호암산(虎岩山), 양화진(楊花津) 등 산수가 아름다운 곳을 유람하면서 살았다. 이러한 모임에는 여주목사 이순(李純)과 이웃한 고을원들도 두루 참석하였다. 경기감사로 있던 홍언충(洪彦忠)도 가끔 이호를 찾은 바 있다.

1537년 12월 복직되어 이곳을 떠날 때까지 김안국은 이렇게 살았다.『월정만록(月汀漫錄)』에는 이황이 벼슬하기 전에 서울을 오가는 길에 범사정에 들러서 김안국을 만나고는 "모재를 뵈온 뒤부터 비로소 정인군자(正人君子)의 도를 알았다"고 말한 것으로 전해지니, 범사정에서의 김안국의 삶은 사림의 모범으로 자리한 것으로 추정된다.

## 김안국이 떠난 후의 이호

이호를 떠나는 김안국을 위해 고을사람들은 성대한 전별연을 베풀었다. 그러나 김안국은 복직된 이듬해 신년을 맞아 마지막으로 범사정 등의 처소에 붙이는 춘첩자를 쓴 이후로는 주촌이나 이호로 발걸음을 옮기지 못하였다. 이호를 떠난 후 김안국은 바쁜 벼슬살이에 쫓겨 산수간에 노닐지도 못하고 아름다운 시를 짓지도 못하였다.

벼슬에서 물러나 있던 20년 동안 임금의 만수무강을 축원하며 춘첩자를 붙인 덕인지, 복직된 이후의 벼슬길은 매우 순탄하였다. 김안국은 말년에 병으로 몇 달 동안 누워 있던 도중 국사를 위하여 글을 올렸다. 이 때문에 병이 더욱 악화되어 중종 38년(1543) 1월 4일 세상을 떠났다. 허자·윤개 등 고관으로 있던 그의 문생들이 그의 질병을 지켜보고 중종에게 보고하였으며, 중종도 승지를 보내어 그의 병환을 물었으니 그 죽음이 외롭지는 않았을 것이다. 인종의 사부였기에 사후에는 인종의 묘정에 배향되었고 문경(文敬)의 시호를 받았다.

김안국의 무덤은 장단의 동면 해촌리(海村里)에 있다. 김안국의 외조부인 조지(趙芝)의 전장이 이곳에 있어, 김안국은 그의 부친과 함께 이곳에 묻히게 되었다. 김안국은 종실 송림군(松林君) 이효창(李孝昌, 자는 百源)의 딸과 혼인하여 자식을 두었으나 그다지 현달한 후손은 나오지 않았다. 그래도 외손은 잘 두었으니 강희맹의 4대손 강극성(姜克誠)이 그의 외손자이며, 허종(許琮)의 아들인 허자의 며느리가 김안국의 외손녀다. 사재(思齋) 김정국(金正國)은 그의 아우인데, 그는 고양의 망동리에 은휴당(恩休堂)과 육무당(六務堂)을 짓고 살았으며 자호를 팔여거사(八餘居士)라 하였다.

김안국은 훗날 기천서원(沂川書院)에 배향되었다. 기천서원은 오늘날 경기도 여주군 금사면 이포리 산6-1번지에 있다. 원래 선조 13년

**부조묘** 이포리에 있는 김안국을 모신 사당. 김안국의 집이 이곳에 있었던 듯하다.

(1580) 마암에 세워졌는데 임진왜란 때 소실되었다가 현재 위치로 이전하였으며, 인조 3년(1625)에 중건하여 사액을 받았다. 17세기 이준(李埈)이 제작한 이호서원(梨湖書院)의 상량문이 전하는 것으로 보아, 김안국의 연고지에 이호서원이 세워졌음을 알 수 있지만 기천서원과의 관계는 알 수 없거니와 이호서원의 다른 연혁도 보이지 않는다.

김안국이 살던 집과 그를 사모하여 지은 서원들은 모두 사라졌다. 김안국이 살던 집터로 추정되는 곳에 부조묘(不祧廟)가 세워져 있는 것은 그나마 다행이다. 또 1871년 훼철된 기천서원이 1936년 복원되어 그 이름을 모현사(慕賢祠)로 바꾸었다가 1978년 다시 중건되었으며 1994년에 일부 건물이 복원되었다. 그밖에는 어떠한 것도 남아 있지 않다. 범사정, 팔이당, 장호정 등 김안국의 숨결을 느낄 수 있는 건물도 남지 않았다. 그가 자주 찾던 장흥사도 터만 남았고, 같은 금사면에 있던 우만의 이장곤의 집도 흔적이 없다. 그저 이포대교 아래로 남한강만 무정하게 흐를 뿐이다. 🔳

# 고양 육무당의
# 교육자 김정국

내 집이 비록 좁고 누추하지만

이 한 몸 늘 편안하다네

**문봉서원터** 남효온과 김정국 등 고양을 연고로 한 선비들을 제향하던
서원인데 오늘날 벽제의 문봉동에 터만 남아 있다.

## 여덟 가지 남음이 있는 삶

김정국(金正國, 1485~1541)은 자가 국필(國弼), 호가 사재(思齋), 본관은 의성이다. 모재(慕齋) 김안국이 그의 형이다. 사재와 모재 모두 부모를 사모한다는 뜻에서 붙인 호이다.

김정국은 1485년 윤4월 28일에 태어났다. 일찍 부모를 잃고 부친의 벗인 조유형(趙有亨)에게 의탁하여 학업을 닦았다. 젊은 시절에는 형 김안국과 함께 김굉필의 문하에서 배우기도 하였다. 승문원 교검(校檢)으로 벼슬을 시작하여, 주로 홍문관에서 근무하다가 직제학(直提學)을 지냈고, 사간원에서 간관의 일도 보아 사간(司諫)까지 올랐다. 승정원에 들어가서는 좌승지에 이르렀다. 1517년 황해도관찰사로 가서 『경민편(警民篇)』을 편찬하고 민간에 배포하여 교육에 힘을 쏟았다. 『경민편』은 효종 때 이후원(李厚源)이 우리말로 번역하여 널리 읽히게 된다. 이와 함께 김정국은 「학령이십사조(學令二十四條)」를 만들어 배움의 길에 들어선 초학자들을 훈도하였다.

1519년 일어난 기묘사화는 그가 본격적인 교육자로서의 길을 걷게 된 계기가 되었다. 상소를 올려 사류(士類)를 구원하려다가 대간의 탄핵을 받게 되자, 김정국은 뜻을 바꾸어 고양군 서쪽의 망동리(芒洞里)로 들어가 짚으로 인 작은 정자를 지어 은휴정(恩休亭)이라 이름하고 교육에 힘을 쏟았다. 이곳에는 '사재(思齋)'라는 편액을 내걸었다. 그의 형 김안국 역시 이때 여주로 물러나 은일정(恩逸亭)을 짓고 살았다.

김정국은 매일 은휴당 안에서 시를 읊조리며 살면서 자호(自號)를 팔여거사(八餘居士)라 하였다. 그는 '팔여'의 뜻을 풀이하여, "토란국

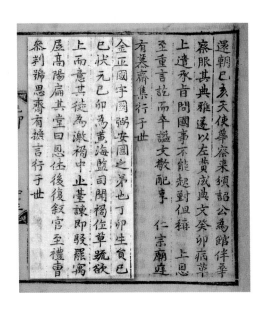

**기묘팔현전** 김육이 기묘사화에 화를 입은 사람들에 대한 전기를 모아놓은 책. 기묘사화가 일어나자 고양으로 물러나 은휴당을 짓고 살았고 후에 다시 벼슬길에 나가 참판에 이르렀다는 사실이 기록되어 있다.

과 보리밥은 배부르고 남음이 있고, 부들자리와 따스한 온돌은 누워도 남음이 있고, 샘솟는 땅의 맑은 물은 마셔도 남음이 있고, 시렁 가득한 책은 보아도 남음이 있고, 봄꽃과 가을의 달빛은 완상하여도 남음이 있고, 새소리와 솔바람 소리는 들어도 남음이 있고, 눈 속의 매화와 서리 후의 국화는 냄새를 맡아도 남음이 있고, 이 일곱 가지를 취하여 즐김에 남은 즐거움이 있다"고 하였다. 그가 처음 망동리에 들어가 살게 되었을 때 이웃마을의 진사 변호(邊灝)가 편지를 보내어 위로하자, 오히려 팔여거사로서의 삶을 자랑하며 답서에 이렇게 시를 지어 보내었다.

내 밭이 비록 넓지 않지만
한끼 배부르기에는 남음이 있다네.
내 집이 비록 좁고 누추하지만
이 한 몸 늘 편안하다네.
창가에 아침햇살이 오르니
베개에 기대어 옛 책을 읽는다네.
술이 있으니 내가 따라 마시니
궁달도 나를 어쩌지 못한다네.
내 무료하다 말하지 말게나
진짜 즐거움은 한가한 삶에 있는 법.

我田雖不饒 一飽卽有餘

我廬雖阨陋 一身常晏如

晴窓朝日昇 依枕看古書

有酒吾自斟 榮瘁不關予

勿謂我無聊 眞樂在閑居

김정국,「기묘사화가 일어나자 나는 연좌되어 고양 망동의 시골집에 물러나
살게 되었는데 이웃마을의 수재 변호가 편지를 보내어 무료함을 위로하였는데
곧바로 편지 끝에 써서 답장한다(己卯禍起 余坐累 退居于高陽芒洞之村舍
鄰村有邊秀才灝 致書慰以無聊 卽書簡尾以復)」,『사재집』

김정국은 망동에서 직접 호미를 잡고 김을 매었다. 이로 인해 농사
를 망친 농부의 괴로움을 체감할 수 있었다. 망동에서 지은 그의 시는
16세기 농촌의 낭만적인 아름다움과 더불어 농부의 현실적인 고통을

말하고 있다. 조선 초기의 문인 이석형(李石亨)이 부역에 시달리는 백성의 고초를 노래한 「호야가(呼耶歌)」를 이어 지은 「속호야가(續呼耶歌)」 역시 그러한 예다.

김정국은 망동에 살면서 마을사람들과 스스럼없이 어울렸다. 조정에서 높은 벼슬을 지냈다고 고고한 척하지도 않았다. 한번은 논밭을 둘러보고 돌아오는 길에 고을의 아전이 술에 취해 말을 탄 채 그 앞을 지나갔다. 사람들이 놀라 제지하였으나 김정국은 웃으면서 그냥 두게 하였다. 또 한번은 맛있는 술이 생기자 마구 마시다가 고꾸라지기도 하였다. 김정국의 부인은 그의 과음을 책망하면서 술에 취하기만 하면 광언을 내뱉는다고 하였다. 좌수로 있던 박세구(朴世矩)라는 사람이 시조 11수를 지어와 한시로 바꾸어달라고 하자, 김정국은 원래 시조의 맛을 살려 번역해 주기도 하였다. 이처럼 그는 향촌에서 소탈하게 살았다.

## 학자가 힘써야 할 여섯 가지

김정국이 망동으로 물러나 살자 많은 유생들이 그에게 수학하러 왔다. 김정국은 초가 서당을 짓고 육무당(六務堂)이라 이름하였다. 육무당의 의미는 직접 지은 기문에 자세하다.

뜻을 세우는 일은 독실함과 원대함에 힘쓰고 부박하지 않도록 경계하여야 한다. 책을 읽는 일은 근실함과 꾸준한 노력에 힘쓰고 나태하지 않도록 경계하여야 한다. 학문을 하는 일은 깊이 연찬하고 체화하여 방만하지 않도록 경계하여야 한다. 마음을 잡는 일은 공정함과 관대함에 힘쓰고 편벽되지 않도록 경계하여야 한다. 처신함에 있어서는 몸과 마음을 단속하는 일에 힘쓰고 방자하지 않도록 경계하여야 한다. 담론은 문학과 행실에 힘을 쓰고 용렬해지지 않도록 경계하여야 한다. 유자들이 힘써야 할 것이 이 여섯 가지에 그치지 않지만, 요는 여기에서 벗어나지 않는다. 돌아가 여러 사람들과 이에 대해 추구하여 얻음이 있기를 바라노라.

김정국, 「육무당기(六務堂記)」, 『사재집』

육무당으로 찾아와 공부하는 학생들의 수는 상당히 많았는데, 학생들은 일정 기간 머물다 돌아가고 또 새로운 학생이 찾아오곤 하였다. 이렇게 세월이 흐르자 건물이 많이 손상되었다. 이때 유충량(柳忠良)이라는 제자가 서울에서 왔다가 자신들을 위해 만들어진 서당이 피폐해진 것을 탄식하고 동문들과 의논하여 건물을 보수하였다. 그리고 김정국에게 좋은 말씀을 해달라 하였다. 김정국은 예전에 대부의 가(家)에서부터 천자의 국(國)에 이르기까지 모두 학교가 있었으니, 나라의 학교인 국학(國學), 고을의 학교인 술서(術序), 마을의 학교인 당상(黨庠), 집안의 학교인 가숙(家塾)이 그러한 예라 하였다. 서당에 머무는 이로 하여금 육무라는 이름을 보고 그 의미를 생각하게 하며, 그 의미를 생각하고 그 몸을 조심한다면 학문의 강마와 자신의 수양에 큰 도움이 될 것이라 하였다. 그리고 다시 이렇게 훈계하였다.

게으름에 빠져 마음을 다잡지 못하고 날을 허비하며 학문을 버려 두고 장난에 힘을 쓰고 외욕에 탐닉한다면, 당의 편액을 본들 무슨 일이 되겠는가? 독학(篤學)과 역행(力行)에 뜻이 없다면 이는 맹자가 이른 자포자기의 지경에 빠져버리는 것을 달게 여기는 것이라. 공자가 이른바 썩은 나무는 조각을 할 수 없고 더러운 흙은 벽을 바르지 못한다고 한 것과 같으니, 종내 초목과 함께 썩어 문드러질 뿐이라. 비록 백 가지에 힘쓴다는 뜻으로 백무(百務)로 편액을 하더라도 무슨 이익이 있겠는가? 이 집은 강을 내려다보고 산을 등지고 있으며, 빙 둘러 차지하고 있는 것은 강과 산의 빼어남이다. 이러한 것으로 어찌 당의 이름으로 붙이기에 부족하겠는가만, 육무라는 말로 편액한 것은 외적인 것을 도외시하고 내적인 것을 취한 것이니, 유군이 이름을 청한 뜻이 또한 여기에 있고 다른 데 있지 않은 것이리라.

김정국, 「육무당기(六務堂記)」, 『사재집』

김정국이 육무당에서 양성한 제자 중에는 유충량 외에도 누이의 사위인 유용겸(柳用謙)과 정지운(鄭之雲), 박형(朴衡) 등이 있다. 특히 『천명도설(天命圖說)』을 지은 정지운은 훗날 뛰어난 산림의 학자로 성장하게 된다. 기대승(奇大升)이 쓴 「정추만천명도설서(鄭秋巒天命圖說序)」에 따르면 김정국이 고봉(高峯)의 망동에 복거할 때 기대승이 같은 마을에 살아 그 문하에서 함께 배웠다고도 하니, 기대승 역시 김정국의 문하생이었음을 알 수 있다. 고양의 별칭이 고봉이니, 기대승의 호 고봉이 여기에서 나온 것이기도 하다.

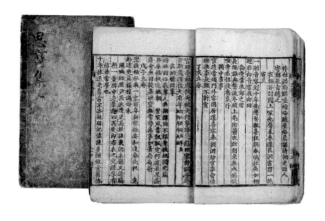

김정국은 육무당에서 제자들과 강론을 그치지 않았으며, 또 풍속
을 교정하기 위한 출판사업에도 관여하였다. 그는 형 김안국이 경상
도관찰사로 있을 때 간행하여 널리 배포한『성리대전(性理大全)』에서
긴요한 것을 뽑아『성리대전절요(性理大全節要)』4권을 만들고, 다시
우리나라까지 포함한 역대의 교수승통도(敎受承統圖)를 편찬하였으
며,『구급방(救急方)』을 간행하여 백성들의 구료에 힘을 쏟았다. 문학
교육에도 관심을 빠뜨리지 않았다. 너무 오래되지 않아 난해하지 않
고 너무 근세의 것이라 천근하지도 않은 것이『사기(史記)』라 여겨, 본
기(本紀)와 열전(列傳) 등의 서문을 가려뽑고, 여기에『한서(漢書)』와
『후한서(後漢書)』각 편의 서문을 선별하여『문범(文範)』이라는 책을
엮었다. 당시 학생들이 과거에 급급하여 속문(俗文)을 좋아하던 풍조
를 교정하기 위한 것이었다.

# 꿈속에 엮은 집

김정국은 20여 년의 오랜 세월을 망동에서 보낸 후, 1538년 조정의 부름을 받고 다시 벼슬에 올라 전라도관찰사로 나갔다. 이미 황해도 관찰사로서 목민관의 임무를 탁월하게 수행한 바 있거니와, 이때도 목민관으로서 그의 업적은 매우 뛰어났다. 이에 다시 경상도관찰사로 승진되었는데, 이미 병이 깊었으나 공무에 힘을 쏟다가 더욱 병이 악화되었다. 1540년 사직하였지만 다시 예조참판, 병조참판, 형조참판에 차례로 임명되었다. 한번 망동을 떠난 뒤로는 다시 찾을 겨를이 없어 산수간에 사는 일은 꿈에 그치고 말았다. 망동을 떠난 뒤 편찬한 것으로 추정되는 『사재척언(思齋摭言)』에는 그의 꿈이 실려 있다.

날아갈 듯 웅걸찬 누각에 울긋불긋한 단청빛이 빛나는데, 헌창(軒窓)이 사방에 열려 있고 붉은 촛불은 휘황찬란하다. 곱게 얼굴을 단장한 여인들이 앞뒤에서 옹위하는데 좋은 손님이 자리에 가득하고 호걸들이 구름처럼 모여든다. 잔치자리에서 즐기니 음악소리가 구름에 닿을 듯하다. 이럴 때에는 마땅히 강장손(姜長孫)으로 하여금 붉은 적삼에 푸른 소매의 옷을 입고 고운 얼굴 불그스름한 채로 가운데서 빠른 곡조에 맞추어 즐겁게 거문고를 타게 하니, 높고 낮은 가락이 울려퍼져 들보와 지붕을 들썩거리게 한다. 그 곁에 귀공자의 정신이 취향(醉鄕)을 찾아가다 만취하여 휘청거려 옥으로 만든 산이 무너지듯 무너지면, 미인의 무릎에 발을 걸치고 눈을 감고 귀를 기울여 이를 듣는다.

푸른 벼랑 끊어진 절벽, 사방으로 파란빛이 에워싸 있는데 맑은 샘물이 흰 바위 위로 굽이굽이 꺾여 흐른다. 소나무와 삼나무가 뻗어 있고 흰 구름이 뭉게뭉게 피어오른다. 기이한 화초들이 샘과 바위 사이에 마구잡이로 돋아난다. 그늘 속의 새들이 노래하는데 개울에서 불어온 바람이 얼굴을 스친다. 이럴 때에는 마땅히 김종손(金終孫)으로 하여금 소요관(逍遙冠)을 쓰고 학창의(鶴氅衣)를 입게 한 다음 유수곡(流水曲)을 연주하게 한다. 소리가 유장하게 퍼지면, 곁의 은일군자가 손에 『황정경(黃庭經)』을 들고 발은 맑은 샘물에 담근 채, 돌을 베고 누워 길게 휘파람을 불면서 이를 듣는다.

듣는 이가 정확한 논의라 하였다.

조선 후기의 소품에 근접해 있는 아름다운 글이다. 이 글에서 강장손은 『패관잡기(稗官雜記)』에 나오는 악공으로 「귀거래사」의 악곡을 창안하여 거문고로 연주하던 인물이다. 장악원(掌樂院) 제조(提調)로 음악에 뛰어났던 이장곤(李長坤)이 이를 듣고 장을 80대나 쳐서 장독으로 죽었다 하니, 그 음악이 사람의 마음을 동탕하게 하였던 모양이다. 김종손은 기록에 보이지 않지만 우아한 음악을 연주한 사람인 듯하다. 김안국은 기생을 끼고 풍류를 즐기는 일과 깊은 산에서 은거하면서 성정을 다스리는 일, 이 두 가지를 모두 꿈꾸었다. 귀공자와 은일군자라는 서로 다른 꿈을 꾸었던 것이다. 이 두 가지 꿈은 교육자로서 보여준 그의 삶과도 다르다. 그가 진정 원했던 삶은 무엇이었을까?

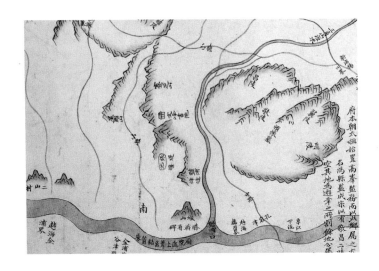

**해동지도의 고양** 8세기에 제작된 〈해동지도(海東地圖)〉에 수록된 고양 지도다. 가운데 문봉서원이 보인다. 한강 쪽에 김안국이 살던 망동이 있었다.

1541년 5월 20일 영면한 김정국을 두고 실록에서는, "김정국은 성품과 도량이 온순하고 일생 동안 처신을 모두 순리대로 하였으니 군자다운 사람이다. 명망이 그의 형에 미치지 못하는 듯하나, 실은 혹 나은 점도 있다. 전에 사림의 화(禍)를 만나 물러나 살던 20여 년 동안 가난하기가 상민과 같았으나, 끝내 산업을 일삼지 않고 오직 사람들을 가르치는 것으로 즐거움을 삼았으므로, 문생과 제자가 늘 자리에 차서 글 읽는 소리가 끊이지 않았다. 그가 목숨을 마쳤을 때에는 서로 앞다투어 와서 빈소 곁에서 곡하고 조석으로 제전(祭奠)을 모시다 상여가 나가고서야 흩어졌으며, 가난한 가운데에서 힘을 다하여 밑천을 만들어 무덤 앞에 비석을 세우고 혹 심상(心喪)하는 자도 있었으니, 거의 옛사람의 풍도가 있었다"고 적고 있다. 살기는 교육자로서 살았지만, 꿈에서는 한편으로 귀공자가, 다른 한편으로는 은일군자가 되고 싶었던 것일까?

그의 무덤은 장단 동쪽 예전 임진현 관아가 있던 백목곡(柏木谷)에 있다. 이곳은 스승인 조유형의 무덤이 있는 곳이기도 하다. 사림의 선배인 남효온(南孝溫)이 인근의 산황(山黃)에, 기묘명현인 기준(奇遵)이 강 가까운 곳에 묻혔으니 외롭지는 않을 것이다.

그러나 오늘날 그가 살던 망동은 어디인지 알 수 없다. 여러 기록을 종합해 볼 때 한강에서 그리 멀지 않은 일산 어디인 듯하다. 숙종 14년(1688) 세워진 문봉서원(文峯書院)만이 그가 고양에 살았음을 증명해 줄 뿐이다. 이곳은 예전에 원당면이었는데 지금은 오늘날 고양시 벽제 문봉동 빙석촌이다. 문봉서원에는 김정국과 함께 남효온, 기준, 민순(閔純), 홍이상(洪履祥), 이신의(李愼儀), 이유겸(李有謙), 그리고 제자였던 정지운 등을 제향하였다. 문봉서원은 고양에서 가장 먼저 세워진 서원이지만, 대원군 때 훼철되고 지금은 그 흔적조차 찾을 수 없으니 김정국의 자취 역시 찾을 길이 없다. ▨

일산 쪽에서 본 한강

김정국이 살던 망동은 일산의 한강변으로 추정된다.

# 사가독서의 공간
# 독서당

만 명 중에 선발된 여섯 인재

요순시절 만드는 일 이들에게 달렸네

**독서당의 옛 모습**
1572년 제작된 〈독서당계회도〉의 독서당 부분을
확대한 것이다. 가장 안쪽이 정당이고 앞쪽에
2층의 정문이 보인다.

## 사가독서제의 시작

국가에서 초급 관료를 대상으로 하는 독서제도가 성립된 것은 세종 때의 일이다. 일찍이 변계량(卞季良)이 태종에게 사가독서(賜暇讀書)의 필요성을 역설하였으나 뜻을 얻지 못하다가, 그 뒤 다시 세종에게 청하여 시행하게 된 것이다. 세종은 집현전 선비들을 뽑아 아침저녁으로 강학하게 하였지만, 그래도 문학이 부진한 것을 염려하여 세종 8년(1426) 연소자 중에 총민한 자를 뽑아 절에 들어가 독서하도록 하였다. 이에 따라 권채(權採), 신석견(辛石堅), 남수문(南秀文) 등 세 사람이 선발되었다.

『필원잡기(筆苑雜記)』에는 이들의 독서범위가 경사(經史)·백자(百子)·천문(天文)·지리(地理)·의약(醫藥)·복서(卜筮) 등이라 하였지만, 실제로는 시학(詩學) 위주로 진행된 듯하다. 성종 7년(1476)에 정한 「독서당권장사목(讀書堂勸獎事目)」에 따르면, 사가독서를 하는 이들은 중요한 조회를 제외한 조정의 여러 행사에 일체 참석하지 않도록 하고, 읽은 책의 권수를 계절마다 보고하게 하였으며, 또 매달 세 차례 글을 짓는 시험인 제술(製述)을 시행하여 예문관 관원의 월과(月課)에 준하여 등급을 정하고 포상하도록 규정하였다. 뿐만 아니라 자유롭게 시를 짓도록 적극 권장하기도 하였다. 명종 때에는 월과와 명제(命題)는 물론, 강호의 흥취를 읊은 시나 친구들끼리 창화한 시까지도 모두 기록하여 임금에게 보고하도록 하였다.

세종 8년 처음 사가독서가 시작되었을 때에는 집과 산사를 오가면서 자유롭게 독서할 수 있도록 하였으나, 차츰 산사에서 독서하는 것

**진관사** 진관외동 삼각산 기슭에 있던 고찰인데 세종 때의 사가독서가 이곳에서
이루어졌다.

이 관례로 자리를 잡았다. 세종 24년(1442) 대제학 권제(權踶)가 박팽
년·이개·성삼문·하위지·신숙주·이석형 등 6인을 선발하여 사가독
서를 시켰는데, 그 장소는 삼각산 진관사(津寬寺)였다. 이들은 빈번하
게 시를 수창하고, 장편의 연구(聯句)를 지어 서로의 재능을 겨루기도
하였다.

## 장의사의 사가독서

세종 24년 이후 사가독서의 장소는 어느 시기엔가 장의사(藏義寺)
로 옮겨졌다. 장의사는 왕실 소유의 사찰로 장어사(藏魚寺)라고도 불
렸다. 이 절은 본디 신라의 태종 무열왕이 황산벌 전투에서 죽은 장춘

랑(長春郎)과 파랑(罷郎)을 기려 지었다고 한다. 절의 위치는 창의문 밖 인왕산과 백악산 북쪽 삼각산 서쪽으로, 깔끔하고 빼어난 경관을 지녔으며 푸른 시내가 졸졸 흘러 헌창(軒窓) 아래로 휘감아 돌았다고 한다. 『동국여지비고(東國輿志備考)』에는 장의사의 위치가 창의문 밖 탕춘대(蕩春臺)라 하였는데, 곧 세검정 아래 홍지문 부근 조지서(造紙署)가 있던 곳으로, 현재의 세검정초등학교 일대로 추정된다. 성현(成俔)은 15세기 장의사의 모습을 다음과 같이 기록하였다.

성밖의 놀 만한 곳으로 장의사 앞 시내가 가장 아름답다. 시냇물이 삼각산 여러 골짜기에서 흘러나오는데 골짜기 속에 여제단(厲祭壇)이 있으며, 그 남쪽에는 무이정사(武夷精舍)의 옛터가 있다. 절 앞에 수십 길이나 돌이 쌓여 수각(水閣)을 이루고, 절 앞 수십 보에 차일암(遮日巖)이 있는데 바위가 절벽을 이루어 시내를 베고 있는 것 같다. 바위 위에 장막을 친 흠이 아직도 남아 있다. 또 바위가 층층으로 계단처럼 쌓여 있다. 내닫는 물길이 어지러이 쏟아지는데, 맑은 하늘의 우레처럼 귀를 시끄럽게 한다. 물은 맑고 돌은 희어 선경(仙境)이 완연하니, 와서 노니는 양반들이 끊이지 않는다. 물줄기를 따라 몇 리를 내려가면 바위에 불상을 새긴 불암(佛巖)이 있다. 시냇물이 꺾여 돌아 북쪽으로 가다가 또 곧장 서쪽으로 흐른다. 옛날에는 그 사이에다 물방아를 놓았으나 지금은 없어졌다. 거기서 얼마간 더 내려가면 홍제원(洪濟院)이다. 홍제원 남쪽에는 조그만 언덕이 있는데 큰 소나무가 가득하다. 옛적에는 이곳에 중국 사신이 옷을 갈아입던 정자가 있었으나 지금은 없어진 지 오래다.

성현, 『용재총화((慵齋叢話))』

장의사의 승려를 찾아간다는 '장의심승(藏義尋僧)'은 일찍부터 한
도십영(漢都十詠)의 하나로 이름나 조선 초기 문인의 중요한 시제로
자리잡은 바 있다. 월산대군, 이식, 강희맹, 서거정, 이승소, 성현 등
이 남긴 「한도십영」이 전한다.

이처럼 아름다운 장의사에서 신숙주, 이석형, 성삼문 등 사가독서
를 하던 문인들이 활발히 한시를 제작하였다. 또 함께 사가독서를 하
지 않은 서거정이나, 그들과 친하게 지내던 승려 일암(一菴)도 장의사
로 찾아와 수창에 참여하였다. 다음은 이석형이 장의사에서 지은 작
품으로 이 일대의 아름다운 경관이 경쾌하게 묘사되어 있다.

좋아라, 장어사에 경물이 아름다운데다
도성에서 가는 길이 멀지도 않다네.
눈 녹은 시냇가에 시냇물 소리 급한데
해 넘어가는 솔숲에 솔그림자 기울었네.
멧부리 높고 낮아 살아 있는 그림이요
맑은 안개 깜빡이는 곳은 인가로구나.
해마다 이곳은 예나 한가지라
우리 청춘의 유흥만 더욱 좋구나.
自戀藏魚景物多　長安歸路亦非賖

**장의사터** 인왕산 너머 세검정 인근에 있던 고찰로, 장의사로 승려를 찾아가는 일이 한양십영의 하나였다.

雪消溪畔溪聲急　日轉松林松影斜

列岫高低眞活畵　淡烟明滅是人家

年年此地今猶古　獨喜吾遊鬢未華

이석형, 「장어사에 묵으면서 우연히 읊다(寓藏魚寺偶吟)」, 『저헌집(樗軒集)』

　세종대에 이어 문종과 단종 대에도 사가독서는 지속되었다. 이때 최항(崔恒), 김수온(金守溫), 서거정, 이파(李坡), 유성원(柳誠源), 이승소, 강희맹 등 성종대에 명성을 떨치게 되는 신진문사들이 선발되었다. 이들 역시 장의사를 비롯한 산사에서 독서한 것으로 보이지만 자세한 사정은 알 수 없다.

막 정착되어 가던 사가독서제는, 세조가 집현전을 없애면서 함께 폐지되고 만다. 1463년(세조 9) 세조는 사가독서제 대신 겸예문(兼藝文) 제도를 시행하였으나, 그 제도는 사가독서제와 상당한 차이가 있었다. 그 뒤 제도적인 인재양성의 필요성을 인식한 성종이 1476년(성종 7) 예문관을 열면서 다시 사가독서제를 실시하였다. 이에 따라 채수(蔡壽), 권건(權健), 허침(許琛), 유호인(兪好仁), 조위(曺偉), 양희지(楊熙止) 등이 선발되어 1476년 6월부터 1478년 3월까지 2년여 동안 장의사에서 독서하였다. 명망 높은 신진문사들이 모여 사가독서를 하게 되자, 당시 사람들은 이를 부러워하여 문장접(文章接)이라 불렀다한다. 김종직은 독서를 하고 있던 이들에게 하시(賀詩)를 보내었다.

만 명 중에 선발된 여섯 인재
요순시절 만드는 일 이들에게 달렸네.
조정의 문형 잡은 사람들을 보게나,
반이나 세종 때 기른 사람이라네.
六君萬中青錢選　陶鑄唐虞在一身
請看廊廟權衡手　半是英陵儲養人

김종직,「장의사에서 독서하는 여러 공들에게 바치다<br>(呈藏義寺讀書諸公)」,『점필재집(佔畢齋集)』

세종이 집현전에서 양성한 인재들이 성종대에 문단의 중심으로 활약하고 있음을 들어, 신진문사들이 학문에 힘써 국가의 간성(干城)이

될 것을 기대하였다. 이때의 성사를 그림으로 그린 것이 〈사가독서
장의사도(賜暇讀書藏義寺圖)〉다. 지금 이 그림은 남아 있지 않지만 홍
귀달(洪貴達)이 그 위에 쓴 글이 남아 있어 그림의 내용을 짐작할 수
있다.

주상이 즉위하여 문학을 높이시니 일시의 호걸스런 선비들이 점
차 과거를 통하여 출신(出身)하게 되었다. 갈옷을 벗고 비단옷을 입
었으며 닭이 변하여 봉황새가 되었으니, 바야흐로 깃털을 치고 날
개를 펼쳐 조금도 힘을 적게 쓴 적이 없었다. 그 뜻이 어찌 비근하
고 작다고 하겠는가? 성종 8년 병신년(1476) 주상께서 하교하셨다.

"뜻있는 선비들이 직무에 얽매여 학업에 전념하지 못하고 있으
니, 이 때문에 원대한 경지에 이를 수가 없게 되었노라. 내가 사람을
세워 도움을 구하고자 한 뜻이 아니로다. 문신 중에 연소하면서 영
민하여 장래가 촉망되는 인물 약간 명을 선발하여, 특별히 휴가를
주어 산사에 나아가 독서하게 하라."

이에 채수·권건·허침·유호인·양희지·조위 등이 그 선발에 응
하니, 주상께서 장의사로 가서 전에 겨를이 없어 읽지 못하였던 책
을 읽게 하시었다. 창고를 관리하는 관원을 시켜 음식을 가져다주
고 술을 담당한 관원으로 하여금 술을 대게 하였으며 거처와 음식
을 갖추어 뜻대로 되지 못한 것이 없었다. 아아, 영화롭도다.

절은 인왕산과 백악산 북쪽, 삼각산 서쪽에 있는데 깔끔하고 빼
어난 경관을 가지고 있다. 또 푸른 개울이 악기를 연주하듯 울리면

서 창 아래쪽으로 감싸고 흘러나온다. 이 절은 산과 물의 맑고 시원한 기운을 모두 차지하고 있다. 절은 소유할 수 있는 것이 아니지만 풍광은 이제 여러 군자들의 소유가 되었으니, 그들이 아침저녁으로 얻을 수 있는 것이 끝이 있겠는가? 훗날 공을 이루어 명성이 높아져 대중들 위에 우뚝 서게 된다면 그 근원은 이 절에 있을 것이다. 나 함허자(涵虛子)와 같은 이는 좋고 싶지만 늙어서 갈 수가 없으니 이 생애에 더 진전할 바가 있겠는가? 슬프다.

홍귀달, 「사가독서장의사도에 쓰다(題賜暇讀書藏義寺圖)」, 『허백정집(虛白亭集)』

여러 사람의 기대대로 장의사에서 독서한 이들은 40대에 조정의 청요직(淸要職)에 두루 진출하였다. 성종 23년(1492) 3월 17일 채수, 권건, 신종호(申從濩), 허침, 유호인 등은 젊은 시절 장의사에서의 추억을 회상하면서 다시 이곳에 모였다. 채수는 동지중추부사, 권건은 호조참판, 신종호는 병조참판, 허침은 좌승지, 유호인은 부교리가 되었다. 1476년 함께 독서하였던 양희지는 이때 우부승지가 되었지만 질병이 있어 참석하지 못하였다. 이들은 휴가를 얻어 장의사로 가서 수각(水閣)에 앉아 적당히 술을 마시고 개울로 자리를 옮겨 발을 씻고 두 다리를 내놓은 채 반석에 걸터앉았다. 손을 잡고 실컷 이야기를 나누니 가까운 곳에 있던 조지서(造紙署)의 관원들이 술을 내어 저물녘까지 즐겼다.

장의사는 선비들의 독서공간으로서의 기능을 상실한 이후, 사람들의 기억 속에서 잊혀져 갔다. 이곳에서 사가독서가 시행될 때에는 장

**세검정** 장의사에서 사가독서를 하던 문인들이 노닐던 수각 자리에 훗날 세검정이 세워진 듯하다.

의사의 아름다운 풍광 때문에 일본에서 사승(使僧)이 오면 며칠이고 시회를 벌이기도 하였고, 관원들이 계회를 열기도 하였다. 그러나 독서하는 선비가 떠난 절간은 속세의 관심을 받지 못하였다. 연산군대에 들어 절은 피폐하여 수리를 해야 할 정도가 되었다.

더구나 연산군 말년에는 유흥을 위하여 도성 안팎과 멀리 장단(長湍)에까지 이궁(離宮)을 짓고 화려한 누정을 만들었는데, 그중 가장 장대하였던 것이 장의사에 있었다. 연산군 12년(1506) 장의사를 철거한 뒤 그 터를 넓히고 화단을 쌓은 다음 각종 화초를 심게 하였다. 또 동구(洞口)에 땅을 골라 이궁을 짓고 화단도 쌓으라 전교를 내렸다. 이에 따라 장의문에 새 정자를 만들고 장의이궁(藏義離宮)을 짓는 공사를 시작하였다. 장의사 서편 기슭 우뚝 솟은 꼭대기에 정자를 세우고 청유리로 기와를 얹었다. 또 냇물을 수백 보나 걸터앉도록 횡각(橫閣)을 지었는데, 이 역시 모두 청유리로 기와를 얹고 냇물을 막아 물을 담았다. 산 안팎에는 두견화를 심고 그 정자 이름을 탕춘정(蕩春亭)이라 하였다. 시냇물이 굽이굽이 흐르는 곳 위에 위치하여 단청이 수면에 현란하고, 시내를 가로질러 낭원(廊院)을 벌여 지었는데 규모가 극히 웅장하였다. 개울물을 끌어들여 정자 밑에 이르게 하고 산을 뚫어 다른 시냇물을 끌어와 정자 밑에 합류시키려 하였으나 완공을 보지는 못하였다. 유흥에 탐닉한 연산군으로 인해 선비들이 공부하던 한적한 장의사는 꽃구경을 하는 탕춘대로 명성을 날리게 되었다. 탕춘대의 모습은 영조 6년(1730) 정제두(鄭齊斗)의「탕춘대기(蕩春臺記)」에 자세하다.

도성 서북쪽 백악산의 오른쪽 산기슭에 문이 있으니 장의문(莊義門, 창의문)이라 한다. 문 오른쪽에 큰 산이 있어 우뚝 길게 둘러싸서 남쪽으로 뻗어 내려오니 곧 삼각산으로 내려오는 백악의 줄기다. 문 왼쪽에는 산이 갈라지니 북으로 내려와서 산세가 오른쪽 산과 서로 나란한데 바위는 더욱 기괴하다. 바위가 아슬아슬하게 높이 솟아, 하나는 남쪽으로 달리고 하나는 북쪽으로 달린다. 그 사이에 시내가 있다. 위는 넓어서 구렁을 이루고 아래는 점점 좁아져서 골짜기가 되었다. 이렇게 5리쯤 지나면 들판이 생긴다. 이것이 오른쪽 산의 남쪽이다. 한 가닥은 갈리어서 왼쪽으로 달리는데, 두 산 사이는 우뚝한 언덕이다. 위는 넓고 평평하여 탕춘대라 하였다. 오른쪽 산 밑이 안대(案臺)이며 공청(公廨)이 있으니 곧 조지서다. 조지서 위에는 폭포가 있어 거꾸로 내려오니 곧 냇물의 근원이다. 물은 바로 탕춘대를 싸고 왼쪽으로 두 골짜기를 끼고 흐른다. 그 구렁은 모두 바위이며 반석이요 지면은 모두 모래인데 희다. 바위이기 때문에 물은 졸졸 울며 흐르고 모래이기 때문에 물은 맑고 깨끗하며 흔들어도 흐려지지 않는다. 모래와 바위가 또한 물과 서로 잘 만났다. 그런 까닭에 모두 매끈하게 갈아놓은 듯하며 밝고 빛나서 햇빛과 모래빛이 환히 서로 비친다. 맑은 바람과 소나무는 운치를 이루니 정말 산간의 절승(絶勝)이다. 한양은 평양과 송도 이래로 산수의 수려함이 제일이고, 산수의 빼어남은 이곳을 으뜸으로 삼는다. 노는 사람들이 일찍이 그치지 않았으며, 여기서 즐거움을 가지는 까닭도 사람마다 달랐다.

정제두,「탕춘대기」,『하곡집(霞谷集)』

조지서에서 종이를 만들어 걸던 그 높던 바위절벽은 고가도로 아래쪽에 홈집투성이로 남아 있다. 탕춘대로 흐르는 물은 햇빛을 보지 못하고 콘크리트 수로 속으로 흐른다. 연산군이 만든 화려한 유리궁전이야 사라진 것이 당연하겠지만, 영원한 자연조차 옛글에서나 찾을 수 있다는 사실은 아쉽기 그지없다. 그러나 옛글을 읽고 귀를 기울이면 아스팔트 아래로 흐르는 물소리를 들을 수 있을 것이다.

## 용산의 독서당

사가독서제는 세종 때 처음으로 실시되었으나, 특별한 장소 없이 인근의 절간을 돌아다니면서 책을 읽도록 하였다. 이 폐단을 고치기

**독서당터** 옥수동 옛 독서당 터에 세운 비석이다. 굳이 옛 독서당 터를 고집하지 말고 한강이 보이는 응봉 정도에 독서당을 복원하면 좋겠다.

위하여 성종 14년(1483) 용산의 폐사(廢寺)를 홍문관에 소속시켜 사가 독서할 장소로 삼았다. 성종 18년경 이의무(李宜茂)·이승건(李承健)·허집(許輯) 등이 이곳에서 사가독서를 하고 있을 때, 이들을 찾아간 김종직이 쪽배를 타고 노닐면서 지은 작품에 이 일대의 모습이 제법 상세히 묘사되어 있다. 아래에 그 작품의 일부를 보인다.

> 뭇 산은 멀리 절을 하는 듯
> 세 줄기 강물은 굼실굼실 흐르네.
> 서로는 물가의 희우정에 임해 있고
> 동으로는 언덕의 화양정에 접해 있네.
> 굽은 섬에 연기가 피어나는데,
> 뽕나무는 어찌 그리 무성한가?
> **群山遠拱揖　三派流舒舒**
> **西連喜雨渚　東接華陽阰**
> **曲嶼有人煙　桑柘何扶疎**

김종직, 「용산사에서 교리 이의무, 교리 이승건, 저작 허집을 방문하여 교리 최부, 귀후서 별좌 김상건 등과 쪽배를 타고 물고기가 노는 것을 보았는데, 이때 이의무·이승건·허집은 이 절에서 사가독서를 하고 있었다(龍山寺訪李校理宜茂李校理承健許著作輯逢與崔校理溥歸厚署別坐金尙健乘扁舟觀魚時兩李泊許賜暇讀書于是寺)」, 『점필재집』

서쪽으로 서호의 희우정(喜雨亭)이 있고 동쪽으로 동호의 화양정(華陽亭)이 있는데 그 사이에 섬이 있다 하였으니 곧 밤섬[栗島]으로 보인다. 공덕동에서 마포 쪽의 강변에 용산 별영이 있었으므로, 이 인근

산자락에 용산사가 있었던 것으로 추정된다.

용산의 폐사를 독서의 공간으로 지정하면서 비로소 사가독서만을 위한 공간이 생겼지만, 그 명칭이 따로 없었고 시설도 초라하였던 것 같다. 이 때문에 이후로도 용산을 벗어나 삼각산 장의사나 귀후서(歸厚署)에서 사가독서가 이루어진 때도 있었다.

이에 따라 이 무렵부터 사가독서제와 독서당을 정비하는 일이 본격적으로 추진되었다. 성종은 불시에 사람을 보내 술을 내리고 특별히 시를 짓게 하였으며 읽은 책도 강(講)하게 하였다. 부지런한 자는 별도로 후하게 상을 내렸고 독서에 마음을 쓰지 않는 자에게는 책벌을 가하는 등 강학을 독려하는 한편, 온전한 독서당의 건립에 힘을 쏟았다.

성종 23년(1492) 독서당 건립에 대한 논의가 본격화되었다. 성종은 승정원에 하교하여 성밖의 땅을 택하여 집을 지어 독서할 곳으로 삼으라 하였다. 승정원에서는 용산의 작은 암자가 공해(公廨)로 편입되어 폐치되어 있는데, 경관이 트여 수양과 휴식에 좋을 듯하니 이를 수리하여 쓰자고 하였다. 이에 성종이 옳게 여겨 집을 짓게 하였다. 이 듬해 5월 12일 낙성식을 하고 '독서당(讀書堂)'이라는 편액을 내렸다. 이때 술과 안주, 음악과 더불어 훗날 독서당의 상징이 되는 수정배(水精杯)를 하사하였다. 그 경과는 조위(曺偉)의 「독서당기(讀書堂記)」(『梅溪集』)에 잘 정리되어 있다. 이에 따르면 독서당의 규모는 20칸으로, 여름에는 서늘하고 겨울에는 따스하여 독서하기에 적합하였다고 한다. 이때부터 독서당이라는 명칭이 있게 되었고, 또 호당(湖堂)이라는 별칭도 생겼다.

이후 용산 독서당에서는 신용개(申用漑), 김일손(金馹孫), 강혼(姜渾), 최숙생(崔淑生) 등 명망 높은 문인들이 사가독서를 하였다. 이들은 먹을 때는 밥상을 함께 하였고, 잠잘 때에는 침상을 함께 하였다. 나갈 때는 서로 따르고, 앉아 있을 때는 서로 마주하였으며, 흥이 나면 함께 읊조리고, 시구를 얻으면 함께 노래하였다. 이처럼 마음이 맞는 벗이었기에, 독서의 여가에 시주와 유람을 즐기기도 하였다. 성종 24년(1493), 사가독서를 하고 있던 이들에게 성종이 술과 안주를 내려주었는데, 이들은 남은 음식을 싸가지고 용산강에 배를 띄워 성조암(聖祖巖)·오석강(烏石岡)·양화도(楊花渡)·잠두봉(蠶嶺峯) 등을 유람하고 음률에 능하였던 무풍정(茂豊正) 이총(李摠)을 불러 함께 놀았다.

왕성한 문학창작의 공간인 용호 독서당은 얼마 있지 않아 문을 닫게 된다. 연산군 10년(1504) 갑자사화가 일어난 뒤로 사가독서제는 폐지되고 독서당은 궁인(宮人)의 소유가 되었다. 성종이 독서당에 내렸던 수정배는 승정원으로 넘어갔다가 훗날 분실되어 버렸다.

## 윤현이 가꾼 동호 독서당

반정으로 연산군을 몰아내고 등극한 중종이 가장 먼저 한 일은 세종과 성종의 위업을 회복하는 일이었다. 중종은 즉위한 바로 그해 홍문관을 다시 일으켰고, 이듬해 12월 3일 사가독서제를 다시 시행하였다. 이때 임시로 정한 사가독서의 장소는 정업원(淨業院)이었다. 정업원은 선조대까지 있었던 절로, 당시에는 비어 있었기에 임시로 독서

**독서당터** 옥수동 옥정초등학교에서 극동아파트로 올라가는 이 길 아래쪽 경사면에
독서당이 있었다고 보는 견해도 있다.

의 장소로 삼은 것이다. 이행(李荇), 김세필(金世弼), 김정(金淨), 김안
국(金安國), 홍언충(洪彦忠), 김안로(金安老), 소세양(蘇世讓), 정사룡(鄭
士龍), 신광한(申光漢), 김구(金絿) 등 훗날 문학으로 한 세대를 울린 이
들이 이곳 정업원에서 독서하였다. 그러나 임시로 정한 정업원은 도
성에 가까이 있어 사가(賜暇)한 사람이 자주 제 집을 내왕하고 친우들
의 방문도 많아 학업에 전념할 수 없었다.

그후 중종 10년(1513) 동호에 새로 독서당을 짓기로 하여 중종 12년
(1515) 윤4월 드디어 건물이 완성되었다. 그 위치는 동호 두모포 월송
암(月松庵) 서쪽 기슭으로, 원래는 제안대군(齊安大君)의 정자 이화정
(梨花亭)이 있던 곳이다. 근년에 응봉(鷹峯) 아래 극동아파트 내부를

독서당 터로 추정하여 비석을 세워놓았는데, 옥수동 295번지 조대비 (趙大妃, 신정왕후)의 생가 자리, 현재의 삼성아파트가 서 있는 곳으로 보는 견해도 있다. 그러나 최근 연구에 따르면 응봉에서 동남쪽 아래 옥정초등학교에서 극동아파트로 올라가는 독서당길 아래쪽의 경사 면에 독서당이 있었던 것으로 보는 것이 온당할 듯하다.

처음 독서당 건물은 정당(正堂), 남루(南樓), 상방(上房), 요사채 등 으로 구성되어 있었다. 그런데 상방은 너무 으슥하였고 남루는 너무 트여 있으며 요사채는 방이 작았기에 나누어 거처하여야 했다. 이에 윤현(尹鉉, 1514~78)이 동료들과 의논하여 명종 6년(1551) 동남쪽에 신당(新堂)을 새로 지었다.

윤현은 자가 자용(子用), 호가 국간(菊磵)이다. 그는 독서당이 생긴 이래 가장 오래 있었던 사람이라 자부하였고 그의 묘지명에도 이 사 실을 적시하고 있다. 윤현은 1538년 사가독서의 영광을 입어 1554년 까지 독서당에 있었으니 독서당의 산증인이라 할 만하다. 그는 누구 보다 독서당을 사랑하였고 또 그곳을 아름답게 꾸미려 노력하였다. 윤현은 동호 독서당 일대를 샅샅이 둘러보고 자세한 기록을 남겼다. 윤현은 신당의 모습을 다음과 같이 적고 있다.


신당의 정당은 3칸인데 그 서쪽과 북쪽은 판자로 창문을 내되 남 쪽은 만들지 않고, 동쪽에서 조금 남쪽에 분합(分閤)을 두어 상방으 로 통하게 하였다. 정당 안쪽 정남쪽에는 조위(曺偉)의 기문을 걸어 두었고 정북쪽에는 편액을 달았는데 임금님으로부터 하사받은 것이라고 한다. 북쪽에서 조금 동쪽 2칸의 벽에는 제명기(題名記)를 새겨 걸었다. 권채(權採)로부터 지금의 윤의중(尹毅中)에 이르기까지의 성명과 자호(字號), 수위(壽位), 사가독서를 한 연월(年月)을 갖추어 기록하였는데, 세월이 오래되어 빠진 것은 혹 비워두기도 하였다. 정당에는 제명책(題名册)이 있었으나 판각하지는 않았다. 내가 보기 어려운 것을 병통으로 여겨 여러 아전들과 의논하여 새겨 걸었으니, 바로 계축년(1553) 가을이다. 그 각판(刻板)은 두 벽의 길이에 꽉 차서 한 행도 남지 않아 마치 신명(神明)이 도와 그렇게 한 듯하지만 그렇게 된 이유는 알 수 없다.

정당의 동쪽에 집 4칸을 붙여 동쪽 제1칸에는 집기를 보관하고 제2칸에는 온돌을 깔았는데 곧 상방(上房)이라 부른다. 제3칸은 책을 보관하였고 제4칸은 정당에서 가까운데 비워두었으니 조정에서 내시가 선온(宣醞)을 받들어 오면 쉴 곳으로 삼은 것이다. 내가 1~2년 이래 『운부군옥(韻府群玉)』 원편과 속편 편찬을 맡아하면서 경복궁 문무루(文武樓)의 서책을 내어주도록 주상께 청하여 함께 보관하려 하였지만 방이 좁아 두 칸을 통하게 하고 서가를 놓았다. 대궐의 관원이 오면 그 중간을 비우고 사방을 병풍으로 가리고 앉게 하였다. 앞쪽 기둥에는 난간을 만들었는데 붉은 흙으로 칠하였다. 정당과 붙여지은 집 사이에 반 칸을 비워서 사람들이 다니도록 만들었다.

정당의 남쪽에 가까운 서쪽 편에는 문이 있는데 그 아래 방이 3칸 있다. 2칸은 온돌이고 1칸은 널빤지를 깔았다. 앞에는 기둥을 붙여 3칸의 누로 만들어 남쪽을 향하게 하였는데 이것이 남루(南樓)

다. 온돌방 안은 예전에 널빤지를 깔아놓은 곳에 비하여 조금 낮았
는데 신해년(1551) 가을 높였다. 그 안 서북쪽 벽에는 작은 종이를
붙여 동호의 고사를 기록하였다. 지금 평안도관찰사인 홍섬(洪暹)이
쓴 것이다. 남루 위쪽 가운데서 조금 북쪽 편에는 커다란 금글씨로
쓴 현액이 있는데 지금 황해도관찰사 박모(朴某)가 정유년(1537) 봄
중국 사신 접대를 맡아할 때 '남루'라는 큰 두 글자를 중국 사신 공
용경(龔用卿)에게 청하여 벽 위에 걸어둔 것으로 도서(圖書)와 함께
양각으로 새겼다.

남루 동쪽 벽에는 호조판서 조사수(趙士秀)가 육언절구 4수를 팔
분체(八分體)로 쓴 것이 있었는데, 행각으로 통하게 하려고 벽을 부
수어 건물을 나누었으므로 지금은 없다. 남루 서쪽에는 북향으로
나누어진 건물이 있고 그 바깥에 2단의 돌사다리가 있다. 독서당의
터는 언덕에 기대 있어 안에서 바라보면 남루의 방이 매우 낮게 보
이지만 밖에서 바라보면 높아서 잘려 있는 듯하다. 예전에는 남쪽
에 난간이 있었는데 높이가 한 자 남짓할 뿐이다. 나는 그것이 매우
위태해 보여 문제로 여겼다. 그 날짜는 잊어버렸지만 10년 전에 그
난간을 보수하여 뒤로 물리고 높인 다음 단청을 하여 꾸몄다. 그 서
쪽은 석양이 내리쪼이므로 삿자리를 처마에 대어 가리게 하였다.

윤현, 「호당기(湖堂記)」, 『국간집(菊磵集)』


신당은 원래 남루를 통해 왕래하여야 했으므로 통행이 불편하였
다. 행각(行閣)을 만들어 통행하게 하자니 예전의 담장보다 높아져 서

실(西室)에 앉으면 조망이 가려질 판이었다. 이에 윤현은 행각을 고쳐 짓기로 결단하고 1552년 봄 건물을 완성한 뒤 그 경과를 다음과 같이 새겨서 행각에 걸어두었다.

남루와 신당은 거리가 가깝지만 가기에는 멀다. 맑을 때는 시렁을 타고 올라가지만 늦비가 내릴 때는 실로 통행이 어렵다. 상방의 난간 아래 길이 있다고는 하지만 낮은 처마가 머리에 부딪쳐 한가하게 걸어가기에는 크게 방해가 된다. 불가불 행각을 만들어 통행시켜야 했다. 그곳을 헤아려보니 네 칸을 놓을 수가 있고 누(樓) 한 칸을 붙일 수 있었다. 누를 조금 길게 하고 높게 하여 아래위로 사다리로 연결해 놓으면 정문이 될 수도 있다. 정당에서 보면 조금 좁아 보이지만 벽돌을 깐 길을 굽게 내어 신당으로 바로 올라가게 되니, 또한 병통이 되지는 아니할 것이다. 나머지 세 칸은 조금 낮추어 예전의 담장보다 한 자 낮게 하고 바깥에 붉은 창을 세우고 안에 6척 너비로 넓혀서 신당의 처마 아래로 붙이면 된다. 그 터를 보니 전체가 바위로 바닥이 되어 있고 위는 흙으로 채워져 있는데 자로 재어서 흙에서 바위까지 짧은 기둥과 작은 주춧돌을 놓아 굽은 들보를 겸하게 하여 사람을 통행시킨다면 예전의 담장에서 3~4척 낮게 할 수 있을 것이다. 행각의 높이를 예전 담장 높이와 같게 한다 하더라도 예전의 방의 바닥과 상을 높게 하여 인계가 트이도록 하면 전보다 두 배는 좋아질 것이니, 하물며 예전의 담장보다 낮게 함에 있어서랴?

신당은 문회당(文會堂)이라고 현액하였다. 『논어』에서 이른 "문학으로 벗과 모인다(以文會友)"는 뜻이다. 앞쪽 처마는 나무로 틀을 만들고 풀자리로 덮었으며 긴 장대로 지탱하여 비바람을 막게 하였다. 비바람이 불면 낮게 하고 날이 개면 높게 하였다. 앞에는 뜰이 있는데 길이가 5~6칸, 너비가 3칸 정도였다. 원래 뜰 동쪽에는 언덕이 꺼져 있는데 축대를 쌓느라 사람들이 공을 많이 들였지만 몇 년이 지나도록 평평하게 하지 못하였다. 울타리를 쳐서 가리고 있다가 1554년 3월 보름에 윤현이 아전들과 의논하여 뜰에 쌓인 어지러운 돌을 가져다 평지에서부터 차곡차곡 쌓아서 높였다. 점점 높아지도록 하여 뜰과 평평하게 하였는데 9층으로 되었다. 윤현은 문회당의 풍광을 다음과 같이 적고 있다.

> 전각으로 통하게 하여 바로 남루와 연결시켰더니
> 면세가 강과 들판을 눌러 눈에 나지막하게 들어오네.
> 우리들 놀고 쉴 곳일 뿐만이 아닐지라
> '문회'라는 이름 붙인 것 생각하게나.
> 旁通閣路聯樓直　面壓江郊入眼平
> 不但吾徒游息地　要思文會得標名

윤현, 「앞쪽의 당(前堂)」, 『국간집』

독서당의 조경을 아름답게 꾸민 이도 윤현이었다. 정당의 뜰 동쪽과 서쪽에는 본디 매화나무 한 그루가 있었는데 말라죽었다. 1554년

**독서당계회도** 응봉과 한강 사이의 독서당이 아름답게 그려져 있다. 1572년 제작된 그림으로 서울대박물관에 소장되어 있다.

봄 윤현은 살구꽃 너덧 그루를 옮겨심어 매화와 접붙였다. 동쪽 뜰 신당 가까운 곳에는 너덧 길 되는 나무 한 그루가 있었고 작약이 몇 포기 있었다. 이는 원래 신당 앞뜰에 있던 것인데, 뜰을 보수하면서 이곳으로 옮긴 것이었다. 신당 뒤쪽에는 바위벼랑이 높게 솟아 있었고 그 북쪽으로 문이 있는데 안쪽에는 소나무 30여 그루가 있었으며 봄이면 바위틈에 진달래가 피어났다. 또 꽃과 잎이 팥배나무와 비슷한데 열매는 콩만 하고 색깔이 붉고 맛이 달면서도 시어서 먹을 만한 나무가 있었다. 사람들은 이를 통배나무라 불렀다. 상방 뒤쪽 처마 아래에는 키 작은 소나무 몇 그루가 있었는데 지붕의 기와를 손상할까 걱정하여 구부정하게 만들었다. 그 아래에는 복숭아나무를 심어두었다.

서쪽 담장 안에 큰 느릅나무 두 그루, 은행나무 한 그루, 앵두나무 몇 그루가 있었고, 담장 너머에 매우 큰 버드나무 대여섯 그루가 개울을 따라 서 있었다. 언덕을 넘으면 유씨(柳氏)의 밭이 있었다. 1540년경 이 땅이 독서당에 가깝다고 하여 용산의 옛 독서당 터와 바꾸었는데 유씨가 심어둔 꽃나무가 백여 그루 서 있었다.

윤현은 서쪽 개울에도 자주 나가 놀았다. 윤현은 서쪽 개울의 근원을 찾아 물길을 끌어와 서쪽 담장을 넘어 신당 아래로 흐르도록 만들었다. 뜰 가운데 네모난 못을 파서 안에 황토를 채우고 술잔을 띄우면 흐르도록 만들었으며, 물고기를 기르고 연꽃을 심어 군자의 사랑을 받게 하였다. 윤현은 동쪽의 월송암(越松菴) 터도 직접 살피고 벌석동(伐石洞) 일대도 돌아보았으며, 동호로 나가 얼음을 보관하던 능실(凌室), 한명회의 압구정과 저자도, 옛 봉은사 터도 살펴보았다.

윤현은 동호 일대의 풍광을 매우 자세히 기록하여, 오늘날 그의 기록대로 하면 독서당을 훌륭하게 복원할 수 있을 정도이다. 윤현은 땅이란 스스로 이름나는 것이 아니라 사람으로 인하여 이름나게 된다고 여겼으며, 사람으로 인하여 이름나게 되는 것은 그 사람의 문장 때문이라 하였다. 왕희지(王羲之)의 난정(蘭亭)이나 석숭(石崇)의 재택(梓澤, 금곡원)도 글이 없으면 빼어남을 잃는다 하였다. 그래서 독서당이 자신을 만나 글로 남게 된 것이 서로에게 다행이라 하였다.

## 동호 독서당에서의 풍류

16세기에 활동한 이름난 문인들은 모두 동호 독서당에서 사가독서를 하였다. 중종 때만 하더라도 심언광, 기준, 조광조, 송순, 송인수, 주세붕, 홍섬, 박충원, 조사수, 임형수, 이황, 정유길, 이홍남, 김인후, 유희춘, 박승임, 노수신, 윤춘년, 윤결 등이 이곳에서 사가독서를 하였다. 선비들의 사가독서 장면은 그림으로 그려져 후대에 길이 그 영광을 전하였다. 이른바 〈독서당계회도(讀書堂契會圖)〉, 〈동호수계도(東湖修契圖)〉, 〈동호계회도(東湖契會圖)〉 등이 독서당을 배경으로 제작된 명품이다. 아래에 이황이 독서당 남루에서 지은 작품을 보인다.

후두둑 저녁비 그치더니
콸콸 작은 개울 울리네.
동호의 구름은 엷어 흩어지지 않는데
하늘의 해는 맑아 오히려 밝구나.

작은 누각은 지세가 높은데
홀로 앉으니 안석이 상쾌하다.
시흥은 마음 텅 빈 것을 좋아하고
병든 눈은 흐릿한 모습을 겁내는 법.
낙엽은 숲길에 가득한데
서늘한 바람은 서실 휘장을 흔든다.
만물이 각기 뿌리로 돌아가니
용과 뱀도 겨울잠을 생각하네.
그 옛날 백성들 순박하더니
말세에 세상은 법망이 조밀하네.
숨어 있는 새는 무슨 생각 하는지
내려와 먹이 물고 다시 올라가는구나.

蕭蕭晩雨霽　決決小溪響

湖雲薄未歸　天日淡猶朗

小樓地勢高　孤座几席爽

騷情喜曠蕩　病眼怯莽蒼

落葉滿林蹊　涼風撼書幌

萬物各歸根　龍蛇思蟄養

邃古民大朴　末路世密網

幽鳥亦何意　下啄還飛上

이황, 「가을날 남루에서 저녁 날이 개이기에(秋日南樓晩霽)」, 『퇴계집(退溪集)』

명종과 선조 때에도 독서당은 전성기를 구가한다. 박민헌, 심수경, 허엽, 김귀영, 김질충, 김계휘, 박순, 신응시, 기대승, 이산해, 윤근수, 구봉령, 정철, 이이, 홍성민, 유성룡, 김효원, 김우옹, 허봉, 홍적, 김성일, 유근, 심희수, 이항복, 이덕형, 이정립, 오억령, 한준겸, 정경세, 이경전, 기자헌 등 훗날 대제학에 오르거나 시학에 일가를 이룬 이들 대부분이 동호 독서당에서 젊은 시절을 보내었다. 박순은 비가 갠 어느 날 독서당에서 동료들과 함께 시를 지었는데, 아래 시가 가장 뛰어났다고 한다. "소리가 있는 그림"이라는 평을 얻은 명편이다.

이 물 저 물이 들판을 질러 큰 강으로 드는데
난간 너머 가지에는 아직도 물방울이 떨어지네.
울타리엔 도롱이 걸고 처마엔 그물을 말리니
바라다보이는 어부의 집에 저녁햇살 맑구나.
亂流經野入江沱　滴瀝猶殘檻外柯
籬掛簑衣簷曬網　望中漁屋夕陽多

박순, 「호당에서 즉흥적으로 짓다(湖堂口號)」, 『사암집(思庵集)』

## 독서당의 후사

인재가 넘쳐나자 독서당의 건물도 비좁아졌다. 이에 선조 21년 (1587) 8월 25일 남루 서북쪽 못 위에 건물을 하나 더 지었다. 건물이 완공되자 독서당의 전임자를 모시고 낙성연을 베풀었는데 이때 심수경, 유근, 이항복, 이호민 등이 참석하였다. 심수경이 먼저 칠언율시와 오언율시를 짓고, 여러 사람들이 수창하여 수십 편을 이루었다. 이때의 일을 기념하여 그린 그림이 〈서당계회도(書堂契會圖)〉다.

심수경이 새 건물을 짓고 기뻐 시를 지은 지 5년 만에 안타깝게도 독서당은 임진왜란으로 잿더미가 되고 만다. 동호 독서당은 80년의 역사를 넘기지 못하였다. 임진왜란이 일어나자 독서당은 불타버렸고 사가독서제도 또한 유명무실해졌다. 병란에 재가 된 후, 이식은 독서당 아전과 함께 그 터를 찾아 불타기 전 독서당의 모습을 다음과 같이 재구하였다.

독서당은 신허리에 있다. 강에서 소 울음소리가 들릴 만큼 가까이 있어 아래로 내려다보면 마치 집 바로 아래에 있는 것 같다. 네 줄기 개울이 좌우 벼랑을 따라 흘러나온다. 바위와 폭포가 있는데 가뭄에도 마르지 않는다. 지금은 모래와 바위만 벌겋게 있지만 예전에는 소나무의 푸른빛이 덮고 있었다. 독서당 북쪽에 토봉이 하나 둥그스름하게 솟아 있고 그 위에 소나무로 엮은 정자가 있는데 망호정(望湖亭)이라 한다. 강산의 가장 빼어난 곳에 자리하고 있어 칭송할 필요가 없을 정도다.

정당(正堂)은 모두 12칸인데 오른편에 서상방(西上房) 세 칸이 있고, 앞에 누각 세 칸이 있는데 남루(南樓)라 불린다. 왼쪽에 동상방(東上房) 세 칸이 있고 앞에 문회당(文會堂) 8칸이 있는데 누각이 있고 방이 있다. 지세가 평평하게 아래로 뻗어 동방에서 그 집을 굽어보게 된다. 정당과 동방 사이에 장서각(藏書閣) 2칸이 있는데 기둥을 이어놓고 벽을 떼어놓았다. 그 북쪽에 보루실(報漏室)이 있다. 보루실 북쪽에 측영대(測影臺)가 있는데 시각을 기록하여 책을 읽어야 할 때를 알리기 위한 것이다. 서편 담장 밖에는 바위를 따라 길이 아래로 나 있는데 바위를 개울 위에 걸쳐놓았다. 물을 끌어당겨 연못을 만들었는데 대략 몇백 보 둘레로, 정자 세 칸이 있다. 북쪽에 삼중의 계단이 있는데 꽃나무를 심은 곳이다. 서방 담장 안에 주방 세 칸이 있고 동쪽 담장 너머에 마구간 세 칸, 서리의 방 세 칸, 대문 한 칸이 있다. 문 아래 수십 걸음 가면 또 물을 끌어당겨 연못을 만들었다. 그 위에 작은 정자 두 칸이 있는데 외부 손님을 기다리게 하는 곳이다. 이 정자와 주방, 서리의 방은 모두 한 칸에 네 기둥이 있어 정당의 여러 방에 비할 바는 아니다. 누는 앞뒤에 날개처럼 잇대어 여덟 개의 기둥을 두었는데 초석조차 매몰되어 있어 칸 수를 헤아릴 수 없다.

이식, 「독서당의 옛터를 적다(記書堂舊基)」, 『택당집』

이식은 두 번 사가독서를 받았으나 이때는 이미 독서당이 불타고 터만 남아 있어 그곳에 가보지 못하다가 늙은 독서당 서리의 안내를 받아 위와 같이 고증한 것이다.

그후 선조 41년(1608) 다시 사가독서가 시행되어 한강의 옛 군영을 임시 독서당으로 삼았다. 그러나 사가독서제는 점차 유명무실해졌다. 1608년 광해군이 즉위하자 대제학으로 있던 유근이 다시 사가독서제를 실시하려 하였으나 광해군 14년 국가경제의 어려움으로 인하여 사가독서제는 폐지되었다.

반정으로 왕위에 오른 인조가 다시 사가독서를 실시하였고 효종 때에도 그 명맥은 유지되었으나 이미 유명무실해졌다. 효종 9년(1658)이 되어서야 동호 독서당 건물이 온전하게 복원되었으니 그 사정을 짐작할 수 있다. 이후 숙종대를 마지막으로 사가독서제는 실시되지 못하고 어느새 새로 만들어진 독서당도 사라져 버리게 되었다. 제도도 오래되면 바뀌어야 하는 법이다. 정조 때 초계문신(抄啓文臣) 제도를 두어 사가독서제를 대신함으로써, 규장각을 중심으로 한 학술활동이 크게 진작된 것은 다행한 일이다. 📋

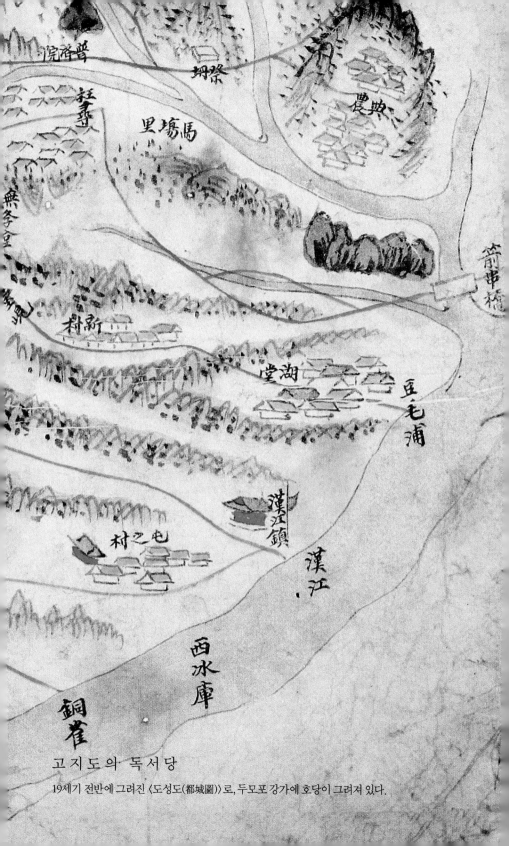

學齊院

祭坔

農典

馬場里

壽龍

箭串橋

無♢♢堂

新村

湖堂

豆毛浦

漢江鎭

屯之村

漢江

西氷庫

銅雀

고지도의 독서당

19세기 전반에 그려진 〈도성도(都城圖)〉로, 두모포 강가에 호당이 그려져 있다.

참고문헌

- 姜希孟, 『私淑齋集』, 민족문화추진회 한국문집총간
- 奇大升, 『高峯集』, 민족문화추진회 한국문집총간
- 金守溫, 『拭疣集』, 민족문화추진회 한국문집총간
- 金安國, 『慕齋集』, 민족문화추진회 한국문집총간
- 金安老, 『希樂堂集』, 민족문화추진회 한국문집총간
- 金馹孫, 『濯纓集』, 민족문화추진회 한국문집총간
- 金正國, 『思齋集』, 민족문화추진회 한국문집총간
- 金宗直, 『佔畢齋集』, 민족문화추진회 한국문집총간
- 金昌翕, 『三淵集』, 민족문화추진회 한국문집총간
- 南九萬, 『藥泉集』, 민족문화추진회 한국문집총간
- 朴祥, 『訥齋集』, 민족문화추진회 한국문집총간
- 朴淳, 『思庵集』, 민족문화추진회 한국문집총간
- 朴彭年, 『朴先生遺稿』, 민족문화추진회 한국문집총간
- 卞季良, 『春亭集』, 민족문화추진회 한국문집총간
- 徐居正, 『四佳集』, 민족문화추진회 한국문집총간
- 成守琛, 『聽松堂集』, 민족문화추진회 한국문집총간
- 成運, 『大谷集』, 민족문화추진회 한국문집총간
- 成俔, 『虛白堂集』, 민족문화추진회 한국문집총간
- 蘇世讓, 『陽谷集』, 민족문화추진회 한국문집총간
- 宋純, 『俛仰集』, 민족문화추진회 한국문집총간
- 申光漢, 『企齋集』, 민족문화추진회 한국문집총간
- 申叔舟, 『保閑齋集』, 민족문화추진회 한국문집총간
- 申用溉, 『二樂亭集』, 민족문화추진회 한국문집총간

- 梁誠之,『訥齋集』, 민족문화추진회 한국문집총간
- 吳道一,『西坡集』, 민족문화추진회 한국문집총간
- 柳根,『西坰集』, 민족문화추진회 한국문집총간
- 柳方善,『泰齋集』, 민족문화추진회 한국문집총간
- 尹根壽,『月汀集』, 민족문화추진회 한국문집총간
- 尹鉉,『菊磵集』, 민족문화추진회 한국문집총간
- 李晩秀,『屐園遺集』, 민족문화추진회 한국문집총간
- 李石亨,『樗軒集』, 민족문화추진회 한국문집총간
- 李選,『芝湖集』, 민족문화추진회 한국문집총간
- 李昭漢,『玄洲集』, 민족문화추진회 한국문집총간
- 李睟光,『芝峯集』, 민족문화추진회 한국문집총간
- 李承召,『三灘集』, 민족문화추진회 한국문집총간
- 李湜,『四雨亭集』, 민족문화추진회 한국문집총간
- 李植,『澤堂集』, 민족문화추진회 한국문집총간
- 李原,『容軒集』, 민족문화추진회 한국문집총간
- 李珥,『栗谷全書』, 민족문화추진회 한국문집총간
- 李耔,『陰崖集』, 민족문화추진회 한국문집총간
- 李婷,『風月亭集』, 민족문화추진회 한국문집총간
- 李廷龜,『月沙集』, 민족문화추진회 한국문집총간
- 李胄,『忘軒遺稿』, 민족문화추진회 한국문집총간
- 李荇,『容齋集』, 민족문화추진회 한국문집총간
- 李滉,『退溪集』, 민족문화추진회 한국문집총간
- 林億齡,『石川集』, 민족문화추진회 한국문집총간

- 林悌, 『林白湖集』, 민족문화추진회 한국문집총간
- 丁範祖, 『海左集』, 민족문화추진회 한국문집총간
- 鄭汝昌, 『一蠹遺集』, 민족문화추진회 한국문집총간
- 鄭齊斗, 『霞谷集』, 민족문화추진회 한국문집총간
- 趙光祖, 『靜菴集』, 민족문화추진회 한국문집총간
- 曺偉, 『梅溪集』, 민족문화추진회 한국문집총간
- 趙正萬, 『寤齋集』, 민족문화추진회 한국문집총간
- 蔡壽, 『懶齋集』, 민족문화추진회 한국문집총간
- 河受一, 『松亭集』, 민족문화추진회 한국문집총간
- 許筠, 『惺所覆瓿藁』, 민족문화추진회 한국문집총간
- 洪貴達, 『虛白亭集』, 민족문화추진회 한국문집총간
- 奇遵, 『服齋集』, 장서각본
- 金安老, 『龍泉談寂記』, 민족문화추진회 국역본
- 徐居正, 『筆苑雜記』, 민족문화추진회 국역본
- 成俔, 『慵齋叢話』, 민족문화추진회 국역본
- 魚叔權, 『稗官雜記』, 민족문화추진회 국역본
- 柳得恭, 『京都雜誌』, 규장각본
- 柳夢寅, 『於于野談』, 전통문화연구원 역주본
- 柳本藝, 『漢京識略』, 규장각본
- 李肯翊, 『燃藜室記述』, 민족문화추진회 국역본
- 鄭載奎, 『老栢軒集』, 규장각본
- 許筠, 『國朝詩刪』, 아세아문화사 영인본
- 洪錫謨, 『東國歲時記』, 을유문화사 1969

- 『江原道邑誌』, 규장각 영인본

- 『京畿道邑誌』, 규장각 영인본

- 『慶尙道邑誌』, 규장각 영인본

- 『高麗史節要』, 민족문화추진회 국역본

- 『국역조선왕조실록』, CD-Rom

- 『大東詩選』, 아세아문화사 영인본

- 『東國興志備考』, 규장각본

- 『東文選』, 규장각본

- 『新增東國興地勝覽』, 민족문화추진회 국역본

- 『安平遺事』, 규장각본

- 『列聖御製』, 규장각본

- 『吾山志』, 영남대본

- 『臥遊錄』, 규장각본

- 『臥遊錄』, 장서각본

- 『全羅道邑誌』, 규장각 영인본

- 『天磨蠶頭錄』, 국립중앙도서관본

- 『忠淸道邑誌』, 규장각 영인본

- 『皇華集』, 장서각본

- 김영상, 『서울육백년』, 대학당 1996

- 문일평, 『호암전집』, 조선일보사 1939

- 서울특별시 편, 『漢江史』, 서울특별시 1985

- 안장리, 「기재기와 기재팔영」, 『문헌과해석』 8호, 1999

- 안휘준·이병한, 『안견과 「몽유도원도」』, 예경산업사 1991

- 윤진영, 「조선시대 계회도 연구」,
- 한국정신문화연구원 한국학대학원 박사논문 2003 윤진영, 「독서당과 동호 풍경」, 『문헌과해석』 29호, 2004
- 이종묵, 「남곤의 삶과 문학」, 『한국한시작가연구』 4, 한국한시학회 1998
- 이종묵, 「風月亭 月山大君의 삶과 시세계」, 『한국한시작가연구』 3 한국한시학회 1998
- 이종묵, 「사가독서제와 독서당에서의 문학활동」, 『한국한시연구』 8집, 한국한시학회 2000
- 이종묵, 「16세기 한강에서의 연회와 시회」, 『한국시가연구』 9집, 한국시가학회 2001.
- 이종묵, 「조선초중기 인왕산에서의 문학활동」, 『인문과학』 9집, 서울시립대 인문과학연구소 2002.
- 이종묵, 「안평대군의 문학활동 연구」, 『진단학보』 93호, 진단학회 2002.
- 이종묵, 「朝鮮時代 臥遊文化 研究」, 『진단학보』 98호, 진단학회 2004.
- 이종묵, 「조선전기 위리안치의 체험과 그 형상화」, 『한국문화연구』 9집, 이화여대 한국문화연구원 2005.
- 이종묵 외, 『칼을 찬 유학자 남명 조식』, 청계출판사 2001.
- 장지연, 『장지연전서』, 단국대 동양학연구소 1989.
- 정만조, 『음애 이자와 기묘사림』, 지식산업사 2004.
- 정민, 『韓國歷代詩話類編』, 아세아문화사 1988.
- 정민, 『한국역대산수유기취편』, 민창문화사 1996.
- 최완수, 『謙齋 鄭敾 眞景山水畵』, 범우사 1993.
- 최재남, 『사림의 향촌생활과 시가문학』, 국학자료원 1997.

# 사람이름

# 땅이름

●

아차산　　118
악양　　　327
안국동　　189
안국방　　189
안남산　　136
안의　　　320, 328
압구정동　143, 161
야로　　　320, 328
양강　　　216

# 집이름

# 조선의 문화공간 1책

지은이 | 이종묵

1판 1쇄 발행일 2006년 8월 7일
1판 1쇄 발행부수 3,000부 총 3,000부 발행

발행인 | 김학원
편집인 | 한필훈 이재민 선완규 한상준
크리에이티브 디렉터 | 김영철
기획 | 황서현 유은경 박태근 유소연
마케팅 | 이상용 하석진
저자 · 독자 서비스 | 조다영(humanist@hmcv.com)
스캔 · 표지 출력 | 이희수 com.
조판 | 새일기획
용지 | 화인페이퍼
인쇄 | 청아문화사
제본 | 정민제본

발행처 | 휴머니스트
출판등록 제10-2135호(2001년 4월 18일)
주소 | 서울시 마포구 연남동 564-40 121-869
전화 | 02-335-4422 팩스 | 02-334-3427
홈페이지 | www.hmcv.com

ⓒ 이종묵 2006
ISBN 89-5862-117-6  03900

만든 사람들

편집 주간 | 이재민(ljm2001@hmcv.com)
책임 편집 | 이명애
사진 | 권태균
표지 디자인 | AGI 황일선
본문 디자인 | AGI 황일선 최지섭
그외 도움을 주신 분들 | 장유승 최은정 이원혜